智能工业丛书
INTELLIGENT INDUSTRY SERIES

工业互联网创新实践

INDUSTRIAL INTERNET INNOVATION PRACTICE

中国电子信息产业发展研究院◎编著
杨春立　孙会峰◎主编

U0810921

電子工業出版社
Publishing House of Electronics Industry
北京 • BEIJING

内 容 简 介

工业互联网是制造强国和网络强国建设的重要基石。为探索我国工业互联网发展可行路径，全面了解我国工业互联网发展的现状和特征，系统解析工业互联网产业链发展全景图，我们编纂了《工业互联网创新实践》一书，主要围绕“工业互联网是什么、为什么、怎么建、如何应用”这条主线，从工业互联网的内涵、体系构成、生态体系建设、发展现状、产业链全景图、市场发展前景、创新发展路径、典型应用场景等方面进行解析，为我国工业互联网平台建设和应用推广提供了一个很好的借鉴。本书可作为政府、企业、科研单位、高校等社会各界理解工业互联网、建设和应用工业互联网平台、构建工业互联网生态体系的重要参考书。

未经许可，不得以任何方式复制或抄袭本书之部分或全部内容。
版权所有，侵权必究。

图书在版编目（CIP）数据

工业互联网创新实践/中国电子信息产业发展研究院编著. —北京：电子工业出版社，2019.1
（智能工业丛书）
ISBN 978-7-121-35295-9

Ⅰ. ①工…　Ⅱ. ①中…　Ⅲ. ①互联网络－应用－工业发展－研究　Ⅳ. ①F403-39

中国版本图书馆 CIP 数据核字（2018）第 242522 号

策划编辑：徐蔷薇
责任编辑：王　炜
印　　刷：北京捷迅佳彩印刷有限公司
装　　订：北京捷迅佳彩印刷有限公司
出版发行：电子工业出版社
　　　　　北京市海淀区万寿路 173 信箱　　邮编：100036
开　　本：720×1000　1/16　印张：18　字数：353 千字
版　　次：2019 年 1 月第 1 版
印　　次：2023 年 1 月第 8 次印刷
定　　价：68.00 元

凡所购买电子工业出版社图书有缺损问题，请向购买书店调换。若书店售缺，请与本社发行部联系，联系及邮购电话：（010）88254888，88258888。

质量投诉请发邮件至zlts@phei.com.cn，盗版侵权举报请发邮件至dbqq@phei.com.cn。

本书咨询联系方式：xuqw@phei.com.cn。

指导委员会

主　任：谢少锋

副主任：李　颖　　卢　山　　曲大伟

成　员：王建伟　　冯　伟　　杨春立　　孙会峰

编写委员会

主　编：杨春立　　孙会峰

编　委：姚　磊　　袁晓庆　　高　丹　　张　朔

许　旭　　高婴劢　　徐　靖　　边大成

王云侯　　许祥祥

策　划：王晓东

前言

当前新一轮科技革命和产业变革加速兴起，互联网、大数据、人工智能与实体经济融合步伐不断加快，引发生产理念、生产工具、生产方式的深刻变革，推动构建软件定义、数据驱动、平台支撑、服务增值、智能主导的新型制造体系。工业互联网是信息技术与工业技术融合发展的产物，正成为制造业数字化、网络化、智能化的关键支撑和重要基石。发展工业互联网+智能制造，深刻揭示了新一轮科技革命和产业变革的核心特征，树立起了统揽制造强国和网络强国建设的总纲。

近年来，党中央、国务院高度重视互联网与实体经济融合发展在我国社会主义现代化强国建设中的战略地位。2016 年国务院发布了《关于深化制造业与互联网深度融合的指导意见》，明确了制造业与互联网融合的路径。2017 年国务院发布了《关于深化“互联网+先进制造业”发展工业互联网的指导意见》，提出了我国工业互联网发展的三步走战略。在国家政策的强力支持下，我国工业互联网创新实践向纵深发展，涌现了一批垂直行业的工业互联网平台，成为引领全行业转型升级的星星之火。

为探索我国工业互联网发展可行路径，全面了解我国工业互联网发展的现状和特征，系统解析工业互联网产业链发展全景图，我们编纂了《工业互联网创新实践》一书，主要围绕“工业互联网是什么、为什么、怎么建、如何应用”这条主线，从工业互联网的内涵、体系构成、生态体系建设、发展现状、产业链全景图、市场发展前景、创新发展路径、典型应用场景等方面进行解析。主要内容包括：

第 1 章分析工业互联网发展的动因，工业互联网的定位、内涵及体系构成，并对工业互联网与“互联网+”、智能制造、先进制造等相关概念进行了辨析。

第 2 章阐述工业互联网平台体系架构、构成要素及其逻辑关系，分层剖析了工业互联网平台的核心技术。

第 3 章剖析了我国工业互联网平台发展的现状、发展特点及其制约瓶颈，剖析了工业互联网平台建设和推广的区域特征。

第 4 章分析国外典型工业互联网平台发展的基本情况、平台架构及其构成要素和未来发展计划。

第 5 章勾勒我国工业互联网平台建设和应用路径，通过实施“建平台”“用平台”双轮驱动；统筹“建生态”“补短板”两翼发展，建立健全平台公共支撑体系，全面增强工业互联网平台核心能力。

第 6 章探讨工业互联网平台生态的建设。从“政府输血、企业自我造血、产业补血”三个方面分析了工业互联网平台生态的建设机制，描绘了工业互联网平台生态建设的四个阶段，分析了工业互联网平台生态建设的四大产业瓶颈，提出了工业互联网平台生态建设的四大建议。

第 7 章勾勒工业互联网产业链的全景。从设备层、网络层、平台层、软件层、应用层、工业安全体系等层面，描绘了工业互联网产业链全景，提出我国工业互联网存在的痛点和难点。

第 8 章分析工业互联网市场规模与竞争的格局。从产业驱动因素、市场规模、市场结构等方面，分析了 2017 年全球工业互联网市场态势及 2017 年我国工业互联网市场态势，勾勒了我国工业互联网市场竞争的格局。

第 9 章分析工业互联网领域的“独角兽”企业。分析了工业互联网投资热点，以及工业互联网领域投资 100 强，详细分析了国内外典型的“独角兽”企业。

第 10 章探讨工业互联网创新发展的路线图。从工业技术知识软件化、边缘计算助推生产智能化、下一代通信技术助推数字工业、工业互联网平台化发展、工业安全解决方案迎来爆发等方面，分析工业互联网的创新发展路径。

第 11 章分析工业互联网平台的典型实践。从信息通信技术企业、制造企业、装备与自动化企业等不同的建设主体入手，从边缘层、IaaS 层、工业 PaaS 层、工业 APP、开发者生态等层面，分析工业互联网平台的创新实践情况。

新时代，我国制造强国和网络强国建设扬帆起航。如何构筑支撑两个强国建设的工业互联网平台体系，是当前和今后的重大课题，需要发挥我国体制优势和市场优势，整合多方资源，开创我国工业互联网发展的新局面。

本书重点阐述工业互联网平台的建设和应用创新实践，为我国工业互联网平台建设和推广提供了一个很好的借鉴。本书可作为政府、企业、科研单位、高校等社会各界理解工业互联网、建设和应用工业互联网平台、构建工业互联网生态体系的重要参考书。

编 著 者

目录

第 1 章
Chapter 1
工业互联网的内涵及体系构成

2012 年，美国通用电气公司（GE）首次提出工业互联网（Industrial Internet）这一概念，此后通信网络、物联网、云计算、大数据、人工智能等技术的发展又逐步完善了工业互联网的架构体系。由此看来，工业互联网的诞生源于信息技术和工业技术的日积月累，既是技术创新突破的必然结果，也是企业转型、产业高端发展、经济高质量发展的内在要求。

1.1 工业互联网发展的动因

1.1.1 技术突破焕发创新潜能，驱动工业互联网快速发展

近年来，以互联网、物联网、大数据、云计算为代表的新一代信息技术创新代际周期大幅缩短，创新活力、集聚效应和应用潜能裂变式释放，并以更快速度、更广范围、更深程度地向工业技术、生产工艺、经营管理、营销服务等环节渗透，深刻变革生产模式、组织方式和产业发展范式，推动制造业加速向数字化、网络化、智能化发展。2017 年，全球计算机技术和数字通信领域 PCT 专利申请占比分别为 8.6%和 8.2%，在专利申请比重中位列第一和第二，其中计算机技术领域成为专利申请数增长最快的领域之一。互联网打破时空界限，使 ICT 能力如同自来水一样唾

手可得，实现随时随地按需所取；物联网和传感器技术的突破，使人们能够以低成本、高效率方式实现对机器数据的大规模采集；云服务降低了 IT 资源的成本与壁垒，促进了信息技术更广泛的应用，为工业互联网平台的发展奠定了坚实的技术基础；边缘计算为传输、储存、分析海量数据提供了有效的解决方案，缓解了网络宽带的压力；大数据技术能够在杂乱无章的数据中挖掘有价值的信息，促成了信息技术应用潜能的深层次挖掘；软件定义为工业互联网发展提供了全新架构，工业 APP 封装、复用、传播工业技术和经验知识，给工业互联网平台赋予了新的能力和灵活性。

1.1.2 企业数字转型加速，牵引工业互联网创新发展

当前，数字转型浪潮扑面而来。IDC 数据显示 2017 年全球将有 67%，约 1000 家大企业将数字化转型作为企业战略核心。GE、西门子等跨国企业纷纷踏上数字转型之路。GE 近年来通过一系列收购不断强化软件能力，加快进行数字化布局，将数字技术与其在航空、能源、医疗和交通等领域的专业优势结合，向全球领先的工业互联网公司转型。西门子依靠自身多年积累的工业经验和 ICT 经验，开发了 Teamcenter 数据平台，集成了 PLM（生命周期管理软件）、MES（制造执行系统）和 TIA（全集成自动化），贯穿于产品生命周期各环节的“数字化双胞胎”——“产品数字化双胞胎”“生产工艺数字化双胞胎”“设备数字化双胞胎”，致力于提供企业数字转型系统解决方案。在数字转型的驱动下，一方面基于云架构的工业互联网平台快速发展，另一方面工业互联网平台也成为企业实现转型发展和掌控主导权的最佳切入点和有力支撑。

1.1.3 先进制造业发展路径明晰，推动工业互联网步入发轫阶段

先进制造业是制造业中创新最活跃、成果最丰富的领域，也是价值链上高利润、高附加值的领域，是以创新为引领和支撑的产业体系，是软件定义、数据驱动、平台支撑、服务增值、智能主导的新型制造体系最具代表性的产业。工业互联网是以数字化、网络化、智能化为主要特征的新工业革命的关键基础设施，加快其发展有利于加速智能制造发展，更大范围、更高效率、更加精准地优化生产和服务资源配置，促进传统产业转型升级，催生新技术、新业态、新模式，为先进制造业发展提

供技术基础。同时，工业互联网平台承担着工业操作系统的关键角色，是工业全要素汇聚的枢纽，是工业资源配置的核心，驱动着先进制造体系的智能运转。先进制造业的发展脉络日益清晰，既为工业互联网的发展提出了新要求，也为工业互联网发展提供了广阔的发展空间。

1.1.4 生态系统勾画国家竞争力新内涵，促进工业互联网体系日臻完善

围绕产业生态系统之争正成为国际博弈竞争的重要筹码。传统制造业以产品和生产为核心的商业模式已经在向以消费者为核心、以服务型制造为重点转变，产业竞争正在从价值链提升转向价值网络构建，从单一环节演变为产业生态的竞争。当前，发达国家抢抓新一轮工业革命机遇，围绕核心标准、技术、平台加速布局工业互联网，构建数字驱动的工业新生态。GE 围绕构建航空发动机、大型医疗设备等高端装备产品的全生命周期管理服务体系，基于 Predix 培育产业生态，实现对 35 000 台航空发动机的监测管理，打通了数据采集、工业 APP 开发、服务应用的生态链。西门子围绕高端智能装备和智能工厂运营，基于 MindSphere 构建以开放平台、工业操作系统和工业 APP 为核心的产业生态体系。围绕“智能机器+云平台+应用 APP”功能架构，整合“平台提供商+应用开发者+用户”等主体资源，形成基于工业云的制造业生态体系，抢占工业大数据入口主导权、培育海量开发者、打造用户黏性，正成为工业互联网体系发展的核心。

1.2 工业互联网定位

1.2.1 工业互联网是抢占制造业国际竞争主导权和话语权的制高点

当前，互联网创新发展与新工业革命正处于历史交汇期，信息技术加速与经济社会各领域渗透融合，其中与制造业的融合尤为深刻。以互联网为代表的新一代信息技术加速融入生产制造全过程、产业链各环节和产品全生命周期，深刻改变着传统产业、产品和服务。全球产业竞争越来越演变为基于平台的生态链竞争。

发达国家积极从国家角度鼓励推动工业互联网市场，围绕核心标准、技术、平台加速布局工业互联网，借助数字化占据下一代制造业生态体系的制高点。美国主导的工业互联网联盟积极打造全球工业互联网发展枢纽，德国依托工业4.0平台组织成为工业互联网另一支重要力量。GE、西门子等跨国公司围绕“智能机器+云平台+应用 APP”功能架构，加快“平台提供商+应用开发者+用户”生态资源整合步伐，构建基于工业互联网平台的制造业生态，不断巩固和强化制造业的垄断地位。而思科、SAP、微软、IBM、Intel、AT&T、亚马逊等信息通信业（ICT）巨头凭借在云计算、大数据、新一代网络等方面的软/硬件系统及解决方案的优势，也纷纷涉足工业互联网领域。

1.2.2　工业互联网是促进我国制造业转型升级的新引擎

经过改革开放 40 年的快速发展，我国成为世界制造业第一大国。但与主要工业发达国家水平相比，多数领域在技术创新、质量品牌等方面还存在较大差距。制造业进入爬坡过坎、由大变强的重要关口，依靠大规模投资、低成本要素投入和出口拉动的传统模式已难以为继，必须加快新旧动能转换，推动制造业加快实现质量效益提高、产业结构优化、发展方式转变，努力向中高端水平迈进。工业互联网通过构建连接机器、物料、人、信息系统的基础网络，充分盘活工业大数据这一数字经济时代的新生产要素，实现工业数据的全面感知、动态传输、实时分析，形成科学决策与智能控制，提高制造资源配置效率，推动制造业步入软件定义、数据驱动、平台支撑、服务增值、智能主导的网络化、智能化新阶段。

1.2.3　工业互联网是制造强国和网络强国统筹建设的最佳结合点

工业互联网一头连着制造业，一头连着互联网，是信息通信技术与工业技术融合的产物，是制造业与互联网融合的起点，是制造强国和网络强国建设统筹推进的重要抓手。

(1)从制造强国看，持续推进工业互联网建设，有利于重构生产体系、引领组织变革、提高配置资源，有利于培育新技术、新产品、新业态、新模式，有利于打造新型制造体系，加快形成经济增长新动能。

（2）从网络强国看，持续推进工业互联网建设，有利于促进网络基础设施演进升级，推动网络应用从虚拟到实体、从生活到生产的跨越，推动互联网产业向更多经济部门延伸、向更大实体空间覆盖，有利于培育工业控制系统、工业云平台、工业核心软件等互联网产业。

1.3 工业互联网的内涵及本质

工业互联网（Industrial Internet）最早由 GE 提出，GE 的 CEO 杰夫·伊梅尔特（Jeffrey R.Immelt）认为，工业互联网是一个由机器、设备组、设施和系统网络组成的庞大物理世界，能够在更深层面与连接能力、大数据、数字分析相结合。美国将工业互联网上升为国家战略，力图以互联网等信息技术优势加强异地协同制造，以数据驱动制造业智能化转型，破解制造业空心化发展难题。关于工业互联网的概念，不同国家、行业基于不同的发展基础和需要，说法并不统一，有工业互联网、信息物理系统（CPS）、工业物联网（IIoT）等。

我国采用“工业互联网”这一概念，其内涵也在不断丰富和完善。李克强总理在 2015 年政府工作报告中，将建设工业互联网作为落实“互联网+”的行动计划，推动两化深度融合的重要手段之一。2016 年国务院印发的《关于深化制造业与互联网融合发展的指导意见》（国发〔2016〕28 号）中，将工业互联网作为制造业与互联网融合的“新四基”之一。2017 年 11 月 27 日，国务院印发了《国务院关于深化“互联网+先进制造业”发展工业互联网的指导意见》，明确指出工业互联网通过系统构建网络、平台、安全三大功能体系，打造人、机、物全面互联的新型网络基础设施，形成智能化发展的新兴业态和应用模式，是推进制造强国和网络强国建设的重要基础，是全面建成小康社会和建设社会主义现代化强国的有力支撑。

由此看来，工业互联网的内涵逐渐丰富。最初，工业互联网被认为是应用于工业生产环境的高可靠、低延时、安全泛在的互联网，是实现生产机器、工业产品、控制系统、信息系统和人之间泛在连接的重要基石。其中，工业异构异质网络的融合技术是其关键共性技术。因工业环境中包括多种异构异质网络，从网络拓扑来分，既有各种智能设备组成的专用协议局域网，也有基于通用 TCP/IP 协议的公共互联网；从网络传输介质来分，既有各类无线传输网络如 Zigbee、Wi-Fi 等，也有有线 IP 网。这些异构网络的融合具有高度的复杂性，不同的网络在通信协议、数据格式、传输速率等方面的差异性，使一些设备将作为通信节点发挥智能路由器的作用，同时还需要一个统一的通信机制，将数据融合在 IP 网络中传输和控制，实现设备间的良性沟通、资源的合理配置及生产效率的极大提高。

当前，工业互联网被认为是由网络、平台、安全构成的体系，是互联网和新一代信息技术在工业全领域、全产业链、全价值链中的融合集成应用，是一个巨型复杂的网络制造生态系统，通过机器、零部件、控制系统、信息系统、产品及人之间的互联互通，基于对工业大数据的全面深度感知、实时传输交换、快速计算处理和高级建模分析，驱动企业在技术研发、开发制造、组织管理、生产经营、市场营销等方面开展全向度创新，促进产业链上/下游的融合与产业生态的协同发展。工业互联网连接工业全系统、全产业链、全价值链，是支撑工业智能化发展的关键基础设施，是新一代信息技术与制造业深度融合所形成的新兴业态与应用模式，是互联网从消费领域向生产领域、从虚拟经济向实体经济拓展的核心载体，是一套基于云的制造业数字化、网络化、智能化的解决方案。

1.3.1 工业互联网的内涵

工业互联网是满足工业智能化发展的需求，具有低时延、高可靠、广覆盖特点的关键网络基础设施，是新一代信息通信技术与先进制造业深度融合所形成的新兴业态与应用模式。工业互联网包括网络、平台、安全三大体系。其中，网络是基础，平台是核心，安全是保障。

1. 网络体系是基础

工业互联网将连接对象延伸到工业全系统，可实现人、物品、机器、车间、企业及设计、研发、生产、管理、服务等产业链、价值链全要素各环节的泛在深度互联与数据的顺畅流通，形成工业智能化的“血液循环系统”。

2．平台体系是核心

工业互联网平台作为工业智能化发展的核心载体，平台体系为数据汇聚、建模分析、应用开发、资源调度、监测管理等提供支撑，实现生产智能决策、业务模式创新、资源优化配置、产业生态培育，形成工业智能化的“神经中枢系统”。

3．安全体系是保障

建设满足工业需求的安全技术体系和管理体系，增强设备、网络、控制、应用和数据的安全保障能力，识别和抵御安全威胁，化解各种安全风险，构建工业智能化发展的安全可信环境，形成工业智能化的“免疫防护系统”。

1.3.2 工业互联网的本质

1．工业互联网是机器、数据和人的融合

从构成要素角度看，机器、数据和人共同构成了工业互联网生态系统。工业生产中，各种机器、设备组和设施通过传感器、嵌入式控制器和应用系统与网络连接，构建形成基于“云—管—端”的新型复杂体系架构。随着生产的推进，数据在体系架构内源源不断地产生和流动，通过采集、传输和分析处理，实现向信息资产的转换和商业化应用。人既包括企业内部的技术工人、领导者和远程协同的研究人员等，也包括企业之外的消费者，人员彼此间建立网络连接并频繁交互，完成设计、操作、维护及高质量的服务。

2．工业互联网是实现数据价值的技术集成

从核心技术角度看，贯彻工业互联网始终的是大数据，工业互联网的本质就是构建一套数据自动流动的运行体系，即将正确的数据（所承载知识）在正确的时间传递给正确的人和机器，以信息流带动技术流、资金流、人才流、物资流，进而不断优化制造资源的配置效率。数据体系从原始的杂乱无章到最有价值的决策信息，经历了产生、收集、传输、分析、整合、管理、决策等阶段。这其中，就需要集成应用各类技术和各类软/硬件，完成感知识别、远近距离通信、数据挖掘、分布式处理、智能算法、系统集成、平台应用等连续性任务。简而言之，工业互联网是实现数据价值的重要工具。

3. 工业互联网是基于互联网的巨型复杂创新生态系统

工业互联网是涵盖从软件到硬件、从数字到实体、从厂内到厂外的复杂生态体系，应用主体多样、应用形式丰富。从产业发展角度看，工业互联网构建了一个庞大的网络制造生态系统，为企业提供了全面的感知、移动的应用、云端的资源和大数据分析，实现各类制造要素和资源的信息交互及数据集成，释放数据价值。这有效驱动了企业在技术研发、开发制造、组织管理、生产经营、市场营销等方面开展全向度创新，实现产业间的融合与产业生态的协同发展。这个生态系统为企业发展智能制造构筑了先进组织形态，为社会化大协作生产搭建了深度互联的信息网络，为其他行业智慧应用提供了可以支撑多类信息服务的基础平台，为经济社会提质增效发展提供重要的驱动力量。

4. 工业互联网是基于互联网平台的双创体系

工业互联网由平台、网络、安全三大体系构成。其中，工业互联网平台是一个由平台建设商、解决方案提供商、开发者等多方主体构建的“双创”平台。工业互联网平台包括数据采集层、平台开发层（工业 PaaS）和应用服务层（工业 APP），需要多方主体合作构建。其中，数据采集层主要由自动化企业、ICT 企业等解决方案提供商主导，核心是通过协议兼容、转换实现多源设备、异构系统的数据可采集、可交互、可传输。平台开发层主要由工业企业主导，核心是将大量工业技术原理、行业知识、基础模型规则化、软件化、模块化，并封装为可重复使用的微服务。应用服务层由软件开发商、应用开发者主导，核心是面向特定行业、特定应用场景开发工业 APP，通过多方主体的协同参与，推动形成资源富集、合作共赢、协同演进的制造业“双创”生态。

从应用创新角度看，工业互联网集聚了大量技术路径不同、商业模式迥异的利益相关方，通过将建设者、开发者、用户、产业链上/下游企业、中小微企业、其他利益相关者连接在一起，形成一个超大规模的开放共享、创新协作、能力交易、价值共创的双边市场。例如，在工业互联网平台建设方面，GE、西门子、施耐德、航天云网、东方国信等公司通过与平台商、组件商、集成商合作以达到“强强联合”的效果。越来越多的企业通过战略合作、投资并购等方式，扬长避短、优势互补，将制造企业深厚的工业知识经验、互联网企业丰富的平台运营经验、数据分析能力，同科研院所雄厚的战略性、前瞻性、基础性研究实力充分结合起来，建设开放完善的产业生态，为客户提供更强大的服务。

1.3.3 工业互联网的典型特征

1．数据资产化，价值无极限

工业互联网的本质是基于传感器、处理器、执行器、信息网络、云计算、大数据将现实的物理世界映射为虚拟的数字模型，通过基于高级算法的大数据分析，将最优的决策数据反馈给物理世界，优化物理世界运转效率，提升安全水平。从智能机器的信息采集到企业管控的智慧决策，工业互联网应用的最终目标是释放数据价值，数据资源日益成为重要的生产要素，数据资产的优劣将成为一个企业软实力和竞争力的重要标志。从应用的角度讲，数据在优化生产、提升服务、完善供应链管理等方面都能为企业创造价值。比如，数据可以用于生产线监测与预警、设备故障诊断与维护、产品质量监测预测等，以直观明了的量化信息形式传递生产的隐性状态，模型范围从纯粹的统计“黑箱”模型到基于专家和知识的“白箱”模型，支持决策者采取适时维修策略，降低生产成本。数据还可以帮助决策者跟踪产品库存和销售价格，预测市场需求，通过供应链的优化提升生产效益。数据的应用价值决定了其必将成为未来工业企业战略性生产要素，企业价值中枢将从厂房、设备等有形资产向数据等无形资产转移。数据分析对推动智能制造具有核心作用，只有得到有作用的分析结果，智能制造才能得以实现。

2．生产可定义，动态可调整

当前，软件成为驱动未来工业的重要力量，机器的价值，已从衡量零部件的数量、精度，衡量电路数与灵敏度，到衡量芯片数量、衡量软件代码数与可靠度。制造业需要实现研发设计、生产制造、经营管理、运维服务等知识和工艺流程的模型化、代码化、工具化，进而实现软件的平台化，本质上即“软件定义制造”。软件定义产品功能、软件定义管理流程、软件定义生产方式、软件定义企业能力、软件定义商业模式正在成为全球制造业发展的新特征。一个没有软件的系统，最多是初级智能系统，无法成为智能水平较高的开放智能系统。越来越多的制造企业重视软件的开发和应用，加快转型发展。在工业互联网条件下，机器和开源硬件的智能控制由软件完成，通过互联将智能控制链条延伸至产品全生命周期的各个环节，并通过软件快速不断迭代，实现机器能力、生产能力的迭代和业务流程的优化；由软件产生的数据、信息、流程、模式等都归集到知识工作的自动化，所涉及的大数据、模式识别、人工智能、控制技术等使得企业内部、企业之间、产业系统实现深度整合，推动企业生产和管理向可通过软件定义、实时执行和动态调整的智能化方向转变。这极大地改变了传统的基于固定模具、固定生产线的规模化生产模式，破解了企业资源不能灵活调整分配、大量闲置浪费的发展瓶颈。比如，软件可以预测市场动向，计算生产需求，动态调整原材料库存；软件可以升级机器功能，加大其生产能力和适用范围；软件可以实现设备智能调配，按需配置其生产任务和工作负载。软件由于实现了模块化开发，各模块如同积木，相对独立又能任意组合、按需搭配，因此在工业互联网上的应用将不断深化，软件定义制造的模式将日益普及。GE 预测，在 2020 年，其工业互联网平台 Predix 每年将有 2 万名开发者在平台上开放应用软件，届时将实现 150 亿美元的软件销售额。

3．组织虚拟化，创新无边界

工业互联网通过集成先进的信息通信和自动控制等技术，构建了物理空间与信息空间中人、机、物、环境、信息等要素相互映射、适时交互、高效协同的复杂系统，突破了时空界限，实现系统内资源配置和运行的按需响应、快速迭代、动态优化。同时，工业互联网也具备了开放、共享、协同、去中心化的特征，使得企业不断突破地域、领域、技术的界限，加快汇聚技术、资金、人才等创新要素，生产协同由企业内部扩大到全供应链条甚至是跨供应链条上，大企业通过数据、设备、系统集成互联，打通企业内外部、企业之间及产业链各环节，实现与中小企业在细分领域的服务能力和创新能力的整合共享，同时让更多的相关企业、客户甚至终端用户参与自身的研发设计和生产制造，促进产业链各个环节互联互通，构建多方参与、高效协同、合作共赢的产业生态。

4．IT/OT 融合化，知识可复用

工业互联网的发展既需要沉淀大量的工业机理，也需要具备科学先进的数据分析手段。大量工业知识经验以数字化模型方式沉淀，再把海量数据加入数字化模型中进行反复迭代、学习、计算、分析，从而实现对工业机器、设备、系统运行的状态感知、实时分析、自主决策、精准执行和学习提升。可以说，对工业机理的深入理解是进行工业数据分析的重要前提，科学强大的数据分析能力是工业优化运行的重要支撑，随着工业互联网的发展，工业机理与数据科学深度融合的分析范式将成为主流，大数据、机器学习、人工智能等方法成为平台必备工具，

通过各种基于工业机理的分析模型在平台上的沉淀，平台将汇聚起大量的工业知识，有效支撑复杂数据分析，并实现知识传承、迭代与复用。

1.3.4 工业互联网的体系架构[1]

1. 网络是基础

没有网络化就没有智能化，泛在连接是智能化的基础。工业互联网面向制造单元、智能车间、智能工厂，通过构建低延时、高可靠、广覆盖的网络基础设施，促进人与人相互连接的公众互联网、物与物相互连接的物联网向人、机、物全面互联拓展，形成工业智能化“血液循环系统”，实现人、机器、产品、系统等主体要素的全面感知、泛在互联和数据的有序流动，提高制造全流程、全产业链、全生命周期的资源配置效率，如图 1-1 所示。

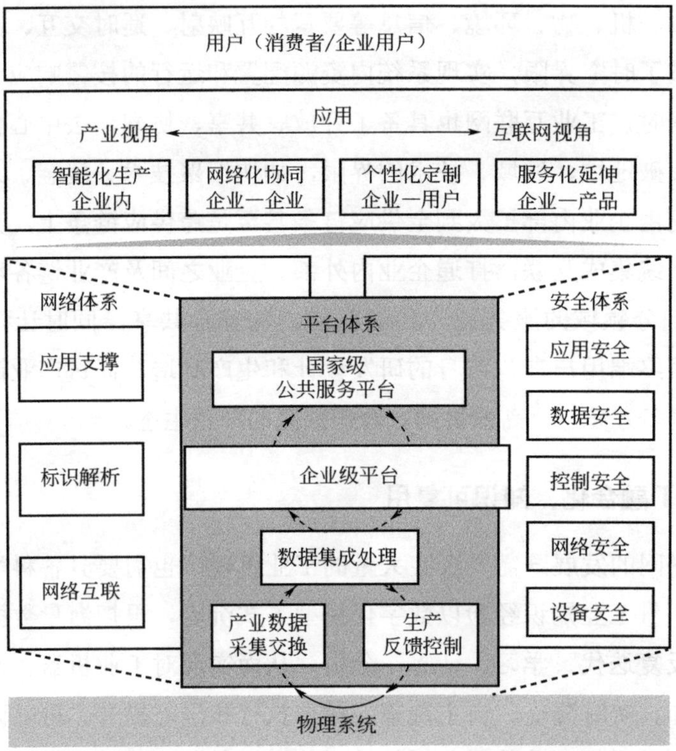

图 1-1 我国工业互联网的三大体系

1 工信部信软司：聚焦工业互联网平台建设，深化“互联网+先进制造业”。《中国电子报》，2018 年 1 月 3 日。

2．平台是核心

工业互联网平台是工业互联网的核心，是连接设备、软件、工厂、产品、人等工业全要素的枢纽，是海量工业数据采集、汇聚、分析和服务的载体，是支撑工业资源泛在连接、弹性供给、高效配置的中枢，是实现网络化制造的核心依托。从“云”“网”“端”的角度来看，工业互联网平台以“云”为核心，通过“网”的泛在连接，实现对海量终“端”、资源、数据和主体的汇聚集成与优化配置。工业互联网平台基于“智能机器+云平台+应用 APP”功能架构，整合“平台提供商+应用开发者+企业用户”生态资源，通过抢占工业大数据入口主导权、打造用户黏性、汇聚社会资源、实现知识软件化，建立了工业技术知识的创造、扩散和应用新模式，为数据汇聚、建模分析、应用开发、资源调度、监测管理等提供支撑，为实现生产智能决策、业务模式创新、资源优化配置、产业生态培育等提供有力支撑。

工业互联网平台包含数据采集体系、工业 PaaS 平台和应用服务体系三大核心要素。其中，数据采集是基础，就是要构建一个精准、实时、高效的数据采集体系，把数据采集上来，通过协议转换和边缘计算，一部分在边缘侧进行处理并直接返回到机器设备，另一部分传到云端进行综合利用分析，进一步优化形成决策。工业 PaaS 是核心，就是要构建一个可扩展的操作系统，部署将大量工业技术原理、行业知识、基础工艺、模型工具等规则化、软件化、模块化，并封装为可重复使用的微服务组件，为工业 APP 应用开发提供一个基础平台。工业 APP 是关键，要形成满足不同行业、不同场景的应用服务，并以工业 APP 的形式呈现出来。工业互联网平台的本质是通过构建精准、实时、高效的数据采集互联体系，建立面向工业大数据存储、集成、访问、分析、管理的开发环境，支撑工业技术、经验、知识的模型化、软件化、复用化，不断优化研发设计、生产制造、运营管理等资源配置效率，形成资源富集、多方参与、合作共赢、协同演进的制造业生态。此外，IaaS 是支撑。它是通过虚拟化技术将计算、存储、网络等资源池化，向用户提供可计量、弹性化的资源服务，如图 1-2 所示。

从工业互联网平台的关键作用来看，主要有三个方面。

（1）工业互联网平台是传统工业云平台的迭代升级。从工业云平台到工业互联网平台演进包括成本驱动导向、集成应用导向、能力交易导向、创新引领导向、生态构建导向五个阶段，工业互联网平台在传统工业云平台的软件工具共享、业务系统集成的基础上，叠加了制造能力开放、知识经验复用与第三方开发者集聚的功能，

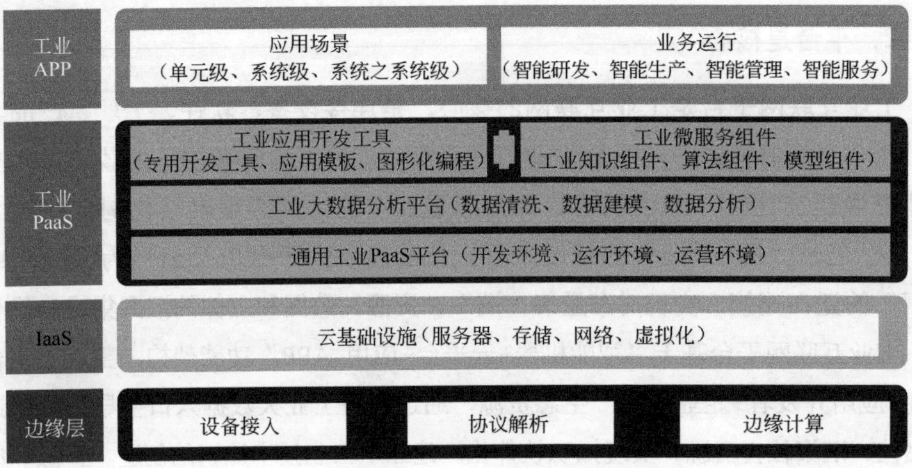

图 1-2 我国工业互联网平台体系架构

大幅提升工业知识生产、传播、利用效率，形成海量开放 APP 应用与工业用户之间相互促进、双向迭代的生态体系。

（2）工业互联网平台是新工业体系的“操作系统”。工业互联网平台依托高效的设备集成模块、强大的数据处理引擎、开放的开发环境工具、组件化的工业知识微服务，向下对接海量工业装备、仪器、产品，向上支撑工业智能化应用的快速开发与部署，发挥着类似于微软 Windows 系统、谷歌 Android 系统和苹果 iOS 系统的重要作用，支撑构建了基于软件定义的高度灵活与智能的新工业体系。

（3）工业互联网平台是资源集聚共享的有效载体。工业互联网平台将信息流、资金流、人才创意、制造工具和制造能力在云端汇聚，将工业企业、信息通信企业、互联网企业、第三方开发者等主体在云端集聚，将数据科学、工业科学、管理科学、信息科学、计算机科学在云端融合，推动资源、主体、知识集聚共享，形成社会化的协同生产方式和组织模式。

（4）工业互联网平台能够释放云计算平台的巨大能量。工业互联网平台凭借先进的云计算架构和高性能的云计算基础设施，实现对海量异构数据的集成、存储与计算，解决工业数据处理爆炸式增长与现有工业系统计算能力不相匹配的问题，加快以数据为驱动的网络化、智能化进程。

目前，工业互联网平台的理念和重要性逐渐为产业界所认识，全球推出一系列工业互联网平台产品。根据国际有关咨询机构统计，全球工业互联网平台数量超过 150 个，占物联网平台总数的 32%，是第一大细分平台类型。特别是 2015 年以后，企业对平台布局明显加快。一方面，国际知名工业企业相继推出了自己的工业互联网平台产品，基于自身在制造系统及工业数据方面的优势，向数据驱动的应用创新延伸。另一方面，已经推出工业互联网平台的信息技术企业开始对平台产品进行更新和升级，通过重新整合内部产品、增加新型服务能力等方式，不断完善平台功能，特别是对于底层数据的集成接入能力。

作为工业互联网、工业 4.0 的倡导者和主导者，GE 和西门子分别推出 Predix 和 MindSphere 工业互联网平台，其本质都是以开放化平台为核心，向下整合硬件资源，向上承载软件应用，构建基于工业云的制造业生态，引领未来工业发展方向。Predix 平台整体架构分为三层，即边缘连接层、基础设施层和应用服务层。其中，边缘连接层主要负责收集数据并将数据传输到云端，包含两个要素 Predix Machine 和 Predix Connectify。Predix Machine 支持不同工业标准协议（OPC-UA、DDS 和 MODBUS 等）连接多个边缘组件的多种网关解决方案，可以部署在网关、控制器和传感器节点上，主要职责是提供与工业资产之间安全的双向云连接并管理工业资产。Predix Connectify 提供从 Predix Machine 到 Predix 快速、安全的云连接，主要运用在暂时没有接入互联网的场景中，使机器能够通过移动电话、有线或者卫星组成的虚拟网络与云端交流。Predix Machine 与 Predix Connectify 一起提供了使工业设备与云端之间即插即用、安全可靠的连接。基础设施层主要提供基于全球范围的、安全的云基础架构，满足日常的工业工作负载和监督的需求，包含 Predix Cloud 和 Predix.io 两个核心要素。Predix Cloud 是启用工业互联网的中心，提供为工业工作负载优化和处理大规模工业数据的云基础设施，消除了工业企业开发时难以扩展和代价昂贵的壁垒。Predix.io 是一个自主服务的门户，开发人员可以通过它访问专门用于工业互联网应用程序的服务，是基于 Predix 构建工业应用的起点。应用服务层主要负责提供工业微服务和各种服务交互的框架，提供创建、测试、运行工业互联网程序的环境和微服务市场，包含 Predix Services 和 Predix for Developers 两个核心要素。Predix Services 包含运营服务和工业服务两大类。工业服务提供核心的资产服务、数据服务等，其中资产服务是包括针对发动机、医疗设备的预测性维护等具体行业应用；数据服务是针对工业大数据的清洗、存储和管理。运营服务包括开发运维和业务运营，提供应用的云端开发和部署环境。Predix for Developers 重点构建了针对开发者的一套微服务组件库，方便开发者的调用[1]。

1 来自工信部信软司关于工业互联网平台的研究报告。

MindSphere包括边缘连接层、开发运营层和应用服务层三个层级。

（1）边缘连接层可以通过MindConnect将来自不同厂商的设备、工控系统、信息系统等的数据安全、实时地传输到MindSphere云平台。边缘连接层的主要产品有MindConnect IoT 2040和MindConnect Nano，两者都是可以将工业设备数据传输到MindSphere的工业PC，并且都支持OPC-UA，前者适用于小型生产场景，后者适用于大型的生产场景。

（2）开发运营层主要基于SAP HANA Cloud Foundry为用户提供大数据服务和工业APP开发服务。大数据服务主要为用户提供分析、存储、共享设备数据的服务；工业APP开发服务主要为用户提供相应的工业知识、开发工具、开发环境和APP共享服务。用户可以在开发运营层通过分析工厂数据并结合相应的行业知识开发工业APP，并且还可以在平台售卖自己的工业应用或者租赁其他的工业应用。

（3）应用服务层主要是为用户提供基于MindApp和行业解决方案的智能应用服务，与IBM和SAP展开深度合作，主要包括设备预防性维护服务、工厂能耗分析服务、资源优化服务等。如MindApps Fleet Manager可以通过数据帮助企业实现对资产的实时监控，主要功能包括查看、搜索、排序和过滤资产，而且用户可以自定义相关的资产管理规则，目前已在北美和欧洲的100多家企业进行试用。2017年4月，西门子与埃森哲、Evosoft、SAP、微软、亚马逊和Bluvision等合作伙伴在汉诺威展上展示了6种微服务和约50种工业APP。全球研磨机械制造商格林通过MindSphere平台对关键部件状态参数进行采集、分析、测试，实现了对刀具磨损状态的精准预测和适时更换[1]。

3．安全是保障

工业互联网实现了全系统、全产业链和产品全生命周期的互联互通，越来越多的设备、系统、生产和服务过程暴露在工业互联网上，病毒、木马、勒索软件等安全风险不断向工业领域渗透，给工业云、工业大数据等新一代信息技术也带来新的安全威胁。信息安全事件大规模、集中式爆发的风险不断加大，亟须构建工业互联网安全保障体系，将连接安全、数据安全、应用安全等线上“网络安全”与功能安全、设备安全、控制安全等线下“物理安全”全盘考虑，并将这种

1 来自工信部信软司关于工业互联网平台的研究报告。

要素更广泛、要求更严格的安全作为产业部署的首要前提，识别和抵御安全威胁，避免网络设施和系统软件受到内部和外部攻击，确保数据传输与存储的安全性，强化设备、网络、控制、应用和数据的安全保障能力，实现对工业生产系统和商业系统的全方位保护。

1.4 相关概念辨析

当前，各种新技术交叉渗透融合，引发制造业生产方式、组织模式深刻变革，催生智能制造、服务型制造、数字经济等新型产业形态，也产生了“互联网+”、制造业与互联网融合、智能制造、先进制造等新概念、新提法。这些概念与工业互联网之间既相互联系，又各有侧重。

1.4.1 “互联网+”与工业互联网

李克强总理在 2015 年政府工作报告中首次提出要制订“互联网+”行动计划。2015 年 7 月 4 日，国务院印发《关于积极推进“互联网+”行动的指导意见》，明确未来三年及十年的“互联网+”发展目标，并提出了包括益民服务、便捷交通、普惠金融、协同制造等 11 项重点行动。为推进落实“互联网+”的行动，国务院及相关部门陆续发布一系列政策文件，主要包括《国务院关于深化制造业与互联网融合发展的指导意见》《国务院办公厅关于深入实施“互联网+流通”行动计划的意见》《关于推进“互联网+”智慧能源发展的指导意见》《“互联网+”人工智能三年行动实施方案》《推进“互联网+”便捷交通促进智能交通发展的实施方案》等，推进互联网技术在相关领域的深度应用。

关于“互联网+”的内涵，业内专家、学者从不同的角度进行了阐述，主要概括为以下方面：

① 强调“互联网+”为经济带来的变革，如中国工程院院士、中国互联网协会理事长邬贺铨认为“互联网+”促进互联网技术在产业的应用，将带来新一轮的产业变革，并预见未来 20 年互联网将使人们的收入提高 25%到 40%。

② 强调“互联网+”将引领创新驱动发展，如中国电子信息产业发展研究院副院长王鹏认为，“互联网+”是用现代信息技术特别是互联网技术加快与社会经济（工业、农业、服务业、社会服务、能源交通）等各行各业的融合，用互联网技术实现创新驱动发展。

③ 强调“互联网+”对传统企业转型升级的推动作用，如国家信息化专家咨询委员会委员、中国互联网协会副理事长高新民认为，“互联网+”对传统产业不是颠覆，而是换代升级，不是找最容易的领域，而是找比较难、对国家整个经济转型和发展方式转型具有意义的领域去推动。

④ 强调“互联网+”的平台属性，如全国人大代表、腾讯董事会主席兼CEO马化腾认为，“互联网+”战略就是利用互联网的平台，利用信息通信技术，把互联网和包括传统行业在内的各行各业结合起来，在新的领域创造一种新的生态。

《国务院关于积极推进“互联网+”行动的指导意见》（国发〔2015〕40号）明确指出，“互联网+”是把互联网的创新成果与经济社会各领域深度融合，推动技术进步、效率提升和组织变革，提升实体经济创新力和生产力，形成更广泛的以互联网为基础设施和创新要素的经济社会发展新形态。

“互联网+”是一种推进经济社会变革的力量，其主要表现为以互联网为代表的新一代信息技术在经济社会运行、生产生活方式、治国理政模式中的广泛普及与深化应用，不断变革生产模式、组织体系、资源配置方式和经济社会发展范式，孕育形成新的产品形态、新的行业、新的生态体系、新的价值链。“互联网+”主要呈现出五个鲜明的特征：

① 技术通用性。以互联网为代表的新一代信息技术创新活力和应用潜能裂变式释放，并加速与制造、能源、材料、生物等技术交叉融合，不断渗透到经济社会各领域，成为重要的经济活动和创新集聚平台。

② 网络外部性。互联网的价值与用户数的平方成正比。用户数未达到一定规模之前，初始固定投入较高；随着用户数的增加，边际投入和边际成本都将递减；当用户规模超过临界点，互联网价值将成指数级增长。

③ 协同共享性。互联网突破了地域、组织、技术的界限，整合了政府、企业、协会、院所等各类资源，将生产者、消费者聚集在一起，形成跨领域、网络化的协

同共享平台，促进资源的共享使用、合理配置与优化供应。

④ 去中间环节。互联网具有扁平化、网络化、去中心化的显著特质，这种特质能够把生产与消费无缝链接，能够把散乱小的供给与复杂多变的市场需求无限拉近，大量中间环节被压缩甚至取消，使可变成本趋近于零。

⑤ 融合解构性。跨地域、无边界、开放、共享的特性促使互联网与不同领域、平台、组织之间实现跨界融合，形成“统一、开放、透明”的准入条件、交易规则、信用制度、金融和物流体系大市场，深刻变革传统生产方式、要素配置方式、产品形态和服务模式，形成“互联网+”的经济社会发展范式。

“互联网+”主要通过三种作用机制，实现价值创造：

① “互联网+”通过改变市场博弈策略，以诚信自律机制提高经济效率。互联网在电子商务、互联网金融等经济领域，以第三方平台服务方式长期记录和积累交易方的行为数据，将市场经济中原本属于不完全信息条件下的静态博弈转变为完全信息条件下的动态重复博弈，形成以信用记录约束经济人行为的自律机制，改善了交易市场的信用环境，形成了长期可信交易的市场环境。诚信自律环境的形成，减少了交易风险，提高了交易效率，从而产生经济价值。

②“互联网+”向资本市场展示了收益前景，以内部学习效应机制获取资本补偿。很多互联网平台能够在亏损运营条件下可持续运营，这是传统经济理论无法解释的。究其原因，是互联网的创新应用形成了短期亏损、长期高利的新型商业模式。互联网用户规模一旦超过临界点，便形成用户偏好依赖和软性市场垄断，具有长期良好的利润前景，这正是资本市场所青睐的商业模式。美国学者肯普（Tom Kemp）的幼稚产业标准理论（Kemp's Test）能够较好地解释这种现象。只要保护互联网创新应用先行者的合法权益，营造内部学习效应环境，使其知识产权不会被模仿者免费学习，保持较合理的未来预期收益，互联网企业就能够在无须政府保护和政府补贴的前提下，通过市场机制来进行资本补偿，实现长期可持续发展。

③“互联网+”形成了复合商业模式，以交叉补贴机制确保可持续运营。在用户规模达到一定程度之后，互联网平台可经常免费向用户提供长期服务，仍能够维持较好的收益，保持良好的经营状态。这是互联网平台灵活运用了交叉补贴原理。2014诺贝尔经济学奖得主法国经济学家让·梯若尔（Jean Tirole）的交叉补贴理论很好

地解释了这种商业运作机制。很多互联网创新应用企业的商业模式是将核心产品或服务完全免费提供给用户，从而形成庞大的用户群和品牌影响力，转而通过其他特定客户的特定产品或增值服务来获取盈利。

工业互联网作为新一代信息技术与制造业深度融合的产物，首先在制造业领域应用，是制造业实现数字化、网络化、智能化的关键支撑。与互联网相比，工业互联网主要有两个明显区别：一是连接对象不同。互联网主要连接人，应用场景相对简单，工业互联网实现人、机、物等各类工业要素和工业业务流程以及产业链上/下游企业间更大范围的实时连接与智能交互，连接种类、数量更多，场景更为复杂。二是技术要求不同。互联网网络技术特点突出体现为"尽力而为"的服务方式，对网络时延、业务承载和隔离能力、可靠性等要求不严格。但工业互联网直接涉及工业生产，网络性能上要求时延更低、可靠性更强，安全性更高，如图 1-3 所示。

	消费互联网	工业互联网
连接载体	计算机、手机（智能化、标准化）	物物互联、人物互联、IoT
网络属性	统一标准协议，开放网络 尽力而为	不兼容协议、标准，封闭网络 实时、可靠、安全
技术效应	交易效率	生产效率
政府监管	鼓励创新、加强监管（踩油门、踩刹车）	支撑鼓励发展为主
主力军	互联网企业	制造企业
资金支持	轻资产，投资回收期短，易获得社会资金	重资产，投资回收期长，难吸引社会资金
起步环境	起步初期限制少，市场未被国外企业垄断	基础产业被国外厂商垄断，平台向中国渗透
时代机遇	美国主导互联网技术、产业和治理 我国跟随式发展	全球格局尚未成型（标识与解析） 我国处于大有可为的战略机遇期

图 1-3 消费互联网与工业互联网

1.4.2 "制造业与互联网融合"及工业互联网

"制造业与互联网融合"是以互联网为代表的新一代信息技术在制造业的广泛普及和深化应用，形成新的产品形态、生产模式、组织体系和资源配置方式，推动制造业向规模化定制、柔性化生产、服务型制造、网络化制造模式演进，提升交易效率和生产效率，为产品、装备、人、企业赋能，最终形成新型制造体系。制造业与互联网融合的主线是激发制造企业创新活力、发展潜力和转型动力，融合的本质是新旧发展动能和新旧生产体系的转换，融合的标志是形成新模式、新业态和新产品。

“制造业与互联网融合” 是两化深度融合在新时期的具体反映。从广义上理解，两化融合，是工业化进程与信息化进程的重合；从狭义上讲，是信息技术广泛应用于工业领域，引起生产效率提高和生产方式变革，从而使工业结构调整升级的过程。就狭义而言，两化深度融合主要体现在工业利用信息技术的水平和层次上。一般把“三个转变，一个拓展”作为深度融合的基本内涵，即从单项业务信息技术应用向多业务、多技术综合集成转变，从单纯信息技术应用向业务流程再造和组织结构调整转变，从单一企业信息技术应用向产业链上/下游协同应用转变，拓展新型商业模式和产业形态。“制造业与互联网融合发展”进一步丰富和发展了两化融合的内涵，为新一代信息技术与工业各领域在更广范围、更深层次的渗透融合开辟了新途径，为新时期实现工业转型升级提供了新动能。

2016 年 5 月 20 日，国务院印发《关于深化制造业与互联网融合发展的指导意见》（国发〔2016〕28 号），提出以建设制造业与互联网融合“双创”平台为抓手，围绕制造业与互联网融合关键环节，培育新模式、新业态，强化信息技术产业支撑，完善信息安全保障，夯实融合发展基础，营造融合发展新生态，加快推动“中国制造”提质增效升级。

“制造业与互联网融合”有三个特点：

① 制造业与互联网融合的过程，是价值创新的过程，而不仅是价值传递的过程；

② 制造业与互联网融合，不仅提高了制造业交易效率，而且提高了生产效率。这是以互联网为代表的新一代信息通信技术与其他技术的重要区别和特征。习近平总书记在 4 月 19 日网络安全和信息化工作座谈会上指出，着力推动互联网与实体经济深度融合发展，以信息流带动技术流、资金流、人才流、物资流，促进资源配置优化，促进全要素生产率提升，为推动创新发展、转变经济发展方式、调整经济结构发挥积极作用；

③ 制造业与互联网是全方位的融合，是发展理念的融合，是技术和产品的融

合，是生产体系的融合，是业务模式的融合。

正是基于这样一些特征，在制造业与互联网融合的过程中，制造是关键环节，制造业是“互联网+”的主战场，制造企业是主力军。制造之所以是关键环节，是因为制造环节是价值创新的环节。由于全球制造业巨头在标准、技术等方面长期掌控阵地，互联网融入制造环节将会带来新旧力量的角逐。制造业是“互联网+”的主战场，这是由制造作为强国之基、立国之本的地位所决定的。在制造业与互联网融合的过程中，我国的互联网企业具有技术、人才、观念及资本等方面的优势，但面对制造业由大变强的繁重而艰巨的历史性任务，只有激发制造企业深化互联网应用的积极性、主动性和创造性，推动发展理念、技术产品、组织管理、生产模式、商业模式等方面的创新，才能真正推动制造业与互联网的深度融合，制造企业是融合发展的主力军、主攻手。

国务院印发《关于深化制造业与互联网融合发展的指导意见》（国发〔2016〕28 号）明确提出，要强化融合发展基础支撑，加快构筑自动控制与感知、工业云与智能服务平台、工业互联网等制造新基础。其中，工业互联网是制造业与互联网融合的“新四基”之一，“新四基”即加快自动控制与感知（一硬）、核心软/硬件（一软）、工业云与智能服务平台（一平台）、工业互联网（一网）的简称。之所以将工业互联网作为融合发展的“新四基”之一，主要是因为在工业互联网领域，我国当前工厂网络静态配置、刚性组织的方式难以满足未来用户定制、柔性生产的需要，工业控制网络技术呈现“诸侯割据，各自封闭”的状况，现场总线技术标准被国际巨头垄断，网络、数据、软件集成面临协议标准缺失的制约。

1.4.3 智能制造与工业互联网

李克强总理在 2015 年的政府工作报告中提出，要坚持创新驱动、智能转型、强化基础、绿色发展，加快从制造大国转向制造强国。随后，国务院于 2015 年 5 月 8 日提出以推进智能制造为主攻方向，推动新一代信息技术与制造技术融合发展，着力发展智能装备和智能产品，推进生产过程智能化，培育新型生产方式，全面提升企业研发、生产、管理和服务的智能化水平，打造中国发展新动能。

目前，不同领域的专家和学者从不同的角度，对智能制造有着不同的认识，主要有以下几种比较有代表性的定义。

（1）强调多维度整体性推进。中国工程院院长周济院士认为，智能制造是一个大系统工程，要从产品、生产、模式、基础四个维度系统推进，其中智能产品是主体，智能生产是主线，以用户为中心的产业模式变革是主题，以信息物理系统和工业互联网为基础[1]。

（2）强调制造过程的智能化。全国人大常委会副委员长路甬祥院士认为智能制造是由智能机器和人类专家共同组成的人机一体化智能系统，它在制造过程中能进行智能活动，通过人与智能机器的合作共事，去扩大、延伸和部分地取代人类专家在制造过程中的脑力劳动[2]。

（3）强调智能制造的融合本质。中国工程院提出，新一代智能制造是新一代人工智能技术与先进制造技术的深度融合，是新一轮工业革命的核心驱动力[3]。

（4）强调智能制造的基础设施。中航工业信息技术中心首席顾问宁振波认为智能制造的基础是网络化和数字化，其中CPS与仿真的应用很关键[4]。胡权认为，推动智能制造，应该充分认识到 AI 2.0 对于智能制造发展的革命性意义，把智能产品和智能制造有机地结合起来，让智能制造为智能产品服务，通过市场的良性循环，让智能制造的投入物有所值[5]。

智能制造不仅是我国实现制造强国的主攻方向，也是实施“再工业化”战略的关键举措，因此欧美国家也从不同角度对智能制造进行了描述与定义。美国智能制造领导联盟认为智能制造是先进智能系统强化应用、新产品制造快速、产品需求动态响应，以及工业生产和供应链网络实时优化的制造，核心技术是网络化传感器、数据互操作性、多尺度动态建模与仿真、智能自动化及可扩展的多层次网络安全。德国工业4.0战略虽未明确提出智能制造的概念，但也提出要将企业的机器、存储系统和生产设施融入信息物理系统（CPS）中，实现相互独立地自动交换信息、触发动作和控制[6]。工业 4.0 研究院认为，通常情况下，智能制造的基础设施包含低成本的传感系统、无所不在的云计算资源和实时驱动的制造操作系统等

1 周济：智能制造是未来主攻方向。《中国科学报》，2015 年 12 月 28 日第 1 版。
2 路甬祥：发展战略性新兴产业不应忘中低收入人群。科技日报，http://www.gov.cn/jrzg/2009-12/14/content_1486555.htm，2009 年 12 月 14 日。
3 周济，李培根，周艳红等：走向新一代智能制造。《Engineering》，2018 年 2 月。
4 宁振波：智能制造的难点和焦点研究，互联网天地。2016（6）：7、8。
5 胡权：AI 2.0：重新定义智能制造，《清华管理评论》。2018 年 1、2 月刊。
6 尹峰：智能制造评价指标体系研究，工业经济论坛。2016 年 6（3）。

三个方面[1]。

《智能制造发展规划（2016—2020 年）》中给智能制造下了一个定义，即智能制造是基于新一代信息通信技术与先进制造技术深度融合，贯穿于设计、生产、管理、服务等制造活动的各个环节，具有自感知、自学习、自决策、自执行、自适应等功能的新型生产方式。智能制造能够实现高效信息传递、大数据分析决策、生产线智能控制、可视化等，促进制造业全生命周期向高效化、优质化、绿色化、网络化、个性化等目标优化，将对产业发展和分工格局带来深刻影响，推动形成新的生产方式、产业形态，是制造业转型升级的主攻方向。在《国家智能制造标准体系建设指南（2015 年版）》中，从生命周期、系统层级、智能功能 3 个维度建立了智能制造标准体系参考模型。

工业互联网是实现智能制造的关键使能技术。工业互联网包括网络、平台、安全三大功能体系，构成了智能制造的“血液循环系统”“神经中枢系统”“免疫防护系统”，是实现智能制造的关键使能技术。

（1）网络是实现智能制造的“血液循环系统”。工业互联网面向智能制造单元、智能车间、智能工厂，通过构建低延时、高可靠、广覆盖的网络基础设施，实现人、机器、产品、系统等主体要素的全面感知、泛在互联和数据有序流动，是智能制造的“血液循环系统”。与互联网相比，工业互联网有两大区别。一是连接对象更多、场景更复杂。互联网主要连接 PC，应用场景相对单一，工业互联网连接人、机、物等各类工业要素，连接工业全系统、全产业链、全价值链，在更大范围内进行实时连接与智能交互，连接的对象、种类、数量更多，场景更复杂。二是技术要求更高。互联网采用统一标准协议，网络技术特点突出体现为“尽力而为”的服务方式，对网络时延、业务承载和隔离能力、可靠性等要求不严格，但工业互联网采用直接涉及工业生产的网络协议，网络性能上要求时延更低、可靠性更强，安全性要求更高。

（2）平台是智能制造的“神经中枢系统”。工业互联网平台通过跨设备、跨系统、跨厂区、跨地区的全面互联互通，实现生产智能决策、业务模式创新、资源优化配置、产业生态培育，是智能制造的“神经中枢系统”。具体来说，工业互联网平台包括边缘层、工业 PaaS 平台和工业 APP 三层架构，是海量工业数据采集、汇聚、分析和服务的载体，是一个基于云计算的开放式、可扩展的工业操作系

1 胡权：AI 2.0：重新定义智能制造。《清华管理评论》，2018 年 1、2 月刊。

统，其功能类似于微软的 Windows、谷歌的 Android 系统和苹果的 iOS 系统，向下连接和调度海量工业设备，自身承载工业经验与知识模型，向上对接各种工业应用服务，是工业全要素连接的枢纽，是工业资源配置的核心，驱动着智能制造体系的高效运转。

（3）安全是智能制造的“免疫防护系统”。覆盖设备、控制、网络、平台和数据的工业互联网安全保障体系是构建智能制造“免疫防护系统”的关键支撑。

① 保障工业设备安全。工业设备安全先天是短板，伴随着工业互联网的发展，越来越多的设备会暴露在互联网上，病毒、木马、勒索软件等安全风险不断向工业领域渗透，和消费互联网的“谋财”隐患相比，工业设备安全具有“害命”隐患。

② 保障控制安全。工业控制系统是实现工业生产自动化、数字化的基础，发展智能制造带来对中高端 PLC 和 DCS 需求增长的同时，在安全性方面也提出了更高的要求，国家将加大技术研发和成果转化支持力度，重点突破工业控制系统等相关核心技术。

③ 保障数据安全。工业互联网上承载着大量价值巨大的工业数据，能够揭示工业生产情况及运行规律，也承载了大量市场、客户、供应链等信息，是工业互联网核心要素，数据安全也因此成为工业互联网安全保障的重要任务之一。

1.4.4　先进制造业与工业互联网

党的十八大明确提出“要推动战略性新兴产业、先进制造业健康发展”，十九大进一步强调“加快发展先进制造业”“培育若干世界级先进制造业集群”。国务院于 2017 年 11 月 27 日印发《国务院关于深化“互联网+先进制造业”发展工业互联网的指导意见》，提出要以工业互联网为抓手加快发展先进制造业。

关于先进制造业，理论界和产业界尚未形成公认的定义。在理论界，主要有以下几种比较有代表性的定义。

（1）强调对传统制造业的转型升级。如工业和信息化部（以下简称工信部）副部长罗文认为，先进制造业是在传统制造业基础上，吸收信息网络、先进材料和工艺及现代管理等最新成果，广泛应用于产品研发设计、生产制造、营销管理、售后服务全过程的新型现代产业。

（2）强调先进技术的应用。如中国机械工业联合会专家委员会名誉主任朱森第认为先进制造业是不断吸收信息、机械、材料、现代管理等方面的高新技术，并将这些先进的技术综合应用于制造的各个环节和全过程，实现优质、高效、低耗、清洁、灵活生产，从而取得很好的经济社会和市场效益的制造业总称。

（3）强调先进生产方式。如暨南大学教授龚唯平等将其定义为广泛应用先进制造技术、采用先进制造模式、拥有先进市场网络组织的工业生产系统。

很多国家的先进制造业定义与本国制定的战略和政策紧密关联。2009年，英国商业、创新和技能部（BIS）将先进制造业定义为“运用高水平设计方法或技能来生产技术复杂的产品或流程的行业”。2011年，美国总统科技顾问委员会发布的《确保美国在先进制造业中的领导地位》报告中，将先进制造业定义为通过信息、自动化、计算机、软件、传感、网络技术的融合创新，或使用尖端材料和新的物理和生物方法（如纳米技术、化学和生物学）来生产产品的一系列制造活动，并强调先进制造业既包括用新工艺方法生产现有产品，也包括用新的先进技术来制造新产品。

先进制造业是融合新一代信息技术与高效的现代化管理手段，实现高质量、高效率、高效益发展的制造活动的总称。当前，我国的先进制造业主要由两部分构成，一部分是传统制造业吸纳、融入先进制造技术和信息技术后，提升为先进制造业，如数控机床、海洋工程装备、航天装备、航空装备等；另一部分是新兴技术成果产业化后形成的新产业，并带有基础性和引领性的产业，如增量制造、生物制造、微纳制造等。

工业互联网是实现先进制造的通用目的技术。工业互联网集成了新一代信息通信技术和现代工业技术，是一套涵盖数字化、网络化、智能化等通用目的的技术的综合技术体系，为改造提升传统产业、培育发展新兴产业、发展先进制造业提供了一套可行系统解决方案。做强增量和调优存量是推进先进制造业发展的两翼。改造传统产业是“存量”，其重点在于利用信息技术改造提升，发挥工业互联网的叠加、倍增作用，提高全要素生产率，实现传统产业转型升级。培育发展新兴产业是“增量”，其重点在于利用信息技术改革创新，基于工业互联网培育发展新业态新模式，用新动能推动新发展，促进动力变革、质量变革和效率变革，形成数字经济时代的新型供给能力。

1.4.5　概念辨析

通过对上述概念的辨析，表明“互联网+、制造业与互联网融合、智能制造、先进制造业、工业互联网”这些概念，既相互联系，又各有所侧重，但其背后的含义都是推动产业转型升级，都体现了互联网对制造业发展方式、组织模式产生的重大变革，核心是制造业附加值率的提升。

（1）从本质上看，这些新概念都是新一代信息技术与制造业深度融合的产物。信息技术自诞生起，就成为全球技术创新最为活跃的领域。随着信息网络技术与各类制造技术的渗透融合，以及新能源、新材料、生物等领域创新的多点突破，新一轮科技和产业变革浪潮喷涌而来。信息网络技术自身领域的创新密集发生，催生了云计算、物联网、移动互联网、信息技术服务、数字内容、数字医疗、远程教育、位置服务等新产业、新业态，不断改变着社会的生产消费方式，信息消费随之兴起。信息网络技术与制造技术的充分融合，信息和网络技术已经成为重要的生产技术要素，工业互联网成为制造业重要的基础设施，使智能制造成为可能，制造业生产组织方式和产业发展形态等将发生重大变革。从生产手段上看，数字化、虚拟化、智能化技术将贯穿产品的全生命周期，如全面应用数字及网络技术，空客 380 飞机实现了全球异地数字化设计、制造、测试、销售和最终产品的交付。从生产模式上看，柔性化、网络化、个性化生产将成为制造模式的新趋势。从生产组织上看，全球化、服务化、平台化将成为产业组织的新方式。

（2）从实践看，这些概念既相互联系、彼此支撑又各有侧重。其中，“先进制造、智能制造”等概念更侧重从产业发展方式变革来认识制造业。以智能制造为例，作为两化深度融合的主攻方向，工作重点是产品智能化和生产智能化等。工业物联网、“互联网+”、“制造业+互联网”等概念更多的是强调互联网在经济发展中的作用。特别是在移动互联网产生之后，世界日益进入了万物互联的时代，推动互联网、大数据、人工智能和实体经济深度融合，成为优化传统产业升级和新兴产业培育的工作之一，因此工业互联网这一概念也被使用的越来越频繁。

（3）从长期看，这些概念都服务于制造强国建设。这些概念所代表的新业态、新模式、新型制造体系，都是制造强国建设的重要组成部分。为贯彻落实制造强国建设，工信部发布了《智能制造发展规划》（2016—2020 年），近年又连续实施了智能制造示范试点等。再以制造业与互联网融合为例，2016 年 5 月 20 日，国务院印发《关于深化制造业与互联网融合发展的指导意见》（国发〔2016〕28 号），明确提出要大力拓展互联网与制造业融合的深度和广度，积极培育新技术、新产品、新业态、新模式，深化体制机制改革，并提出了 7 项行动计划。针对上述这些概念，为了重点推动这些相应的工作，国务院各部门出台了多项举措。这些概念虽然各有侧重，但又相互依赖、相互支撑，都统一于制造强国战略建设这一重任。

第 2 章
Chapter 2
工业互联网平台的体系架构及核心技术

工业互联网平台是面向制造业数字化、网络化、智能化需求，构建基于海量数据采集、汇聚、分析的服务体系，支撑制造资源泛在连接、弹性供给、高效配置的载体，核心是基于云计算的开放式、可扩展的工业操作系统。工业互联网平台是工业互联网的核心，是领军企业竞争的新赛道，全球产业布局的新方向，制造大国竞争的新焦点。当前，工业互联网平台发展总体还处于起步阶段，技术体系、应用场景、商业模式、产业生态仍处于快速迭代、持续探索中，需要结合国际、国内发展形势和应用实践，持续开展调查研究、总结经验、提炼规律、深化认识，打造我国多层次、系统性工业互联网平台体系。

2.1 工业互联网平台的定位和作用

工业互联网平台是面向制造业数字化、网络化和智能化需求，构建起的海量数据采集、汇集、分析体系，是工业全要素、全流程、全产业链与互联网深度融合的载体，能够将信息流、资金流、人才创意、制造工具和制造能力在云端汇聚，将工业企业、信息通信企业、互联网企业、第三方开发者等主体在云端集聚，将数据科学、工业科学、管理科学、信息科学、计算机科学在云端融合，推动资源、主体、知识集聚共享，形成社会化的协同生产方式和组织模式，是工业互联网体系的核心，是协同推进制造强国与网络强国的关键支撑。

2.1.1 工业互联网平台的定位

工业互联网平台是工业互联网的核心，是连接设备、软件、工厂、产品、人等工业全要素的枢纽，是海量工业数据采集、汇聚、分析和服务的载体，是支撑工业资源泛在连接、弹性供给、高效配置的中枢，是实现网络化制造的核心依托。从“云”“网”“端”的角度来看，工业互联网平台以“云”为核心，通过“网”的泛在连接，实现对海量终“端”资源、数据和主体的汇聚集成与优化配置。

工业互联网平台包含数据采集体系、工业 PaaS 平台和应用服务体系三大核心要素。其中，数据采集是基础，工业 PaaS 是核心，工业 APP 是关键。其本质是通过构建精准、实时、高效的数据采集互联体系，建立面向工业大数据存储、集成、访问、分析、管理的开发环境，支撑工业技术、经验、知识的模型化、软件化、复用化，不断优化研发设计、生产制造、运营管理等资源配置效率，形成资源富集、多方参与、合作共赢、协同演进的制造业生态。从工业互联网平台的关键作用来看，主要有三个方面。

（1）工业互联网平台是传统工业云平台的迭代升级。从工业云平台到工业互联网平台演进包括成本驱动导向、集成应用导向、能力交易导向、创新引领导向、生态构建导向五个阶段，工业互联网平台在传统工业云平台的软件工具共享、业务系统集成基础上，叠加了制造能力开放、知识经验复用与第三方开发者集聚的功能，大幅提升工业知识生产、传播、利用效率，形成海量开放 APP 应用与工业用户之间相互促进、双向迭代的生态体系。

（2）工业互联网平台是新工业体系的“操作系统”。工业互联网平台依托高效的设备集成模块、强大的数据处理引擎、开放的开发环境工具、组件化的工业知识微服务，向下对接海量工业装备、仪器、产品，向上支撑工业智能化应用的快速开发与部署，发挥着类似于微软 Windows 系统、谷歌 Android 系统和苹果 iOS 系统的重要作用，支撑构建了基于软件定义的高度灵活与智能的新工业体系。

（3）工业互联网平台是资源集聚共享的有效载体。工业互联网平台将信息流、资金流、人才创意、制造工具和制造能力在云端汇聚，将工业企业、信息通信企业、互联网企业、第三方开发者等主体在云端集聚，将数据科学、工业科学、管理科学、信息科学、计算机科学在云端融合，推动资源、主体、知识集聚共享，形成社会化的协同生产方式和组织模式。

2.1.2 工业互联网平台的作用

工业互联网平台的作用主要体现在以下三个方面[1]：

（1）能够发挥平台的集聚效应。工业互联网平台承载着数以亿计的设备、系统、工艺参数、软件工具、企业业务需求和制造能力，是工业资源汇集共享的载体，是网络化协同优化的关键，催生了制造业众包、众创、协同制造、智能服务等一系列互联网新模式和新业态。

（2）能够承担工业操作系统的关键角色。工业互联网平台向下连接海量设备，自身承载工业经验与知识的模型，向上对接工业优化应用，是工业全要素连接的枢纽，是工业资源配置的核心，驱动着先进制造体系的智能运转。

（3）能够释放云计算平台的巨大能量。工业互联网平台凭借先进的网上大规模计算架构和高性能的云计算基础设施，能够实现对海量异构数据的集成、存储和计算，解决工业数据处理爆炸式增长与现有工业系统计算能力不匹配的问题，加快以数据为驱动的网络化、智能化的进程。

工业互联网平台是传统工业云功能的叠加、迭代和升级，两者有着本质区别，又有许多联系。从工业云平台到工业互联网平台的演进包括成本驱动导向、集成应用导向、能力交易导向、创新引领导向、生态构建导向五个阶段[2]。工业互联网平台在传统工业云平台的软件工具共享、业务系统集成基础上，叠加了制造能力开放、知识经验复用与开发者集聚的功能，大幅提升工业知识生产、传播、利用效率，形成海量开放APP应用与工业用户之间相互促进、双向迭代的生态体系。

（1）成本驱动导向阶段，这一阶段主要是企业为了节约成本，向云化发展。云计算具有资源池化、弹性供给、按需付费等典型特征，能大幅降低企业研发、运营成本，提高企业生产效率。在硬件方面，云平台通过IT硬件资源租用取代直

1 工业互联网体系中，网络是基础，平台是核心，安全是保障。http://www.gov.cn/ xinwen/2017.11/03/content_5237036.htm.

2 安筱鹏在中国国际工业博览会上的演讲《从工业云到工业互联网平台演进的五个阶段》。

接购买或自建，可以大幅降低硬件成本。在软件方面，从购买软件授权到根据时间、人、次数来订阅云服务，也可以大幅降低成本。在部署成本与运营成本方面，工业云平台能大大降低缩短信息系统建设周期，减少运维成本。

（2）集成应用导向阶段，这一阶段主要是核心业务系统上云。通过企业内部核心业务系统向云端迁移，打通信息孤岛，促进制造资源、数据等集成共享，打破传统企业五层架构，实现企业内部系统的横向集成、纵向集成和端到端的集成，促进单点智能演进至全局优化，提升企业效益。

（3）能力交易导向阶段，这一阶段企业底层的设备和产品开始上云，工业云平台演进为工业互联网平台。通过将“硬件设备+核心业务系统+研发工具”上云，能够实现大量蕴含在生产、交换、消费中隐性数据的显性化，能够解决制造资源配置不均衡、供需信息不充分、制造能力不可计量、能力交易成本较高等一系列问题，推动出现研发设计、测试实验、生产制造、物流等生产能力的交易。

（4）创新引领导向阶段，这一阶段“工业 PaaS 平台+定制化开发工业 APP”成为平台竞争的焦点，并在重构工业知识新体系。其中，工业 PaaS 层的核心是把大量的工业技术原理、行业知识、基础工艺、模型工具规则化、软件化、模型化，封装成为可重复使用的微服务组件。工业 APP 层的核心是面对特定的工业场景，通过调用底层的微服务，推动工业技术、经验、知识和最佳实践的模型化、软件化与再封装。工业互联网平台向下可以实现各种软/硬件资源的接入、控制和管理，向上则提供开发接口、存储计算和工业资源等支持，通过软/硬件解耦的方式实现硬件资源虚拟化和应用服务软件化。工业互联网平台的四层架构日渐清晰，数据采集层、IaaS 层、工业 PaaS 和工业 APP 层共同构成了基于云的端到端制造业数字化、网络化、智能化整体解决方案，看起来是云，背后是面向线下的一套解决方案。

（5）生态构建导向阶段，随着海量第三方开发者与通用工业 APP 的出现，工业互联网平台进入到一个以生态构建为导向的新阶段。一是开发主体从“平台运营者+平台客户”联合开发演进为海量第三方开发者；二是开发内容从有限、封闭、定制化的工业 APP 演进为海量的、开放的、通用性的工业 APP；三是运营机制在演进，核心是形成工业 APP 应用与工业用户之间相互促进、双向迭代的生态体系。当前 GE、西门子等领军企业都在围绕“智能机器+云平台+工业 APP”的功能架构，培育海量第三方开发者开发工业 APP，构建基于平台的制造业生态，不断巩固和强化制造业竞争优势。

2.2 工业互联网平台的体系架构

工业互联网平台是面向制造业数字化、网络化、智能化需求，构建基于海量数据采集、汇聚、分析的服务体系，支撑制造资源泛在连接、弹性供给、高效配置的载体。打造工业互联网平台本质上是通过构建精准、实时、高效的数据采集互联体系，建立面向工业大数据存储、集成、访问、分析、管理的开发环境，支撑工业技术、经验、知识模型化、软件化、复用化，以数据的有序自动流动解决复杂制造系统面临的不确定性，不断优化研发设计、生产制造、运营管理等资源配置效率，形成资源富集、多方参与、合作共赢、协同演进的制造业生态。

从构成来看，工业互联网平台包含四大要素：数据采集（边缘层）、基础设施（IaaS 层）、工业 PaaS（平台层）、工业 APP（SaaS 层）[1]。工业互联网平台架构如图 2-1 所示。

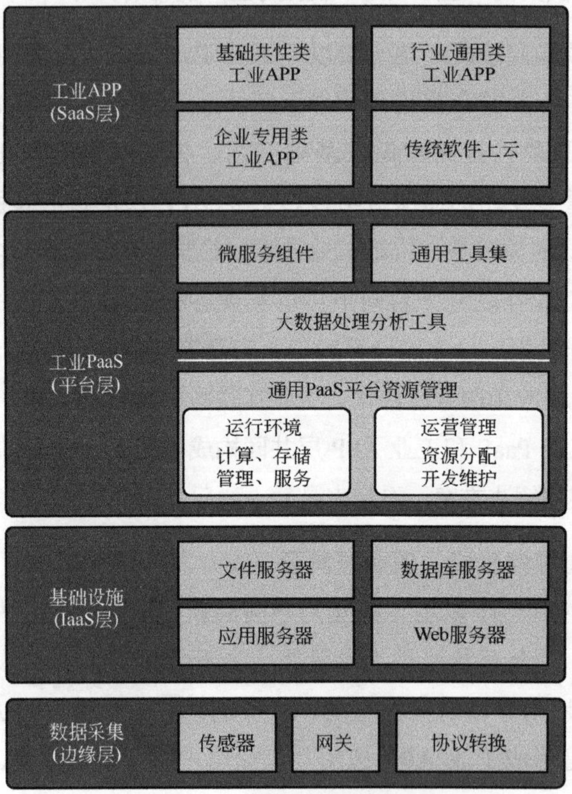

图 2-1 工业互联网平台架构

1 安筱鹏在江苏经信委推进工业互联网平台工作会议上对《关于深化“互联网+先进制造业”发展工业互联网的指导意见》的解读。

1．数据采集（边缘层）是基础

数据采集本质是利用泛在感知技术对多源设备、异构系统、运营环境、人等要素信息进行实时高效采集和云端汇聚。通过构建一个精准、实时、高效的数据采集体系对设备、系统、环境、人等要素信息进行数据采集、汇聚。同时，通过协议转换和边缘计算，一部分数据在边缘侧进行分析、处理并将结果直接返回到机器设备，指导设备运行；另一部分数据传到云端进行综合分析，进一步优化形成决策。数据采集通过实现制造全流程隐性数据的显性化，为制造资源的优化提供了海量数据源，是实时分析、科学决策的起点，也是建设工业互联网平台的基础。

2．基础设施（IaaS 层）是支撑

基础设施的作用是提供计算、存储及网络等资源，支撑 PaaS 层更好地为用户服务。通过虚拟化技术将计算、存储、网络等资源池化，向用户提供可计量、弹性化的资源服务。这一层主要由 ICT 企业主导建设，在这一领域，我国以阿里、腾讯、华为为代表的企业提供的服务在国际上已经处于第一梯队，与发达国家处于同一水平。

3．工业 PaaS（平台层）是核心

通过构建一个可扩展的操作系统，为工业 APP 应用开发提供基础平台。工业 PaaS 平台本质是一个基于云计算的开放式、可扩展的工业操作系统，除能够提供通用 PaaS 平台的运行环境和运营管理环境之外，还具有一套标准化、模块化的工业微服务组件库、开发环境、工业大数据系统，为工业 APP 应用开发提供一个基础平台。对于工业互联网而言，工业互联网平台是核心，而对于工业互联网平台而言，工业 PaaS 是 IaaS 层和 SaaS 层承上启下的中间关键层，向下能够调用部署在 IaaS 层的资源，向上能够为 SaaS 层提供功能模块、管理模块、计算存储等资源的调用和配置。工业 PaaS 最核心的是基于微服务架构的数字化模型，即将大量工业技术原理、行业知识、基础工艺、模型工具等规则化、软件化、模块化，并封装为可重复使用的组件。

4．工业 APP（SaaS 层）是关键

通过推动工业技术、经验、知识和最佳实践的模型化、软件化，形成满足不同行业、不同场景的应用服务，并以工业 APP 的形式呈现出来。工业 APP 层由传统

软件云化和基于工业 PaaS 层开发的新型工业 APP 应用构成，面向企业客户提供 SaaS 服务。工业 APP 层通过不断汇聚应用开发者、软件开发商，服务集成商、工业用户和平台运营商等各方资源，正成为行业领军企业和软件巨头构建和打造共生共赢工业云生态系统的关键。

2.3 工业互联网平台的核心技术

工业互联网平台运用了许多技术，其中以传感器技术、协议转换技术、工业建模技术、微服务架构技术、图形化编程技术等最为关键。本节按照工业互联网平台架构分层对其核心技术进行简要介绍，如表 2-1 所示。

表 2-1 工业互联网平台核心技术列表

架构分层	关键技术
数据采集层	传感器技术
	协议转换技术
	低功耗技术
	能量获取技术
	边缘计算技术
基础设施层	海量数据分布存储技术
	海量数据管理技术
	虚拟化技术
	云计算平台管理技术
工业 PaaS 层	数据建模分析技术
	工业建模技术
	微服务架构技术
	动态调度技术
	平台安全技术
工业 App（SaaS 层）	图形化编程技术
	多租户技术
	应用系统集成技术

2.3.1 数据采集层的核心技术

数据采集层是工业互联网平台的基础。数据采集层表现为利用泛在感知技术对设备、系统、环境、人等要素信息进行实时高效采集和云端汇聚。目前数据采集层面临的突出问题是受制于传感器部署不足、装备智能化水平低，工业现场存在数据采集数量不足、类型较少、精度不高等问题，无法支撑实时分析、智能优化和科学决策。突破数据采集瓶颈的主要路径包括以下两个方面。

（1）通过协议兼容、转换实现多源设备、异构系统的数据可采集、可交互、可传输。当前重点是构建一套能够兼容、转换多种协议的技术产品体系，实现 Profibus 等 40 多种现场总线协议、Profinet 等几十种工业以太网协议及 Zigbee 等数十种无线协议的互联互通。GE 通过将数据采集转换模块 Predix Machine 部署在现场传感器、控制器和网关，以多种方式实现不同协议的兼容和转换，完成工业现场数据采集及云端汇聚。西门子通过在设备端部署数据采集模块 Mindconnect Nanobox，实现通用协议兼容和私有协议转换及云端汇聚。

（2）通过边缘计算等技术在设备层进行数据预处理，大幅提高数据采集、传输效率，降低网络接入、存储、计算等成本，提高现场控制反馈的及时性。SAP 正在推动 HANA 平台底层部署应用边缘计算产品，实现现场数据预处理，提高数据传输效率，降低云端负载。思科探索在工业交换机上应用边缘计算技术，在本地实现数据的轻量级运算和实时分析，数量庞大的边缘计算节点将有效降低云端存储和计算压力。

数据采集实现了制造全流程隐性数据的显性化，为制造资源的优化提供了海量数据源，是实时分析、科学决策的起点，是当前制造业数字化、网络化的难点，也是建设基于工业云平台制造业生态的基础。

1．传感器技术

传感器是指能感受规定的被测量，并按照一定的规律转换成可用输出信号的器件或装置。我国国家标准（GB 7665—2005）对传感器的定义是："能感受被测量并按照一定的规律转换成可用输出信号的器件或装置"。具体地说，传感器是指那些对被测对象的某一确定的信息具有感受（或响应）与检出功能，并使之按照一定规律转换成与之对应的可输出信号的元器件或装置，是实现测试与自动控制的重要环节。如果没有传感器对被测的原始信息进行准确可靠的捕获和转换，一切准确的测试与控制都将无法实现，即使最现代化的计算机，没有准确的信息（或转换可靠的数据）不失真的输入，也将无法充分发挥其应有的作用。因此，传感器作为信息获取的重要手段，是工业互联网重要的感知器官。

2. 协议转换技术

由于在工业互联网平台中负责数据采集的传感器种类繁多，使得系统联网中协议的多样化问题越来越突出，成为工业互联网平台顺利运行的重要掣肘之一，解决系统通信协议的转换及通信标准化的问题意义重大。协议转换技术是通过构建一个脱离于具体硬件设备的接口通信服务平台，依据其开放的实时数据库，简化系统中异种协议的转换和系统联网过程，异种协议容易接入也可转换为标准协议并与其他系统联网。实现实时数据采集和处理，不但可以实现串口、以太网、现场总线物理层的通信协议转换、同时在数据链路协议层的通信协议也可以相互转换；具备将非标准通信协议转化为标准通信协议的功能，具有开放性的标准化接口。

3. 低功耗技术

在工业互联网平台数据采集层，很多嵌入式系统被广泛应用，但这些产品不是一直都有充足的电源供应，往往是靠电池来供电，所以降低功率传感器功耗，尽可能地延长电池使用时间，从全局来考虑低功耗设计已经成为一个越来越迫切的问题。同时，随着半导体工艺的飞速发展和芯片工作频率的提高，芯片的功耗迅速增加，而功耗增加又将导致芯片发热量的增大和可靠性的下降。因此，工业界对芯片设计的要求已从单纯追求高性能、小面积转为对性能、面积、功耗的综合要求。微处理器作为数字系统的核心部件，其低功耗设计对降低整个系统的功耗具有重要的意义。

4. 能量获取技术

能量获取技术不同于传统的供电方式，不仅能够摆脱有线供电的束缚，还能够“免费”使用能源，通过热量（热电、温差电堆）、振动或应变（压电体）、光线（光电）、运动（线圈、磁体）等，用于给系统中的电池进行充电或补充，甚至完全替代电池。随着物联网的发展与低功耗元件的发展，环境捕获能量系统已经开始从利基应用向大规模普及了。

5. 边缘计算技术

边缘计算是在靠近物或数据源头的网络边缘侧，融合网络、计算、存储、应用核心能力的分布式开放平台，就近提供边缘智能服务，满足行业数字化在敏捷连接、实时业务、数据优化、应用智能、安全与隐私保护等方面的关键需求。它可以作为连接物理和数字世界的桥梁，使能智能资产、智能网关、智能系统和智能服务。边缘计算处于物理实体和工业连接之间，或处于物理实体的顶端，其应用程序在边缘侧发起，产生更快的网络服务响应，满足行业在实时业务、应用智能、安全与隐私保护等方面的基本需求。在工业互联网平台中，边缘计算在 IT 与 OT 系统的融合方面得到了充分的价值体现。

2.3.2　工业 IaaS 层的核心技术

1．海量数据的分布式存储技术

海量数据采用分布式存储方式，提供了一个分布式缓存系统来对访问接口及本地数据缓冲以降低网络压力，具有高可扩展性、高并发性、高可用性等特点。它主要分为三种类型，一是直连式存储（DAS），这种存储方式与普通的 PC 存储架构一样，外部存储设备都是直接挂接在服务器内部总线上，数据存储设备是整个服务器结构的一部分；二是网络存储设备（NAS），这种方式采用独立于服务器，单独为网络数据存储而开发的一种文件服务器来连接所存储设备，自形成一个网络。这样数据存储就不再是服务器的附属，而是作为独立网络节点而存在于网络之中，可由所有的网络用户共享；三是存储网络（SAN），这种存储方式顺应了计算机服务器体系结构网络化的趋势，其最大特性是将网络和设备的通信协议与传输物理介质隔离开，这样多种协议可在同一个物理连接上同时传送。

2．海量数据的管理技术

处理海量数据是云计算的一大优势。云计算不仅要保证数据的存储和访问，还要能够对海量数据进行特定的检索和分析，因此，数据管理技术必须能够高效的管理大量的数据。Google 的 BT（BigTable）数据管理技术和 Hadoop 团队开发的开源数据管理模块 HBase 是业界比较典型的大规模数据管理技术。BigTable 是非关系的数据库，是一个分布式的、持久化存储的多维度排序 Map，其设计目的是进行可靠的处理 PB 级别的数据，并且能够部署到上千台机器上。HBase 是 Apache 的 Hadoop 项目的子项目，定位于分布式、面向列的开源数据库。作为高可靠性分布式存储系统，HBase 在性能和可伸缩方面都有比较好的表现。利用 HBase 技术可在廉价 PC Server 上搭建起大规模结构化存储集群。同时，海量数据管理系统通常还包括对外提供数据服务的功能，这也是数据存储管理系统发挥价值的关键所在。提供服务的方式一般包括以下几种：API 调用、订单服务、实时推送等。使用何种服务模型要根据业务的情况具体分析，在大型的海量存储管理系统中，一般都同时采用多种数据服务模型，对不同的服务需求采用不同的服务模式，充分发挥每种服务模型的优点。

3．虚拟化的技术

虚拟化技术是一种资源管理技术，能够将计算机的各种实体资源，如服务器、网络、内存及存储等，予以抽象、转换后呈现出来，打破实体结构间不可切割的障碍，使用户可以比原本组态更好的方式来应用这些资源。这些资源的新虚拟部分是不受现有资源的架设方式、地域或物理组态所限制。一般所指的虚拟化资源包括计算能力和资料存储。虚拟化是云计算最重要的核心技术之一，它为云计算服务提供基础架构层面的支撑。从技术上讲，虚拟化是一种在软件中仿真计算机硬件，以虚拟资源为用户提供服务的计算形式，旨在合理调配计算机资源，使其更高效地提供服务。它把应用系统各硬件间的物理划分打破，从而实现架构的动态化，实现物理资源的集中管理和使用。虚拟化技术具有可以减少服务器的过度提供、提高设备利用率、减少 IT 的总体投资、增强提供 IT 环境的灵活性、可以共享资源等优点。通过虚拟化技术可实现软件应用与底层硬件相隔离，它包括将单个资源划分成多个虚拟资源的裂分模式，也包括将多个资源整合成一个虚拟资源的聚合模式。从实现层次来分，虚拟化技术可以划分为：硬件虚拟化、操作系统虚拟化、应用程序虚拟化等；以应用领域来分，虚拟化技术可以划分为：服务器虚拟化、存储虚拟化、网络虚拟化、桌面虚拟化、CPU 虚拟化、文件虚拟化等。

4．云计算平台的管理技术

IaaS 层资源规模庞大，服务器数量众多并分布在不同的地点，同时运行着数百种应用，如何有效地管理这些服务器，保证整个系统提供不间断的服务是巨大的挑战。云计算平台管理技术能够帮助用户方便地使用所有的设施，包括处理、存储、网络和其他基本的计算资源，能够部署和运行任意软件，包括操作系统和应用程序。使用者不管理或控制任何云计算基础设施，但能控制操作系统的选择、储存空间、部署的应用，也有可能获得有限制的网络组件（如防火墙、负载均衡器等）的控制。其中，方便地部署和开通新业务、快速发现并且恢复系统故障、通过自动化、智能化手段实现大规模系统可靠的运营是云计算平台管理技术的关键。

2.3.3　工业 APP（PaaS）层的核心技术

1．数据建模分析技术

数据建模分析技术是指运用数学统计、机器学习及最新的人工智能算法实现面向历史数据、实时数据、时序数据的聚类、关联和预测分析，是一种用于定义和分析数据要求和其需要相应支持信息系统的过程。数据分析是大数据价值链的重要阶段，也是大数据的价值体现，提供论断建议或支持决策，主要包括数据挖掘、自然语言处理、全文检索等几个部分。通过模型算法管理和调度引擎，使用回归分析法、决策树算法、聚类分析、关联分析等方法，从大量的、不完全的、有噪声的随机数据中挖掘出有潜在价值的数据。

2．工业建模技术

工业建模技术主要包括机理建模技术和测试法建模技术。机理建模技术是利用机械、电子、物理、化学等领域专业知识，结合工业生产实践经验，基于已知工业机理构建各类模型，实现分析应用，其实质是根据生产过程中实际发生的变化机理，写出各种有关的平衡方程，包括质平衡方程、能量平衡方程、动量平衡方程，以及反映流体流动、传热、传质、化学反应等基本规律的运动方程和物性参数方程及某些设备的特性方程等，从中获得所需的数学模型。用机理法建模的首要条件是生产过程的机理必须为人们所充分掌握，可以比较确切地加以数学描述的。模型应该尽量简单，保证达到合理的精度。用机理法建模时，出现模型中某些参数难以确定的情况或用机理法建模太烦琐时，可以用测试的方法来建模。测试法建模是根据工业过程的输入/输出实测数据进行数学处理后得到的模型。特点是把被研究的工业过程视为一个黑匣子，完全从外特性上测试和描述它的动态性质，不需要深入掌握其内部机理。为了获得动态特性，必须使被研究的过程处于被激励的状态，施加一个阶跃扰动或脉冲扰动等。用测试法建模一般比用机理法建模要简单和省力，如果两者都能达到同样的目的，一般都采用测试法建模。

3．微服务架构技术

微服务架构是一项在云中部署应用和服务的技术。微服务可以在“自己的程序”中运行，并通过“轻量级设备与HTTP型API进行沟通”。微服务是一种架构风格，一个大型复杂软件应用由一个或多个微服务组成。系统中的各个微服务可被独立部署，各个微服务之间是松耦合的。每个微服务仅关注于完成一件任务并很好地完成该任务。在所有情况下，每个任务代表着一个小的业务能力。不同于构建单一、庞大的应用，微服务架构将应用拆分为一套小且互相关联的服务。如亚马逊、eBay、Netflix等公司已经通过采用微服务架构范式解决问题。一个微服务一般能完成某个特定的功能，每个微服务都是一个微型应用，有着自己六边形架构，包括商业逻辑和各种接口。有的微服务通过开放应用程序接口（API）供其他微服务或者应用客户端调用；有的微服务则通过网页UI实现复用。

4．动态调度技术

动态调度技术可以根据应用的CPU和内存的负荷、时间段、应用系统的优先级等多种方式来对计算单元进行动态的创建，动态的分配到应用，动态地将计算单元挂接到路由和均衡模块上。调度策略即是一系列的调度规则，包括全局调度规则，也包括应用系统级别的调度规则。调度决策需要一个偏实时的动态计算过程，而计算的输入则实时地从各个计算单元中获得，调度模块根据运行数据+调度规则进行动态计算并进行调度。

5．平台安全技术

平台安全技术主要包括工业设备控制、网络安全和数据安全，阻止非授权实体的识别、跟踪和访问，非集中式的认证和信任模型，能量高效的加密和数据保护，异构设备间的隐私保护技术。通过工业防火墙技术、工业网闸技术、加密隧道传输技术，防止数据泄露、被侦听或篡改，保障数据在源头和传输过程中安全，实现数据接入安全。通过平台入侵实时检测、网络安全防御系统、恶意代码防护、网站威胁防护、网页防篡改等技术实现工业互联网平台的代码安全、应用安全、数据安全、网站安全，实现平台安全。通过建立统一的访问机制，限制用户的访问权限和所能使用的计算资源及网络资源，实现对云平台重要资源的访问控制和管理，防止非法访问，实现访问安全。

2.3.4　工业 SaaS 层的核心技术

1．图形化编程技术

图形化编程技术能够简化开发流程，帮助对代码不熟悉的领域专家，通过图形化编程工具快速生成应用程序。通过图形界面交互定制并行构件及组装构件，结合代码自动生成引擎，自动生成指定编程语言的应用代码，支撑领域专家只需用拖曳方式进行应用创建、测试、扩展等快速研发应用程序。这种编程方法可显著降低并行程序的研制难度，从而提高软件研制效率。

2．多租户技术

多租户技术（Multi-Tenancy Technology，多重租赁技术）是一种软件架构技术，它是在探讨与实现如何在多用户的环境下共用相同的系统或程序组件，并且仍可确保各用户间数据的隔离性。多租户技术可以让多个租户共用一个应用程序或运算环境，且租户大多不会使用太多运算资源的情况下，对供应商来说多租户技术可以有效地降低环境建置的成本。它包含硬件本身的成本，操作系统与相关软件的授权成本都可以因为多租户技术，而由多个租户一起分担。多租户技术的数据可以实现数据隔离，在供应商的架构设计下，数据的隔离方式也会不同，而良好的数据隔离法可以降低供应商的维护成本（包含设备与人力），而供应商可以在合理的授权范围内取用这些数据分析，以作为改善服务的依据。多租户技术可以大幅降低程序发布成本，多租户架构下所有用户都共用相同的软件环境，因此在软件改版时可以只发布一次，就能在所有租户的环境上生效。

3．应用系统集成技术

应用系统集成（Application System Integration）以系统的高度集成为客户需求提供应用的系统模式，以及实现该系统模式的具体技术解决方案和运作方案，即为用户提供一个全面的系统解决方案。应用系统集成已经深入到用户具体业务和应用层面，在大多数场合，应用系统集成又称为行业信息化解决方案集成。应用系统集成可以说是系统集成的高级阶段，独立的应用软件供应商将成为核心。

第 3 章
Chapter 3

我国工业互联网平台发展的现状分析

2017 年年底，国务院出台了《关于深化“互联网+先进制造业”发展工业互联网的指导意见》，对工业互联网平台建设和应用推广作出全面部署。工信部及相关部委围绕落实指导意见，组织开展解读和宣贯活动，研制工作方案和系列指南，组织开展工业互联网平台参考架构和标准体系研究，推动工业互联网平台建设和应用推广的顶层设计、政策体系、组织保障和工作机制的不断完善。钢铁冶金、石油化工、航空航天、机械制造、汽车制造等重点行业领域涌现出一批工业互联网平台，长三角、珠三角等制造业领先地区形成了广大中小企业上云、用云的良好氛围。

3.1　我国工业互联网平台发展的总体情况

2018 年年初，工信部信息化和软件服务业司组织对全国近 600 家工业互联网领域的平台进行摸底考察，并在此基础上重点对基本符合工业互联网平台体系架构的 75 家平台的建设和应用推广情况进行分析研究。总体上看，我国工业互联网平台发展与国际同步，在行业和区域多点开花，龙头制造企业和大型 ICT 企业的积极性较高。

3.1.1　从区域分布看，主要集中在环渤海、长三角、珠三角三大区域

我国工业互联网平台集中分布在环渤海、长三角、珠三角三大区域，数量较多的省份分别是北京、江苏、上海、浙江、广东、山东等省市，分别为 15 个、12 个、9 个、7 个、6 个、6 个，约占平台总数的 73%，这些地区政府和企业积极性高、先进制造业集聚、制造业与互联网融合发展基础较好，大多以推动产业集聚区的行业整体上云为抓手，涌现出一批各具特色的工业互联网平台，如图 3-1 所示。

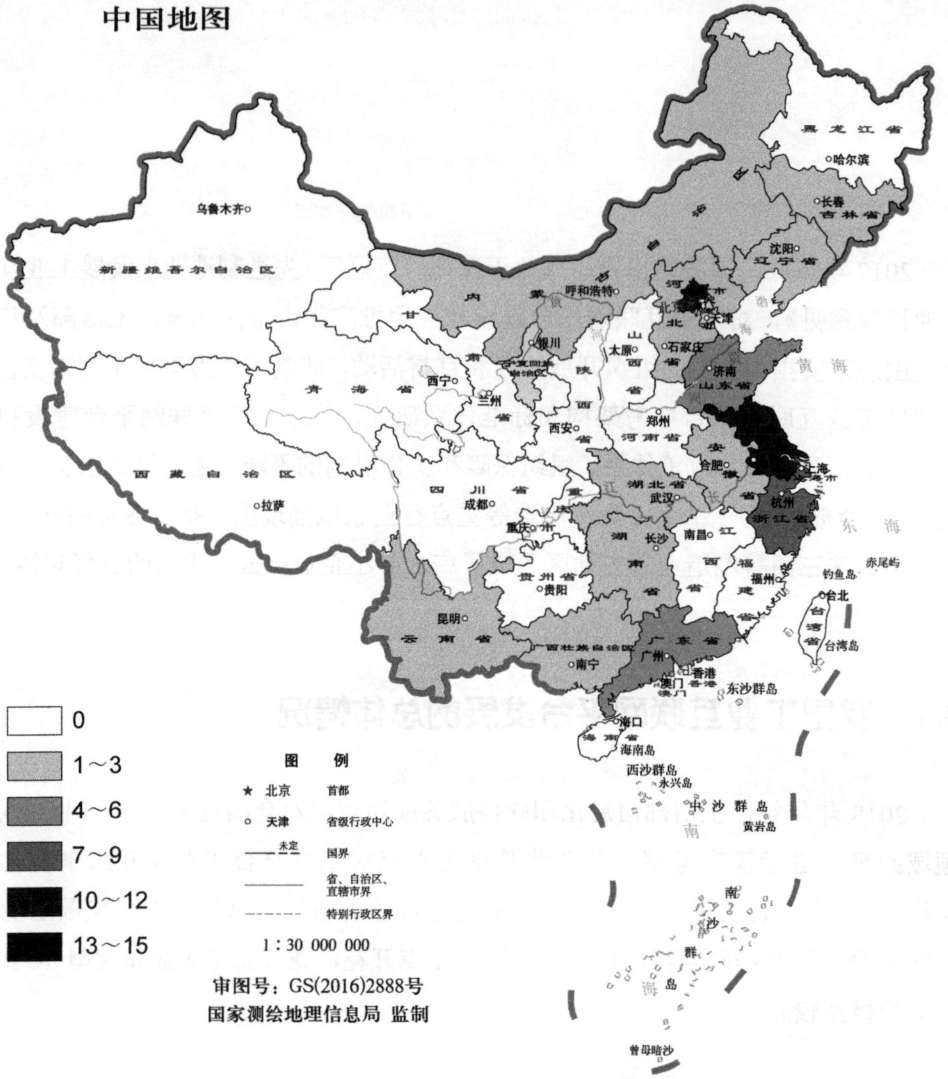

图 3-1　全国工业互联网平台（75 家）区域分布情况

3.1.2　从行业领域看，以提供面向装备制造、消费品等的行业级服务为主

目前，我国工业互联网平台建设步伐加快，一些综合实力较强的制造企业或 ICT 企业凭借在产业链资源整合、工业知识沉淀、软件技术开发等方面的优势，积极打造跨行业、跨领域的工业互联网平台，不断提高平台的服务供给能力。据统计，跨行业、跨领域工业互联网平台[1]数量为 6 个，占总数的 8%，如图 3-2 所示。

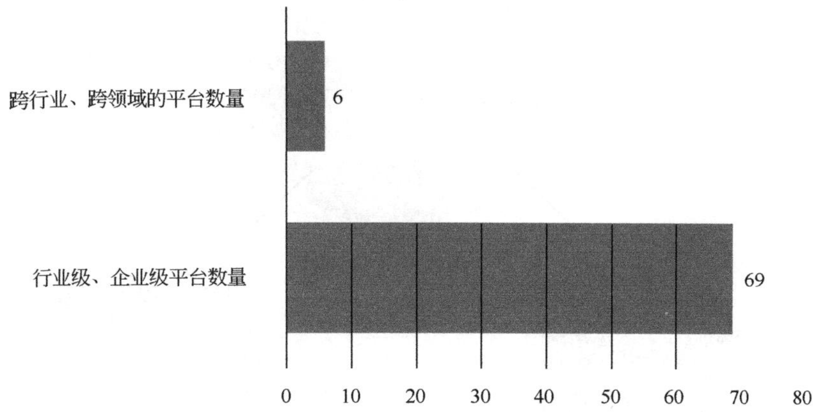

图 3-2　跨行业、跨领域平台和行业级、企业级平台的数量

92%的平台聚焦于服务特定行业企业的数字化、网络化、智能化转型。从行业服务领域看，面向装备行业的工业互联网平台服务最多、消费品领域次之。服务于装备行业的平台占比为 36.4%，服务于消费品行业的平台占比为 24.3%，原材料行业为 17%和电子信息行业为 13.2%。

在装备制造细分行业中，服务于机械行业的平台比例最高为 33.1%，其次分别是汽车为 28.2%、轨道交通为 14.5%、船舶为 12.9%、航空航天为 11.3%。在消费品细分行业中，服务于家电行业的平台比例最高为 26.5%，其次分别是轻工为 24.1%、纺织为 18.1%、医药为 15.7%、食品为 9.6%、烟草为 6%。在原材料细分行业中，服务于钢铁行业的平台比例最高为 29.3%，其次分别是石化为 25.9%、建材为 24.1%、有色为 13.8%、稀土为 6.9%，如图 3-3 所示。

1 跨行业、跨领域工业互联网平台的遴选标准主要从两个指标对比分析：一是平台服务领域≥5，二是跨行业通用 APP 数量在 50 以上。

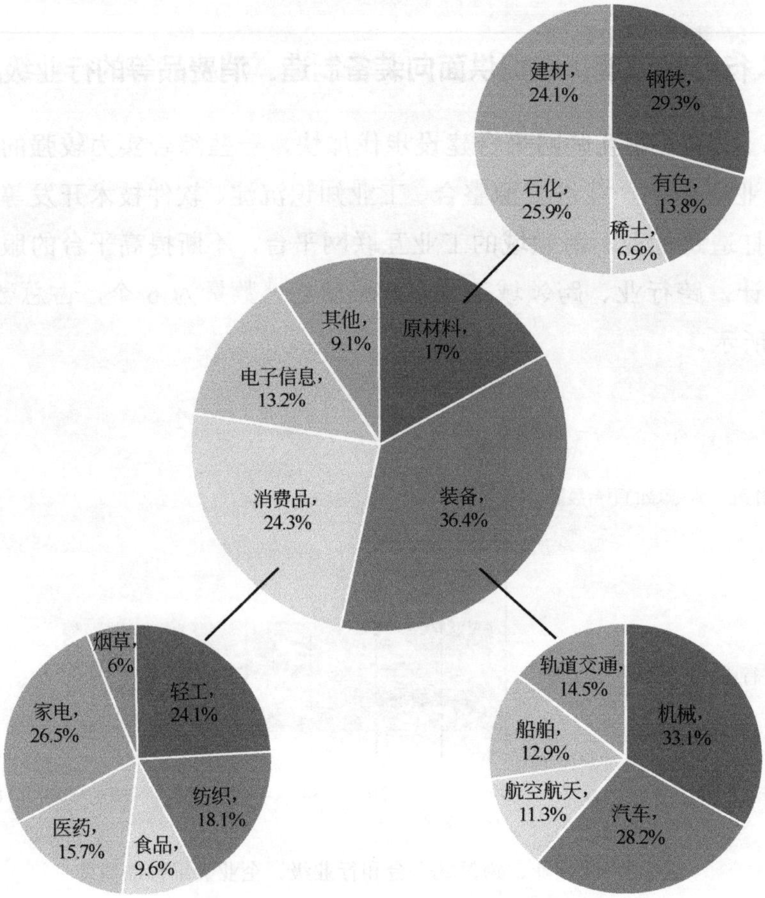

图 3-3 面向各行业服务的工业互联网平台的占比情况

3.1.3 从建设主体看，龙头制造企业和大型 ICT 企业成为主导力量

航天科工、海尔、徐工等龙头制造企业基于较强的工业知识和模型沉淀能力，华为、阿里巴巴等大型 ICT 企业基于云计算、大数据等使能技术纷纷积极建设工业互联网平台。据统计，由 ICT 企业主导建设的平台数量为 45 个，占比为 60%；由制造企业主导建设的平台数量为 30 个，占比为 40%。值得说明的是，从未来趋势看，工业互联网平台的主导力量是信息化水平高、同时具备制造技术、管理技术和信息技术应用等方面的知识和经验的龙头制造企业，但是在建设初期，由于 ICT 企业在互联网平台的运行管理和商业模式等方面具有丰富的经验，在消费互联网领域积累了大量通用解决方案，使得 ICT 企业在进行工业互联网平台架构设计、技术

开发等方面更具有经验，积极性和参与度较高，如图 3-4 所示。

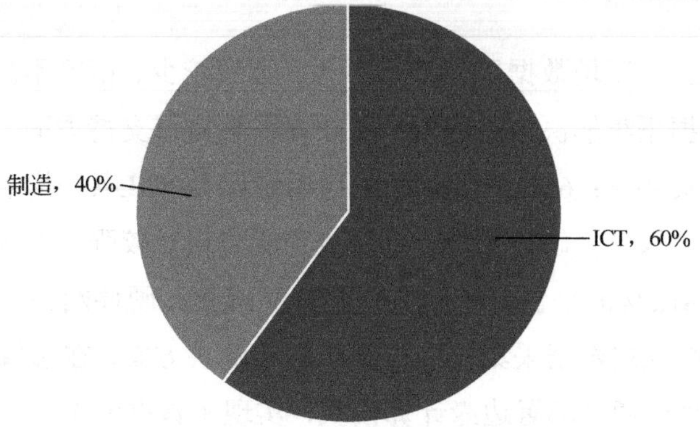

图 3-4　工业互联网平台建设主体行业属性的分布情况

从平台建设主体的经营性质看，民营企业所占比重最多为 59%，其次是国有企业为 33%，三资企业所占比重为 8%，如图 3-5 所示。

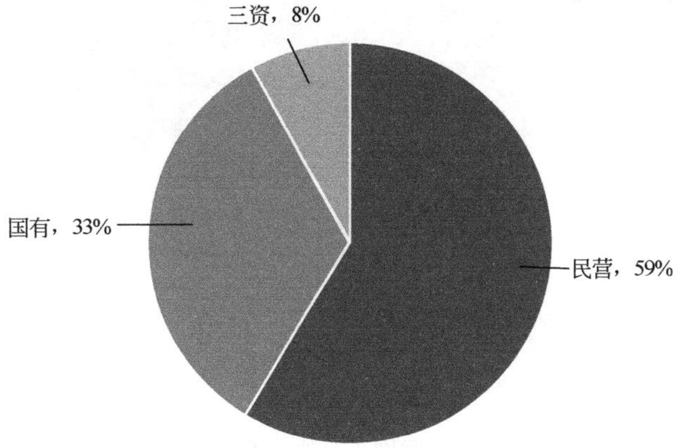

图 3-5　工业互联网平台建设主体经营性质的分布情况

3.2　我国工业互联网平台的发展特点

我国工业互联网平台在数据采集、工业 IaaS 部署、工业 PaaS 平台建设、工业 APP 培育、开发者生态构建等方面取得了初步进展。

3.2.1 边缘层数据采集和分析能力普遍提升

为解决当前工业现场数据采集数量不足、类型较少、精度不高等问题，各平台企业积极提升数据采集解决方案能力。在数据采集协议支持方面，超过一半的平台支持多种数据采集协议；64%的平台采用通用协议 OPC-UA，其中近一半的平台还采用了自主开发协议转换解析模块，协议兼容能力相对较强。在数据采集集成解决方案能力方面，81.3%的平台具有自主开发软件网关、硬件网关或集成第三方解决方案的能力，围绕底层数据采集提供技术产品和解决方案。在边缘层数据预处理能力方面，38%的平台通过部署边缘计算模块，实现了数据清洗、数据缓存及在生产现场的轻量级运算和实时分析，如图 3-6 所示。

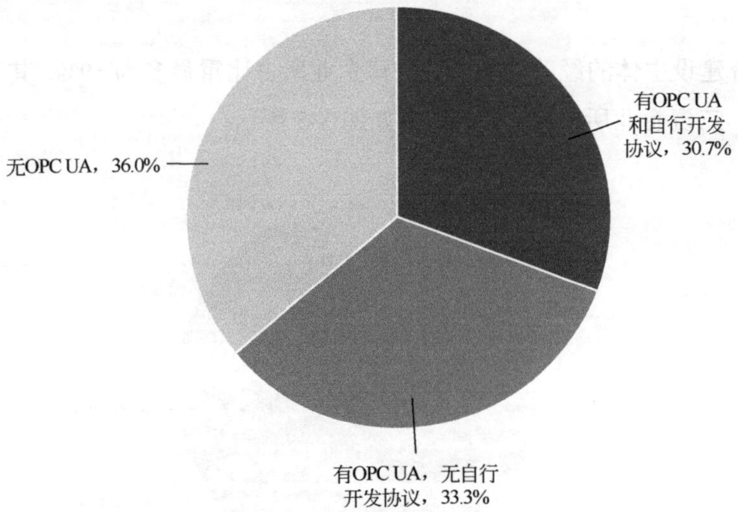

图 3-6 工业互联网平台协议兼容性分布情况

3.2.2 工业 IaaS 部署主要采取自建云方式

IaaS 是工业互联网存储和计算资源的关键载体，是各工业互联网平台建设的重点。一是从建设方式来看，59%的平台采用自建云方式部署 IaaS 基础设施，29%的平台采用租用公有云方式部署 IaaS 基础设施，基本以阿里云、腾讯云、华为云、微软 Azure、亚马逊 AWS 等为主，11%的平台兼用上述两种方式部署 IaaS 基础设施，还有 1%为两者皆无。二是从建设主体来看，采用租用公有云方式的企业中

73.3%是 ICT 企业，制造企业出于企业知识产权、商业机密保护、业务系统安全等方面考虑，大都采用自建云方式。目前，西门子 MindSphcrc、GE Predix 均与亚马逊 AWS 和微软 Azure 两家云服务商达成合作协议，租用公有云方式成为工业互联网平台部署和应用推广的可行选择，如图 3-7 所示。

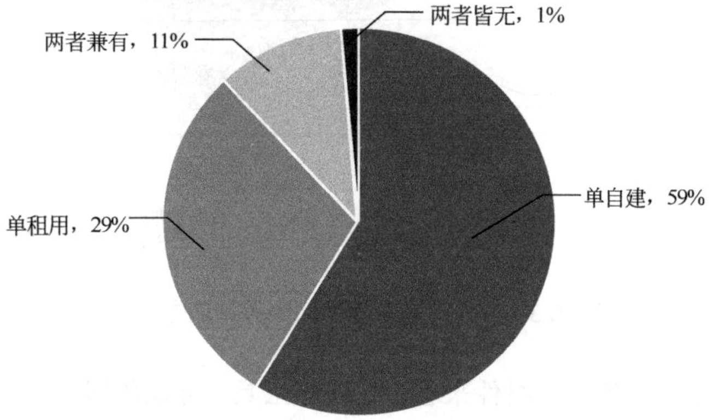

图 3-7　工业互联网平台基础设施部署方式

3.2.3　工业 PaaS 平台建设路径日益清晰

工业 PaaS 平台建设尚处于起步阶段，但建设路径逐渐清晰，为 SaaS 赋能能力日渐增强。在基础架构选型方面，59%的平台企业采用自主研发架构，其余的均采用 Cloud Foundary、Open Shift 等国外成熟的开源架构体系，如图 3-8 所示。

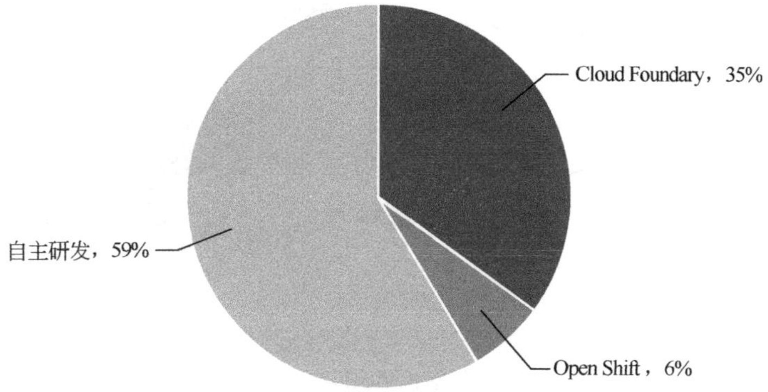

图 3-8　各类通用 PaaS 平台的基础架构类型

在服务管理方式方面，超过 60%的工业互联网平台采用微服务模式，能够有效支持用户敏捷开发和个性化应用的部署，如图 3-9 所示。

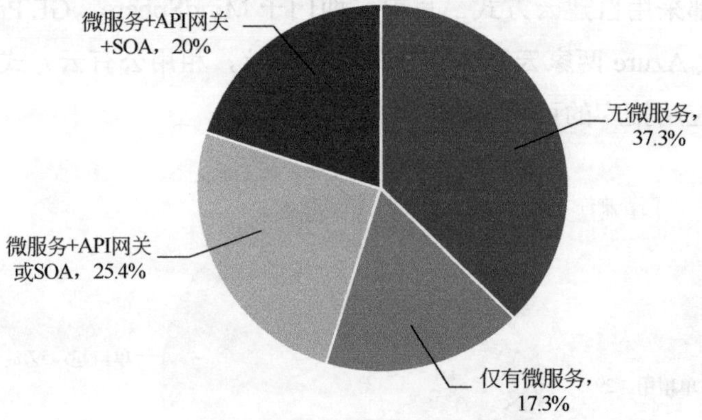

图 3-9 各类平台提供的服务管理方式

从不同工具类业务功能组件来看，建模类工具、可视化展示类工具是各类平台部署和应用较多的工具组件，占比分别是 32.4%和 26.1%，反映了当前制造企业在研发设计、经营决策等环节的平台应用需求更大。从不同服务领域的平台看，各类平台在业务功能组件的部署上各有优势，同样反映了各类平台应用需求各有侧重。面向装备行业的平台在建模类工具、可视化展示类工具、仿真分析类工具、知识管理类工具等各种业务功能组件部署数量上均超过其他行业平台；面向电子行业的平台在建模类工具、可视化展示类工具、知识管理类工具部署上仅次于面向装备行业的平台；面向原材料行业的平台在建模类工具、可视化展示类工具部署上排在第三位，如图 3-10、图 3-11 所示。

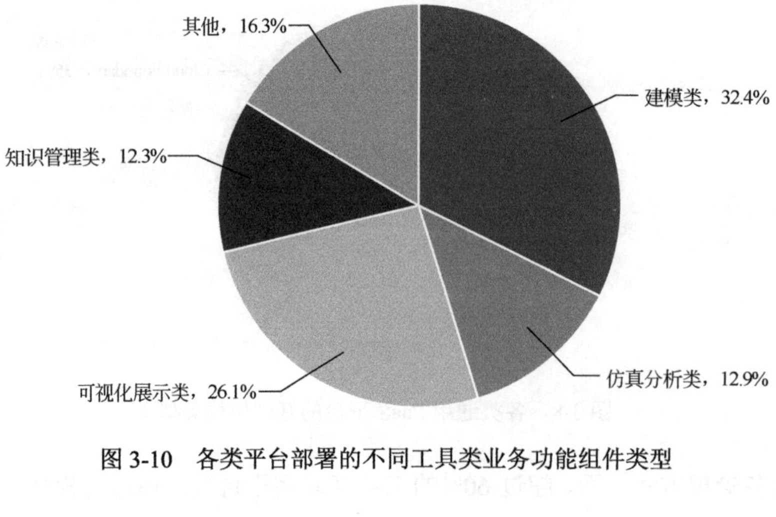

图 3-10 各类平台部署的不同工具类业务功能组件类型

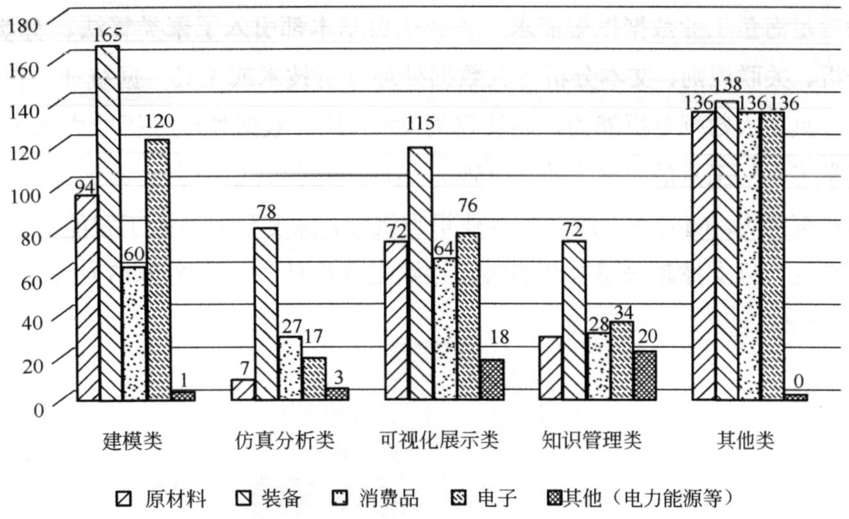

图 3-11　不同服务领域平台部署的工具类业务功能组件类型

从行业机理模型储备来看，装备类机理模型数量最多，占比高达 43.57%，接近全部模型统计总数的一半，其次是其他类、石化类，分别是 20.18%、17.72%，这主要得益于装备行业的数字化、信息化基础较好，各个层面的数据采集基础、设备端和平台端的协同程度、业务系统集成云化水平均较高，为工业机理的沉淀和模型转化创造了良好的条件。但总体而言，全行业的机理模型缺失较为严重，无任何机理模型的平台占比接近 30%，是目前工业 PaaS 平台建设的主要短板，如图 3-12 所示。

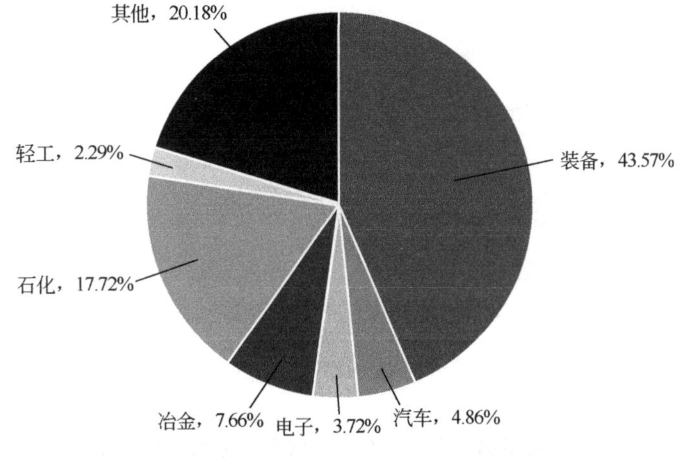

图 3-12　行业机理模型覆盖领域情况

为满足海量工业数据挖掘需求，各类平台基本都引入了聚类算法、分类算法、回归分析、关联规则、文本分析等大数据处理分析技术或工具，据统计，仅有 6 家平台还不具备大数据分析能力，占比仅为 8%。从大数据处理分析能力来看，引入了深度学习算法工具的平台占比达 45%，这较大地提升了平台的数据分析、预测、优化和决策能力。随着越来越多的行业机理沉淀，深度学习等人工智能算法将有可能更多普及，以支撑越来越复杂的融合性数据分析任务，如图 3-13 所示。

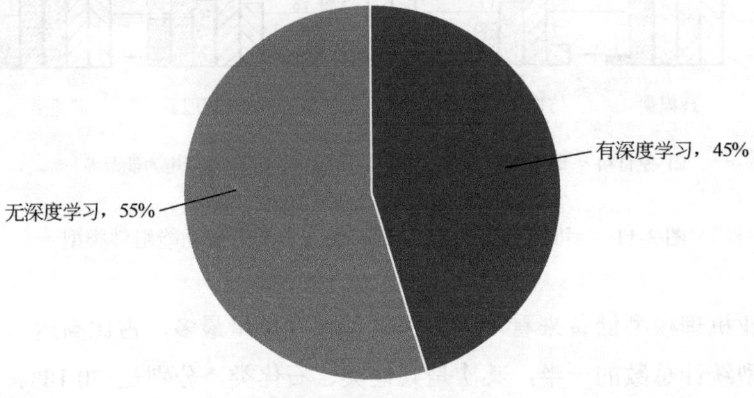

图 3-13　采用深度学习算法的平台占比情况

第三方专业的数据存储和管理服务成为行业发展的主要方向，采购第三方服务的平台占比达 64%，比自主研发平台高出 28%，这与平台采购基础设施服务的趋势保持一致，如图 3-14 所示。

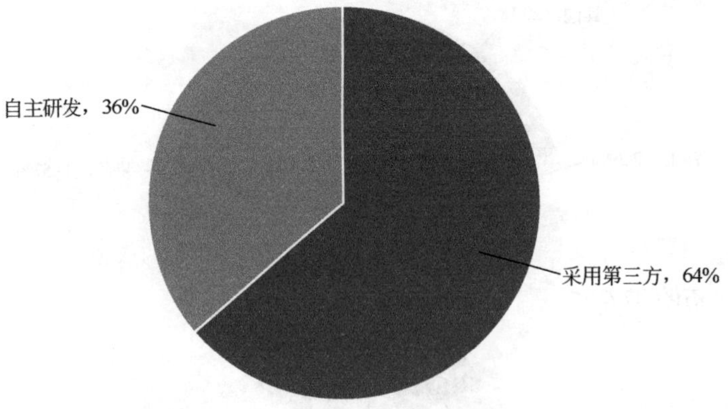

图 3-14　采用第三方数据存储和管理服务的平台占比情况

3.2.4 工业 APP 培育和应用全面展开

工业 APP 应用开始向制造业各行业、各领域、各环节全面渗透，成为制造业应用创新的重要载体。从应用场景来看，工业 APP 已基本覆盖研发设计、生产制造、经营管理、售后服务等生产制造全过程。生产类 APP 数量最多，高达 35.8%，其中，用于设备监控运维和产品质量管理优化的生产类 APP 数量位居前列，分别为 45.1%和 19.5%。营销服务类 APP 次之，占总量的 18.8%，其中，用于产品预测性维护、产品故障检测分析、产品远程监控的营销服务类 APP 分别为 12.4%、27.3%和 60.3%，如图 3-15 所示。

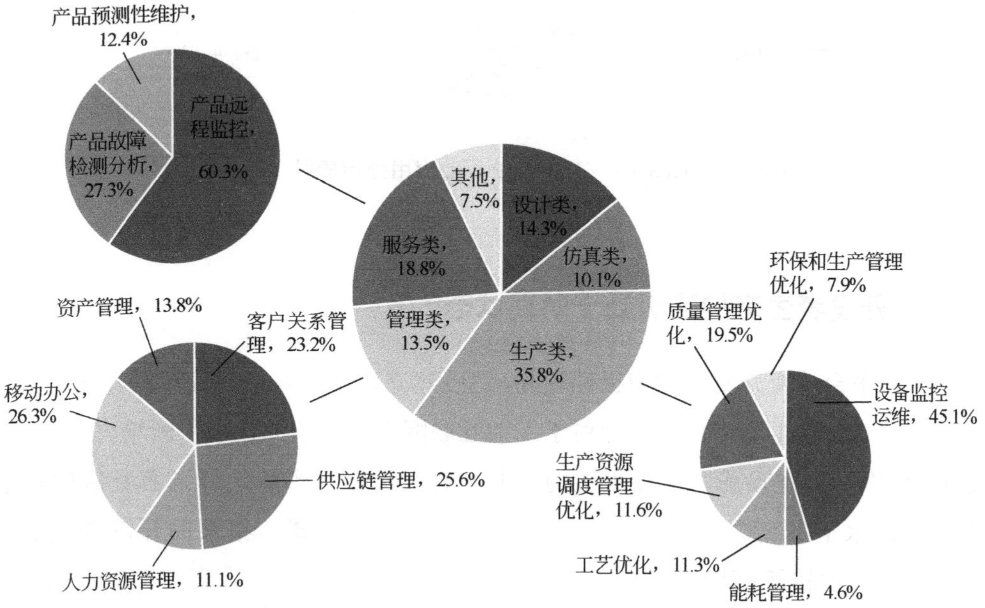

图 3-15　工业 APP 部署类型

从服务行业来看，工业 APP 应用主要集中在装备、跨行业通用和石化领域，占 APP 总量的比重分别达到 44.03%、18.93%和 14.73%。一方面，跨行业通用 APP 大部分由传统的通用软件云化而来，在开发、部署、应用上难度相对较低；另一方面，工业 APP 应用集中的装备、石化行业，也是行业机理模型积淀最多的两个行业，这表明行业机理模型对于工业 APP 开发应用的支撑作用不可或缺，两者将共同决定着工业互联网平台的核心能力与竞争优势，如图 3-16 所示。

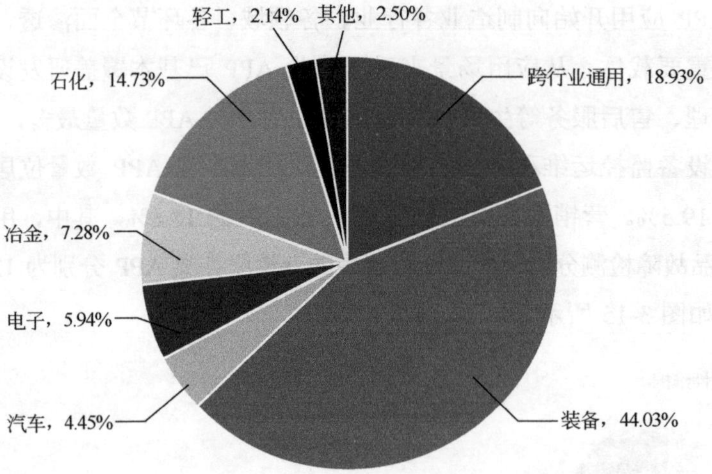

图 3-16　工业 APP 行业应用分布情况

3.2.5　开发者生态构建仍处于萌芽状态

各类平台培育开发者的积极性较高，已经建立或正在筹备建设开发者社区的平台数量过半，这主要得益于企业对于工业互联网平台价值的认识不断增强。但是，受 PaaS 平台的建设成本、技术能力和开放程度所限，当前的开发者社区建设手段单一、水平不高，均未形成较为成熟的建设运营模式，集聚的开发者数量和活跃程度都比较低，特别是缺乏有效的利益共享机制，平台开发者培育的基础能力亟待提升。

从开发环境建设方面来看，提供开发工具是吸引开发者入驻平台参与创新的重要手段，43%的平台为开发者提供 C++、Java/Objective-C、Ruby/PHP 等开发工具，如图 3-17 所示。

从开发者社区建设方面来看，超过 50%的平台企业已经建立或正在筹备建设开发者社区，用友精智工业互联网、阿里云、航天云网 3 家平台的开发者数量突破 10 万，其中前两家平台月平均活跃开发者数量过万。

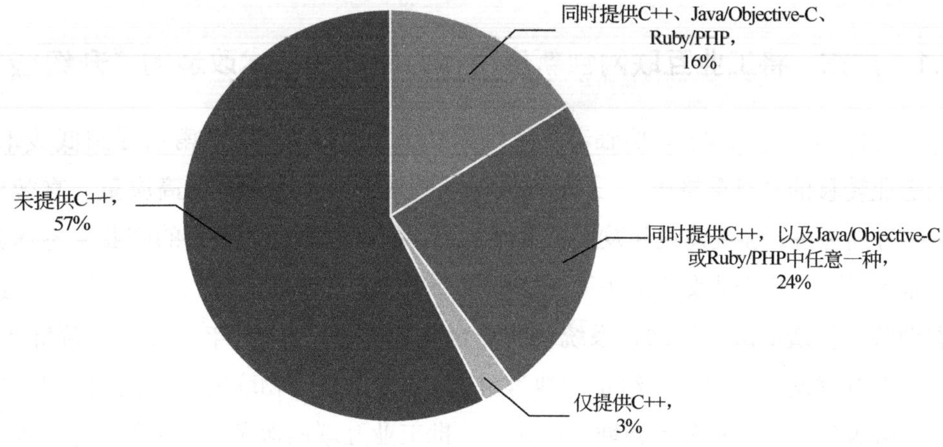

图 3-17　开发工具支持情况

3.3　区域工业互联网平台建设和应用推广情况

各级地方政府纷纷把发展工业互联网作为培育经济增长新动能的重要抓手，广东、浙江、江苏等省市制订并组织实施了工业互联网平台建设、工业企业上云、工业 APP 培育等一系列专项规划和行动计划，并通过财政专项、税收减免、重大工程、宣传推广等方式加大支持力度，如表 3-1 所示。

表 3-1　部分省份工业互联网相关政策体系

内容＼省份	浙　江	广　东	江　苏
政策文件	印发《深化推进“企业上云”三年行动计划》，正在编制《浙江省深化“互联网+先进制造业”发展工业互联网的实施意见》	印发《广东省深化“互联网+先进制造业”发展工业互联网的实施方案》《广东省支持企业“上云上平台”加快发展工业互联网的若干扶持政策（2018—2020 年）》	印发《加快推进“企业上云”三年行动计划》
专项工程	“1+*N*”的工业互联网平台体系；“十万企业上云”行动工业 APP 培育工程	“广东省工业互联网产业生态供给资源池”；工业互联网创新中心	星级上云企业；“互联网+先进制造业”特色基地建设
试点示范	工业互联网平台应用试点示范	工业互联网试点示范（行业标杆、示范基地）；工业互联网标杆示范应用（标杆项目、示范基地、金融服务试点示范）	工业互联网标杆工厂
宣传培训	依托世界互联网大会、云栖大会、中国产业互联网大会、中国工业大数据钱塘峰会等大型活动，交流推广工业互联网发展应用成果	组织政府研修班，面向地市县（区）政府分管领导和经济、信息化部门一把手；开展企业宣传和培训；召开中国工业互联网大会	工业互联网产业人才培训示范基地；工业互联网人才发展基金会；“互联网+先进制造业”人才培训

3.3.1 广东：将工业互联网创新应用作为新一轮技术改造的“升级版”[1]

广东作为制造业大省，面临着发达国家制造业“回流”和东南亚等国低成本吸引制造业转移的“双重挤压”，正在积极谋求制造业转型升级，向高质量、高效率、高价值方向迈进。加快建设和发展工业互联网，构建以平台为核心的产业生态体系，是广东应对新一轮产业变革的关键支撑和重要手段。广东通过分类施策、同步推进、动态调整，打造形成多层次、系统化的平台发展体系。2017 年，发布了首批“广东省工业互联网产业生态供给资源池”，围绕数据采集、物联网、大数据、人工智能、应用服务、信息安全等领域，遴选了一批工业互联网服务商，加快工业互联网产业生态聚集。通过制造企业精准对接会、示范项目联合申报等方式，推动“资源池”企业协同合作。加强与国家级研究机构的合作，大力引进国内外工业互联网创新资源，建设广东省工业互联网创新中心，组建广东省工业互联网产业联盟。

广东初步形成了有层次、有重点的工业互联网平台建设格局。华为、美的等具备国际竞争力的制造业龙头骨干企业，发挥其在制造领域技术和知识的长期积累优势，建设工业互联网平台，对外输出能力，带动整个行业的数字化、网络化、智能化升级。经过消费互联网的打磨，腾讯等大型互联网企业、信息通信企业在网络通信、云计算、大数据、人工智能等技术领域已经走在世界前列，正在加快向工业领域渗透，为制造业转型升级赋能。华龙迅达、中设智控等一批行业性、功能性平台也紧抓机遇，凭借较强的用户黏性和发展生命力，快速扩大业务规模。此外，阿里在广东设立工业云总部，加快工业领域布局，树根互联总部落户广州，为广东工业互联网平台发展注入新的活力。

广东在“工业互联网产业生态供给资源池”政策的引导下，已经促成了一批工业互联网应用落地，吸引了一批国内外优秀的工业互联网服务商落户广东，初步形成了工业互联网产业扎堆发展的良好态势。平台商和应用服务商开发了一批面向工业应用场景的解决方案，为企业提供即插即用、低成本、快部署的应用服务，快速提升企业数字化管理和效能。大型工业企业围绕研发设计、生产管理、市场营销等环节，运用工业互联网新技术，着力解决生产管控透明化和设备远程运维、供应链的高效协同、研发设计协同等关键共性需求，实现数字化、网络化、智能化升级。中小企业积极通过工业互联网平台应用，降低企业信息化一次性投入成本。

---

1 涂高坤：《建工业互联网平台生态体系，促进制造业优化升级》，中国电子报，2018 年 3 月。

3.3.2　浙江：致力打造“1+N”的工业互联网平台体系[1]

浙江已明确将工业互联网作为打造数字经济“一号工程”的重要抓手，涌现了一批功能各异、各具特色的工业互联网平台。

引导面向制造流程优化的工业互联网平台的发展，通过生产设备数据的互联互通，进行运行数据的采集、分析、挖掘，并与业务系统、供应链系统等实现互联，优化全生产工艺流程，典型的有阿里云 ET 工业大脑、中控 SupOS 工业操作系统、和利时 Hia-Cloud 等。阿里云 ET 工业大脑通过对中策橡胶在研发、质检、生产等环节积累的海量数据的深度学习，结合行业知识，运用人工智能匹配最优的合成方案，在半年内成功提升混炼胶平均合格率 3 到 5 个百分点。中控 SupOS 是一款集工业大数据全集成、工业智能 APP 组态开发、工业大数据分析、工业人工智能引擎服务等为一体的工业操作系统。其赋能用户以数字化、网络化、智能化手段解决生产控制、生产管理、企业经营的综合问题。

引导面向物流供应链管理的工业互联网平台的发展，从商品生命周期看，在完成了研发生产后，商品即进入了物流环节，传化智联依托其遍布全国的公路港，推出了面向制造企业的智能物流供应链服务平台，实现在线支付结算、在线配载、路径优化、货物跟踪、仓储优化等功能，并通过挖掘行业大数据实现物流收费标准化，力争大幅降低国内物流成本。

引导面向电商的产能共享工业互联网平台的发展，典型的有阿里巴巴推出的淘工厂平台和网易推出的严选平台，前者通过平台汇聚海量工厂，帮助电商解决找供应商难、小单试单难、翻单备料难等问题，打造柔性供应链；后者依托自身电商平台，与品质制造商合作，从产品设计、材料采购、生产制造、质量检测，到物流配送、售后服务，实行严标准选择、全过程控制。

引导面向块状经济的专业工业互联网平台的发展，如嘉兴洪合镇毛衫块状产业集群打造的“毛衫汇”工业互联网平台，实现设计端的互联网化协同创新、流通端的互联网化营销、消费端的客户体验在线反馈等，并将智能化协同制造、产品质量检验监管、智慧物流仓储等功能作为工业互联网平台建设二期的重点，最终使毛衫行业摆脱低小散乱的格局，实现“提质、增效、减量”的转型要求。

---

1 吴君青：《发挥制造业与互联网双重优势，加快推进工业互联网建设》，中国电子报，2018 年 1 月。

在未来，浙江将举全省之力打造“1+N”的工业互联网平台体系。“1”指1个具有国际水准的国家级工业互联网平台。整合阿里云、中控、之江实验室等省内现有的优势力量，高水平规划 SupET 工业互联网平台建设，共建面向工业企业的跨行业、跨地域服务平台，扩大市场竞争力和影响力，吸收更多的国内外优秀企业入驻，形成“一站式”服务体系。“N”指若干个行业工业互联网平台。基于国家级工业互联网平台资源，围绕石化、化工、医药、汽车、工业物流、纺织服装等重点行业，结合浙江块状经济特色优势，由工业龙头企业、智能制造示范企业或其他工业互联网服务企业牵头，培育建设一批面向特定地域或产业集群的行业工业互联网平台。SupET 平台为行业级平台提供基础支撑，行业工业互联网平台基于 SupET 平台资源建设，纳入 SupET 平台架构，使两类平台实现互联互通。

3.3.3 江苏：“建平台”“用平台”双轮驱动工业互联网平台发展[1]

江苏组织制定《江苏省深化“互联网+先进制造业”发展工业互联网的实施意见》，举办了江苏省工业互联网高峰论坛，借助世界智能制造大会平台组织了工业互联网主题展，召开了全省工业互联网平台建设座谈和研讨会，通过系列宣贯、培训工作的开展，提升了企业发展工业互联网的认识水平，推进省内一批在行业有影响、发展态势好的工业互联网平台建设发展。徐工 Xrea 工业互联网平台接入覆盖石化、建材、机械、汽车、船舶、轨道交通、能源、畜牧业等多个行业领域企业的45 万余台生产设备。苏州紫光云擎工业互联网平台，是由苏州市和紫光集团联合出资共建的全国性平台，为工业企业客户提供智能制造端到端系统解决方案。常州天正工业金融大数据云服务平台，依据平台采集的企业生产设备实时运行数据，建立企业征信机制，为平台接入企业提供融资服务。无锡博耳电管家平台，以企业配电设备为切入口，构建服务各行业企业的配电设备远程运维和托管服务平台。常州万邦星星充电智能管理平台，是全国最大的新能源汽车充电桩运营管理平台，覆盖全国 100 个城市，企业接入数量为 336 家，运营各类充电设备达 3.7 万台，日充电量 100 万度。

江苏出台“企业上云”三年行动计划，重点实施工业云平台、星级“上云”企业、云服务体系、工业互联网标杆工厂、“互联网+先进制造”特色基地建设五大工

1 谢志成：《大力发展工业互联网，推动制造业优化升级》，中国电子报，2018 年 2 月。

程，促进省内企业与国内领先的云平台开展深度合作，发展工业互联网，综合运用新一代互联网技术，着力提升企业发展质量效益。联合阿里云组织实施了“133 工程”，有 45 家省内优秀服务机构与阿里云签订合作协议，加盟了“133 工程”服务体系，进行深化技术和市场合作；天合光能、悦达起亚等 14 家企业签署了工业大数据应用和工业云平台建设等合作协议，10 家企业正在开展技术实验和商务对接，还有 101 家企业与阿里云和签约服务商密切对接，寻求合作项目；协鑫光伏、天合光能、波司登、科沃斯等工业大数据应用典型案例的实施，帮助企业实现了提质增效，成功打造了制造业与互联网融合创新发展标杆，成为在省内外宣传、示范和推广的项目。

3.4　我国工业互联网平台发展中存在的问题

我国工业互联网平台建设和应用推广步伐不断加快，但是仍然存在一些问题和不足。

3.4.1　跨行业、跨领域平台构建能力薄弱

构建跨行业、跨领域工业互联网平台是跨国巨头巩固其在产业领域垄断地位的共识，综合实力较强的龙头企业基于平台向下整合多种类型的工业设备、向上承载海量工业的应用开发，才有可能打造产业新生态、抢占竞争制高点。国内缺乏类似 GE、西门子等产业巨头，从调查结果看，仅有航天云网、东方国信、树根互联等少数几家企业初步具备了建设跨行业、跨领域工业互联网平台的能力，但这些平台跨行业、跨产业链布局和协同水平不高，尚不具备整合控制系统、通信协议、生产装备、执行系统、管理工具、专业软件等各类资源的能力。

3.4.2　平台建设技术支撑能力亟待增强

工业互联网平台是一个涵盖工业技术、信息技术的复杂体系，涉及边缘层、IaaS、工业 PaaS、SaaS 应用等多个方面，目前国内企业在一些关键技术环节仍较为薄弱，主要表现在以下三个方面。

（1）数据采集和边缘计算能力不足，多数平台数据采集类型少、采集难度大、互联互通水平低，超过50%的平台数据点采集量低于1000个或无数据点，64%的平台缺乏完整的数据采集集成解决方案。

（2）工业PaaS服务能力不足，工业领域的行业机理、工艺流程、模型方法经验和知识积累不足，算法库、模型库、知识库等微服务提供能力不足，平台在功能完整性、模型组件丰富性、专业化服务等方面发展滞后，近30%的受调查平台没有形成任何行业机理模型。

（3）平台标准体系尚不一致，很多平台都是按照各自技术体系构建的，平台体系架构、协议转换、运行服务、系统互操作等方面标准不统一。36%的工业互联网平台没有采用通用协议OPC-UA，行业异构数据格式转换和统一难度大。只有35%的平台采用了Cloud Foundary主流开源架构，制约了工业PaaS平台的通用性、开放性、灵活性。

3.4.3 面向新型工业APP的开发生态尚未建立

工业APP是基于工业互联网平台，承载工业知识和经验，满足工业用户特定需求的应用软件，是工业技术软件化的重要成果。目前，工业APP供给能力不足，开发者人才匮乏，主要表现如下。

（1）工业APP统计分类标准尚不明确，从企业填报数据存在前后逻辑不一致、盲报、错报等现象来看，产业界对工业APP内涵界定和发展重点尚不清晰。

（2）工业APP质量不高，面向多行业、多领域、多场景的工业APP应用缺乏，工业APP的质量效益和价值难以衡量。

（3）开发者社区建设滞后，活跃程度普遍不高，大部分平台的开发者数量和月平均活跃数量均低于1000，与拥有50 000余名开发者的Predix.io相比差距较大，工业APP开发与工业用户相互促进、双向迭代的双边市场生态远未形成。

第 4 章
Chapter 4

国外典型工业互联网平台的发展现状

工业互联网平台的理念和重要性逐渐被产业界所认识，全球推出一系列工业互联网平台产品。根据国际有关咨询机构统计，全球工业互联网平台数量超过 150 个，占物联网平台总数的 32%，是第一大细分平台类型。特别是 2015 年以后，跨国企业对平台布局明显加快。通用电气公司（GE）在 2013 年推出以 PaaS（平台即服务）为核心的 Predix 工业公有云平台，正式开启国际工业云平台发展的序幕，其他国际产业巨头也纷纷加入工业云平台的竞争，其中最具代表性的有西门子 MindSphere、SAP HANA、PTC ThingWorx、IBM Bluemix、博世 IoT Cloud 等。国际主要工业互联网平台技术和服务能力进展如表 4-1 所示。

表 4-1　国际主要工业互联网平台技术和服务能力进展

平　台	数据采集	数据分析平台		工业 APP
		IaaS	工业 PaaS	
GE Predix	Predix Machine 加载在传感器、控制器和网关上，实现协议兼容和转换。 Predix Ready 适合恶劣环境的数据采集	亚马逊 AWS 和微软 Azure	微服务组件：提供高端装备数据异常检测、数据清洗与预处理、机器学习等经验，固化成原理性应用微服务。 开发环境：基于 Pivotal Cloud Foundry 和 mesosphere DC/OS	Predictivity：针对飞机发动机、医疗、能源等高端复杂装备，开发设备远程监控、预测性服务等 100 多种应用

续表

平　台	数 据 采 集	数据分析平台		工业 APP
		IaaS	工业 PaaS	
西门子 MindSphere	MindConnect Nano/IOT 2040 实现协议兼容；MindConnect Software 实现协议转换开发	亚马逊 AWS 和微软 Azure	微服务组件：提供制造工艺优化、能源管理等微服务。 开发环境：基于 SAP HANA Cloud Foundry	与 SAP、IBM、埃森哲等厂商合作，面向流程行业已经开发了工业自动化、设备故障检测等 50 多个工业 APP 应用
PTC ThingWorx	通过 ThingWorx Edge MicroService 轻量级嵌入式操作系统	IaaS 平台亚马逊 AWS	微服务组件：ThingWorx maketplace，面向开发者提供物理建模、运动分析等工具包。 开发环境：自行开发	支持 GE 等第三方数据服务，提供 CAX、PLM 等云化软件，以及预测分析等应用
SAP HANA	具备采集能力，通过兼容 OPC 标准协议的网关产品	亚马逊 AWS 和微软 Azure	微服务组件：基于开发服务平台 Hybris 为开发者提供几万种通用算法模块。 开发环境：提供开发环境 SAP HANA Studio，提供 XS Engine 组件	提供 SAP 的 ERP 商务套件、商业智能等数据分析应用

4.1　通用电气工业互联网平台 Predix

4.1.1　Predix 平台的基本情况

美国通用电气公司（GE，通用电气）创立于 1892 年，是世界最大的集制造、技术和服务为一体的多元化跨国公司，创造由软件定义的机器，集互联、响应和预测之智，致力变革传统工业。全球知识交换系统——“GE 商店”让所有业务共享技术、市场、结构与智力，每项发明都推动了跨界创新应用。GE 理解行业之需，讲述工业语言，以全球人才、服务、科技与规模，为客户创造非凡业绩。GE 的业务主要包括两大类，一是全球基础设施建设；二是横跨各部门的数字和金融垂直业务，包括航空、医疗、发电、可再生能源、石油天然气、运输、照明等。GE 作为全球的工业巨头，目前拥有 8 个业务集团和 9 大全球研发中心，业务遍及全球 180 多个国家和地区，拥有 333 000 多名员工。2016 年 10 月，通用电气排 2016 年全球最有价值品牌的第 10 名。

GE 为了契合数字时代的发展模式，充分发挥自身在先进制造、工业互联网等领域的领先优势，创建了“Predix——工业云平台”。它可以帮助企业安全地将机器和数据与人连接，针对资产和业务进行软件创新，将云端开发、部署和运维工业应用程序，并集成到企业内部的 IT 系统中，有利于减少意外停机、提高资产产出和运用效率等。

4.1.2 Predix 平台架构及构成要素

Predix 平台整体架构分为三层，即边缘连接层、平台层和应用服务层。如图 4-1 所示。

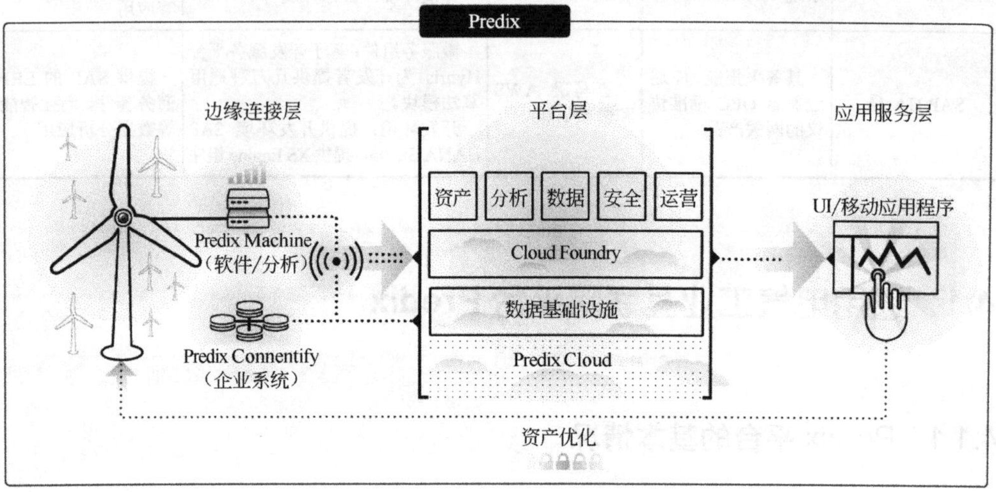

图 4-1 Predix 平台架构

1. 边缘连接层

边缘连接层主要负责收集数据并将数据传输到云端，包含两个要素 Predix Machine 和 PredixConnectify。Predix Machine 是一个能够嵌入到工业控制系统设备或网络网关等设备中的软件栈，主要职责是提供与工业资产之间安全的双向云连接并管理工业资产。为了满足工业连接要求，Predix Machine 支持可以通过不同工业标准协议（OPC-UA、DDS 和 MODBUS 等）连接多个边缘组件的多种网关解决方案，可以部署在网关、控制器和传感器节点上。PredixConnectify 提供从 Predix Machine 到 Predix Cloud 的快速、安全的云连接，主要运用在暂时没有接入互联网的场景中，使机器能够通过移动电话、有线或者卫星组成的虚拟网络与云端交流。Predix Machine 与 PredixConnectify 一起提供了使工业设备与云端之间即插即用、安全、可靠的连接。

2．平台层

平台层主要提供基于全球范围安全的云基础架构，满足日常工业工作负载和监督的需求，包含 Predix Cloud 和 Predix.io 两个核心要素。Predix Cloud 是启用工业互联网的中心，提供为工业工作负载优化和处理大规模工业数据的云基础设施，消除了工业企业开发时难以扩展和代价昂贵的壁垒。Predix.io 是一个自主服务的门户，开发人员可以通过它访问专门用于工业互联网应用程序的服务，是基于 Predix 构建工业应用的起点。

3．应用服务层

应用服务层主要负责提供工业微服务和各种服务交互的框架，提供创建、测试、运行工业互联网程序的环境和微服务市场，包含 Predix Services 和 Predix for Developers 两个核心要素。Predix Services 包含运营服务和工业服务两大类。工业服务提供工业互联网应用程序所需的核心功能，即资产服务、数据服务、分析服务、运营服务和应用程序安全服务。资产服务是创建、导入并组织资产模型及相关业务规则的服务；数据服务是获取、清理、合并，最终以适当存储技术存储数据的服务；分析服务是创建、登记并编排分析的服务，是应用程序开发的基础；应用程序安全服务是满足端到端安全要求的服务。运营服务包括开发运维和业务运营，开发运营主要提供可以在云端开发和部署工业互联网应用的服务，业务运营主要提供为工业互联网应用程序带来透明度的服务，以保障开发者的利润。Predix for Developers 构建了工业互联网应用程序独特的需求和要求，将工业应用程序的开发与传统的 IT 应用程序区分开，保证工业程序能够在正确的时间，以正确的方式，为正确的用户提供正确的信息。

4.1.3　Predix 平台未来的发展计划

Predix 作为 GE 发展数字化工业的关键抓手，未来将主要在以下三个领域实现突破。

（1）通过为大客户提供解决方案，积攒推广经验，加强模式创新，带动中小企业的数字化转型。

（2）加快在 Predix 全球范围内的推广，让更多不同工业领域的企业和第三方开发商通过 Predix 打造更多的专属或通用的工业互联网应用，加快构建工业微服务的市场。

（3）依托自身的行业优势联合更多的组织和机构，通过 Predix 进一步促进产学研用结合，突破一批产业核心技术，形成工业互联网的技术标准。

4.2 西门子工业互联网平台 MindSphere

4.2.1 MindSphere 平台的基本情况

西门子股份公司成立于 1847 年，总部位于德国慕尼黑市，是全球电子电气工程领域的领先企业。业务主要集中在工业、能源、基础设施和城市、医疗 4 大领域。

2016 年 4 月，西门子面向市场推出“MindSphere——西门子工业云平台”，MindSphere 的实质是基于云的开放式物联网操作系统。MindSphere 可以实时将工业现场的设备数据依托传感器、控制器及各种信息系统通过安全通道传输到云端，并且在云端为企业提供大数据分析挖掘、工业 APP 开发及智能应用增值服等。MindSphere 主要包括 MindConnect、MindClound、MindApps 三个核心要素。MindConnect 负责将数据传输到云平台；MindClound 为用户提供数据分析，应用开发环境及应用开发工具；MindApps 为用户提供集成行业经验和数据分析结果的工业智能应用。

4.2.2 MindSphere 平台架构及构成要素

MindSphere 包括边缘连接层、开发运营层、应用服务层三个层级，如图 4-2 所示。

1．边缘连接层

边缘连接层可以通过 MindConnect 将来自不同厂商的设备、工控系统、信息系统等的安全、实时的数据传输到 MindSphere 云平台。边缘连接层的主要产品有

MindConnect IoT2040 和 MindConnect Nano，两者都是一种可以将工业设备数据传输到 MindSphere 的工业 PC，并且都支持 S7 和 OPC-UA，前者适用于小型生产场景，后者适用于大型的生产场景。

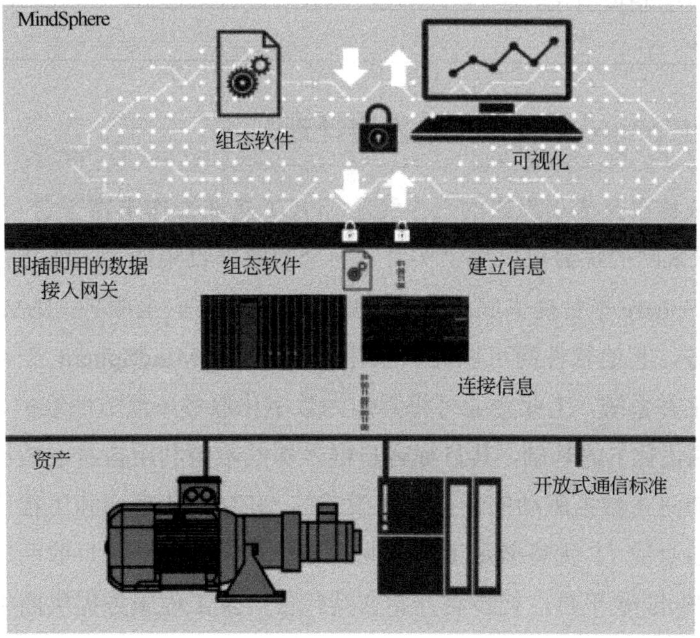

图 4-2　MindSphere 平台架构

2．开发运营层

开发运营层主要基于 SAP HANA Cloud Foundry，为用户提供大数据服务和工业 APP 开发服务。大数据服务主要为用户提供分析、存储、共享设备数据的服务，工业 APP 开发服务主要为用户提供相应的工业知识、开发工具、开发环境和 APP 共享服务。用户可以在开发运营层通过分析工厂数据并结合相应的行业知识开发工业 APP，并且可以在平台售卖自己的工业应用或者租赁其他的工业应用。

3．应用服务层

应用服务层主要是为用户提供基于 MindApp 和行业解决方案的智能应用服务，与 IBM 和 SAP 展开深度合作，主要包括设备预防性维护服务、工厂能耗分析服务、资源优化服务等。如 MindApps Fleet Manager 可以通过数据帮助企业实现对资产的实时监控，主要功能包括查看、搜索、排序和过滤资产，而且用户可以自定义相关的资产管理规则，目前已在北美和欧洲的 100 多家企业进行试用。2017 年 4 月，西门子与埃森哲、Evosoft、SAP、微软、亚马逊和 Bluvision 等合作伙伴在汉诺威展上展示了 6 种微服务和约 50 种工业 APP。全球研磨机械制造商格林通过 MindSphere 平台对关键部件状态参数进行采集、分析、测试，实现了对刀具磨损状态的精准预测和适时更换。

4.2.3 MindSphere 平台未来的发展计划

西门子依靠自身多年积累的工业经验和 ICT 企业合作丰富平台功能，强化其在 PLC、工业以太网的优势可以提供实时、安全的数据收集能力，而其合作企业 SAP 可以为 MindSphere 平台提供底层的数据库集群及数据安全服务，IBM 可以提供大数据分析服务，其他软件商可以提供软件开发工具。MindSphere 平台可以被看作一个开放的生态系统，工业企业可将其作为数字化服务（预防性维护、能源数据管理、工厂资源优化）的基础，其目标客户群是那些希望利用自身的数据形成差别优势，或者希望进入数据驱动的新型商业模式的 OEM（代理商和工程应用厂商）厂商和想通过自身的 IT 优势涉足工业产业的软件开发服务商。目前西门子计划向全球开放 MindSphere 平台，初步将开始在其代理商及工程服务提供商中培育第一批微服务及工业 APP 开发者。

4.3 SAP HANA 平台

SAP 在 2011 年推出基于内存计算技术的高性能实时数据计算平台 HANA，通过 Data Services 和 Modeling Studio 实现多源异构系统数据采集，基于开发服务平台 Hybris 为开发者提供了几万种通用算法模块。HANA 平台既可以在私有云部署，也可以在公有云部署。目前，HANA 平台用户数已超过 3000 家。

从架构来看，SAP HANA 平台主要包括接入层、数据层和应用层。接入层，通过 Replication Server 和 Load Controller 两大模块，将 SAP Net Weaver、SAP Business Suite 及其他第三方数据接入 HANA 数据层。数据层，是整个系统的核心部分，以 SAP HANA Database 为核心，包括 HANA Studio、HANA Client、SMD Agent 等多个模块，实现对数据库的建模、配置、监控、告警和管理。应用层，基于 SQL、MDX、BICS 接口接入 BI 分析、数据复制等应用软件。

4.4 ABB Ability 工业云平台

ABB 集团是全球电气产品、机器人及运动控制、工业自动化和电网领域的技术领导企业，致力于帮助电力、工业、交通和基础设施等行业客户提高业绩。基于超过 125 年的创新历史，ABB 集团正在不断地推动能源革命和第四次工业革命，谱写行业数字化的未来。ABB 集团业务遍布全球 100 多个国家和地区，雇员达 13.2 万人。ABB 集团在中国拥有研发、制造、销售和工程服务等全方位的业务活动，40 家本地企业，1.7 万名员工遍布于 139 个城市，线上和线下渠道覆盖全国 300 多个城市。

ABB 集团全球 CEO 史毕福将 ABB Ability 工业云定义为从设备、边缘计算到云服务的跨行业、一体化的数字化解决方案。具体来说，ABB Ability 工业云平台就是“边缘计算+云”的架构，边缘设备负责工业设备的接入，对关键设备的参数、值和属性进行数据采集，由 ABB Ability 边缘计算服务进行数据的处理和展现，最上层云平台用来对工业性能的高级优化和分析。从发布产品白皮书看，ABB Ability 可按照“金字塔型”划分为四个层次，分别是底层的设备与传感器，中间层的自动化系统、端到端的工业/企业数字化解决方案，以及最上层开放的工业云平台。从四层架构体系看，基本涵盖了工业互联网平台定义的功能。

4.4.1 底层的设备与传感器

ABB 集团主要业务是电力和自动化，ABB Ability 工业互联网平台也是围绕产业业务构建。对于底层的数据采集，主要是通过传感器来完成。早在 2016 年，ABB 集团就推出的智能传感器解决方案，将低压电机与工业互联网相连接，从而实现对电机的连续监测。传感器可以便捷地贴附在电机上，将电机振动、温度、负载和能耗等关键数据传输到云端。一旦任何参数偏离标准值，它就会发出警报，从而使操作人员在电机发生故障前采取预防措施。

通信连接由每台传感器内置的蓝牙，通过工作人员的智能手机或者 ABB 网关解决方案实现。云服务器进行数据分析，产生有用信息，并将其直接发送到工作人员的智能手机或客户终端。通过用户终端，工作人员可以获得趋势数据、运行时间及负载数据等，用于优化运行维护计划。这些状态与性能数据可以帮助工厂降低电机整个生命周期的总体成本，从而延长电机的工作时间和使用寿命，并提升电机的性能和效率。

4.4.2 中间层的自动化系统

ABB Ability工业云平台的自动化执行环节是由ABB Ability系统800xA来完成的，这是一款集DCS（分布式控制系统）、电气控制系统，以及安全系统于一体的协同自动化系统，帮助客户提高工程效率、操作员效率和资产利用率。该系统包括800xADCS、800xA安全、800xA电气控制。

4.4.3 端到端的工业/企业数字化解决方案

ABB Ablility工业云平台支持的行业应用包括：面对资产密集型行业的绩效管理解决方案；针对流程工业的控制系统；面向机器人、电机和机械设备的远程监测服务；用于建筑、海上平台和电动汽车充电基础设施的控制解决方案；满足数据中心能源管理和远洋船队航线优化等需求的专业领域解决方案。

4.4.4 开放的工业云平台

ABB集团已经与微软达成战略合作，将依托于微软Azure平台提供工业云服务，计划为ABB Ability平台提供工业数据计算和分析能力。在中国市场，ABB集团与华为合作，联合研发机器人端到端的数字解决方案，实现机器人远程监控、配置和大数据应用。

对ABB Ability工业云平台的体系架构进行分析，其基本涵盖了工业互联网平台的四个基本功能，但在工业分析能力和应用开发能力方面还有待完善。同时，ABB集团也正在通过与微软、IBM、华为这些信息技术领导厂商合作，强化平台对工业数据的处理和分析。ABB Ability工业云平台最适用的仍然是电力自动化，并在交通、数据中心、智能建筑、采矿业、石油化工及制造业得到了广泛应用。

4.5　Bluemix 云平台

IBM（International Business Machines Corporation，IBM）国际商业机器公司或万国商业机器公司，总公司在美国纽约州阿蒙克市。1911 年托马斯·沃森创立于美国，是全球最大的信息技术和业务解决方案公司，拥有全球雇员 30 多万人，业务遍及 160 多个国家和地区。

Bluemix 平台主要以 IBM 的云计算、软件开发等技术为牵引，向 OT 层不断延伸，实现平台布局。云端服务一是提供网站应用与移动 APP 的开发、DevOps 程序设计与部署；二是支持应用程序整合、SQL 与 NoSQL 资料库管理、大资料的储存、商业分析、程序代码与身份安全等服务；三是提供创建、查看和管理应用程序和服务的仪表盘，仪表盘具备管理用户访问的能力；四是通过集成 Watson 提供各种数据分析服务。目前，IBM 投资超过 250 亿美金，用于收购相关的大数据存储、处理、管理与分析技术公司，形成了大数据技术生态，满足了企业用户对于数据库的各种需求，Bluemix 平台的基本架构，如图 4-3 所示。

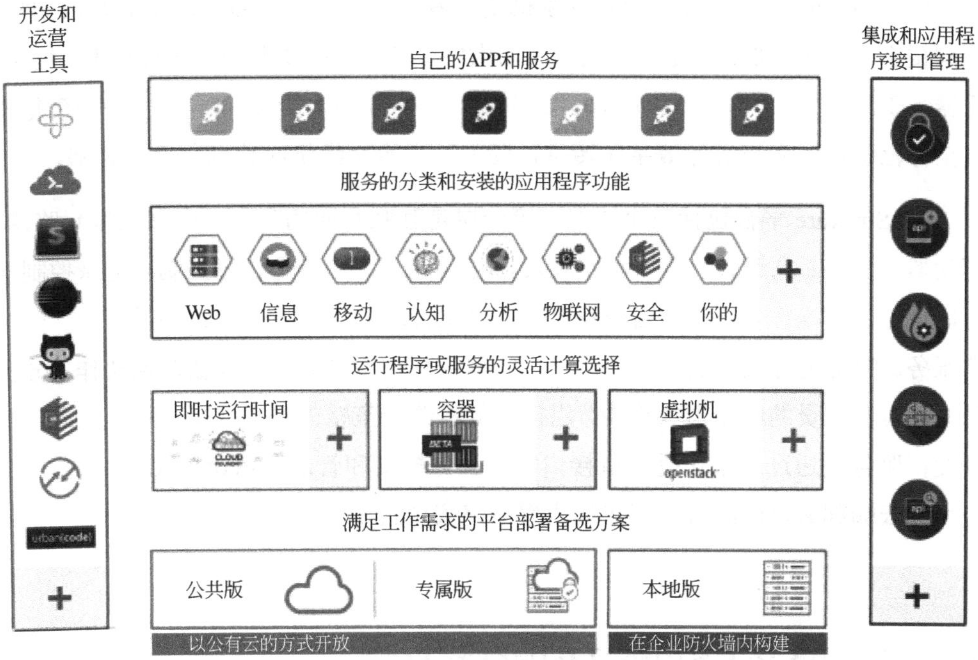

图 4-3　Bluemix 平台的基本架构

（数据来源：iThome）

4.6 EcoStruxure 工作软件平台

施耐德电气有限公司（以下简称施耐德电气）是世界 500 强企业之一，1836 年由施耐德兄弟建立，总部位于法国吕埃。施耐德电气是全球能效管理领域的领导者，为 100 多个国家的能源及基础设施、工业、数据中心及网络、楼宇和住宅市场提供整体解决方案，在住宅应用领域也拥有强大的市场能力。

2017 年 10 月 11 日，引领全球能效管理和自动化领域数字化转型的领导者施耐德电气宣布推出 EcoStruxure 工业软件平台。作为一个集成式、模块化的软件套件，该平台可提供丰富的功能，以满足整个工业和基础设施终端市场价值链中的运营和业务需求。

EcoStruxure 工业软件平台为工程、规划和运营、资产绩效及控制和信息管理提供了高可靠性的解决方案能力。凭借部署在全球超过 10 万个站点的 200 多万个软件授权，工业软件平台可在支持复杂和关键任务型工业运营所必需的范围内运行，处理超过 10 万亿次日常业务，涵盖 200 多亿个运行参数。

EcoStruxure 工业软件平台是施耐德电气基于物联网的、即插即用的开放架构，面向楼宇、数据中心、工业和基础设施四大终端市场，提供配电、信息技术、楼宇、机器、工厂、电网六大专业领域的端到端解决方案。EcoStruxure 正驱动施耐德电气全球范围内的客户进行数字化转型，助力其在数字经济时代获得竞争优势。

EcoStruxure 平台包括三个层级，第一层是互联互通的产品。产品涵盖断路器、驱动器、不间断电源、继电器和仪表及传感器等。第二层是边缘控制。边缘控制层可以进行任务操作、设计、指令及监测，简化管理的复杂性。第三层是应用、分析和服务。应用是将设备通过驱动或自由协议与任何设备、系统和控制器协作；分析是通过运营人员的经验形成模型，用模型促进改善策略的形成，提升决策效率与精准度；服务是通过目视化的人机接口实现业务控制和管理。EcoStruxure 平台支持现场和云端部署，同时每一层级均内置网络安全技术。

4.7 Bosch IoT Suite 2.0 物联网平台

博世是德国的工业企业之一，从事汽车与智能交通技术、工业技术、消费品和能源及建筑技术的产业，是全球第一大汽车技术供应商。

Bosch IoT Suite 2.0（博世物联网套件）基于开放标准和源代码，是一个灵活的物联网平台。其云服务可以满足物联网项目的典型要求，软件开发人员在实施之前快速设置原型应用程序，在几分钟内完成部署，并在高可用性的情况下运行程序。此外，该平台的设备管理功能也可以单独使用或现场使用。博世市场领先的基于 OSGi 的 ProSyst 网关软件可广泛用于不同的领域，实现基于网关的众多物联网场景。

目前，已有超过 500 万台设备和机器通过 Bosch IoT Suite 2.0 实现了广泛互联。Bosch IoT Suite 2.0 服务已与博世物联网云市场集成一体。未来，用户能够通过基于 CloudFoundry 的其他市场使用某些特定的服务。

4.8 Azure 平台

Azure 是微软旗下开放的平台，支持极为广泛，包含了开源软件和系统在内的服务器操作系统、各类编程语言、框架、软件包、开发工具、数据库及客户端设备。如运行与 Docker 集成的 Linux 容器，连接 MySQL、Redis 的 PaaS 服务，使用 JavaScript、Python、.NET、PHP、Java 和 Node.js 开发应用；生成适用于 iOS、Android 和 Windows 设备的后端。以“微软爱开源”的基本原则，Azure 云服务支持数百万开发人员和 IT 专业人士依赖并信任的相同技术。微软开源技术中心与 Azure 平台的工程师团队，以及各大开源社区紧密合作，为客户提供“业界最佳”工具和技术进行设计、开发、部署并管理云服务和应用，保障其在技术与培训上的现有投资。

在中国，由世纪互联运营的 Microsoft Azure 是在中国独立运营的公有云平台，与全球其他地区由微软运营的 Azure 服务在物理上和逻辑上独立，采用微软服务于全球的 Azure 技术，为客户提供全球一致的服务质量保障。所有客户数据、处理这些数据的应用程序，以及承载世纪互联在线服务的数据中心，全部位于中国境内。位于中国东部（上海）和中国北部（北京）的数据中心在距离相隔 1000 千米以上的地理位置提供异地复制，为 Azure 服务提供了业务连续性支持，实现了数据的可靠性。

在网络接入方面，Microsoft Azure 数据中心通过 BGP 方式直接连接多家主流运营商（中国电信、中国联通、中国移动）的省级核心网络节点，可为用户提供高速稳定的网络访问体验。位于中国东部和北部的两个数据中心采用相同的地址广播和 BGP 路由策略，用户可以就近访问位于上述两个数据中心的 Azure 平台服务，达到最佳网络性能体验。

所有数据中心选取国内电信运营商的顶级数据中心，在绿色节能的基础上，采用 N+1 或者 2N 路不间断电源保护。此外还有大功率柴油发电机为数据中心提供后备电力，配有现场柴油存储和就近加油站的供油协议作为保障。数据中心机房内均设有架空地板、冷通道封闭，与后端制冷系统，冷机、冷却塔和冰池形成高效冷却循环，为机房内运行的服务器提供稳定适合的环境。配有新风系统，可在天气条件适合时最大限度地降低数据中心的 PUE。

4.9 ThingWorx 平台

全球工业研发设计软件提供商 PTC 于 2013 年推出包含整套物联网解决方案的 ThingWorx 平台，实现对研发、制造和服务等环节中设备、产品、系统数据的采集、交互和汇聚，面向开发者提供物理建模、运动分析等工具包，并在工业 APP 层提供 CAX、PLM 等应用服务。

此类平台以工业软件为核心，通过品牌授权、培训认证等方式培育合作伙伴，同时不断加大与 GE、西门子等综合性工业互联网平台的合作，旨在形成覆盖开发商和咨询服务商的生态体系。

第 5 章
Chapter 5

工业互联网平台建设和应用路径

工业互联网平台建设是一个反复迭代、动态优化、不断演进的过程，需要通过终端设备的持续接入，工业经验和知识积累、传播与复用，开发工具的丰富完善，创新应用的逐步推广，实现工业互联网平台的体系化、生态化发展。当前我国应以“建平台”“用平台”双轮驱动、统筹“建生态”“补短板”两翼发展，全面增强工业互联网平台的核心能力，全面提升工业互联网平台应用水平，全面优化工业互联网平台发展环境，培育新技术、新产品、新业态、新模式，构建资源富集、开放共享、创新活跃、高效协同的工业互联网新生态。

5.1 实施“建平台”“用平台”双轮驱动

工业互联网平台作为新型工业基础设施，决定着未来 10～15 年全球制造业竞争格局。面对我国跨行业、跨领域工业互联网平台缺乏和企业实际需求，从“供给侧”“需求侧”两端发力，以“建平台”“用平台”双轮驱动，充分发挥大型制造企业、互联网企业、基础电信企业的优势，培育企业级、行业级、区域级，跨行业、跨领域工业互联网平台，发展一批平台化应用新模式、新业态，形成建用互促、迭代优化的工业互联网平台建设和应用模式。

5.1.1 同步建设企业级、行业级、区域级平台，打造跨行业、跨领域工业互联网平台

以树根互联、海尔、航天云网、东方国信为代表的领先工业互联网平台刚刚推向市场，应用主要集中在部分垂直行业领域，跨行业、跨领域的通用性工业互联网平台尚未形成，亟须发挥骨干企业与科研院所核心作用，突破数据采集、平台管理、开发工具、微服务框架、建模分析等关键技术瓶颈，同步推进企业级、行业级、区域级工业互联网平台，加快培育跨行业、跨领域工业互联网平台，有力支撑企业数字化、网络化、智能化转型。

1．推动发展企业级工业互联网平台

（1）充分发挥大型制造企业信息化水平高、技术基础扎实、工业系统和生产设备等制造资源丰富、工业知识和经验积累较多的优势，基于通用 PaaS 构建工业互联网平台，对内整合研发设计、经营管理、制造执行、生产设备等资源，实现企业纵向集成；对外整合供应和销售网络，加快横向集成；最终实现企业内部及产业上下游、生产设备与信息系统互联互通，打破“信息孤岛”，促进制造资源、数据等集成共享。

（2）基于工业控制技术（OT）、信息技术（IT）、通信技术（CT）企业长期积累的信息化实践经验和关键技术能力，通过两种方式为企业提供工业互联网平台解决方案。一种是将计算机辅助设计（CAD）、计算机辅助制造（CAM）、计算机辅助工程（CAE）、产品生命周期管理（PLM）、ERP、MES、CRM 等传统的研发设计工具、经营管理软件、车间制造执行系统加速向云端迁移，形成基于云架构的软件产品开发部署，构建基于云的工业互联网平台。另一种是采用 PaaS、微服务等新型架构搭建工业互联网平台。

2．推动发展行业级工业互联网平台

（1）引导企业级工业互联网平台加快发展，面向行业提供基础共性服务。

（2）加快提升面向行业的垂直领域 PaaS 平台的功能和性能，构建行业级工业互联网平台。PaaS 平台是工业互联网平台的关键。当前，我国垂直领域的 PaaS 平台，如以航天云网为代表的协同制造云平台，以树根互联为代表的产品全生命周期

管理服务云平台，以海尔为代表的用户定制化生产云平台等，均存在专业的算法库、模型库、知识库等 PaaS 平台微服务提供能力不足，能够提供的开发工具数量少、易用性差，严重制约了 PaaS 平台核心功能的开发和应用。

（3）通过试点示范、专项支持等手段，面向钢铁、石化化工、冶金等流程行业或航空、轨道交通、船舶、工程机械、汽车、电子信息、轻工等离散行业构建行业级工业互联网平台，提供工艺及能耗管理、流程控制优化、智能生产管控、产品远程诊断、设备预测性维护、产品全生命周期管理等场景平台及解决方案。

3．推动发展区域级工业互联网平台

（1）支持建设特定区域工业互联网平台。面向汽车及零配件、电子信息、光伏/风电、轻工、船舶、工程机械、石化化工等产业集聚区，支持企业建设特定区域工业互联网平台，提供区域设备规模接入、共性机理模型与微服务开发、工业 APP 创新服务，建成知识库、模型库、用例库及工业 APP 资源池，通过对外提供服务，加速工业互联网平台能力提升与应用推广。

（2）推进工业互联网平台和产业园区融合发展。产业园区是促进经济转型升级和新旧动能转换的重要载体，应把工业互联网平台建设与产业园区发展相结合，打造产业园区 2.0 版。例如，依托国家新型工业化产业示范基地、国家级经济技术开发区、国家高新技术产业开发区，以及各地特色产业园区，支持工业企业、互联网企业、IT 企业、系统集成商、咨询服务机构、科研院所跨界联合，集中优势资源，构建面向产业园区的工业互联网平台，通过财税支持、政府购买服务等方式推动中小企业使用平台，为中小企业提供研发测试、创业培训、投融资、创业孵化等服务，促进大型企业和中小微企业协同创新、共同发展。

（3）鼓励地方建设工业互联网平台省级制造业创新中心，推动平台在“块状经济”产业集聚区落地，建设工业互联网平台区域示范基地。定期制定发布工业互联网平台数据采集、平台建设、应用服务解决方案提供商目录。

4．培育发展跨行业、跨领域工业互联网平台

（1）突破关键技术瓶颈，着力打造一批具有国际竞争力的工业互联网平台。面对当前我国跨行业、跨领域工业互联网平台的缺乏和实际需求，从提升行业级和区域级工业互联网平台核心能力入手，围绕数据采集、平台管理、开发工具、微服务

框架、建模分析等关键技术瓶颈，培育 5 家左右跨行业、跨领域的工业互联网平台，实现企业内部及产业上下游、跨领域生产设备与信息系统互联互通，打破“信息孤岛”，促进制造资源、数据等集成共享。

（2）培育一批跨行业、跨领域工业互联网平台解决方案供应商。面向企业发展需求和现有基础，培育发展一批掌握核心技术、专业知识扎实、行业经验丰富、实战能力强的系统解决方案商，提供集战略咨询、架构设计、实施方案、关键装备、核心软件、数据集成、流程优化、运营评估于一体的综合服务。

（3）组织开展行业系统解决方案应用试点示范，强化工业互联网平台的产品设计、生产工艺、生产模型、知识模型等各类数据资源和制造资源汇聚共享能力，形成满足行业与企业需求的多种解决方案。

5.1.2 以企业核心业务和重点设备上云为牵引，加快工业互联网平台的应用推广

云平台是工业互联网平台建设和应用的必备技术支撑。GE Predix 平台、西门子 MindSphere 平台、海尔 Cosmo 平台、东方国信 Cloudiip 平台、和利时 HiaCloud 平台均基于云架构构建。据 IDC 统计，2014 年全球已有超六成的制造企业使用云平台，有 41%的美国制造企业通过公有云访问 IT 资源[1]，近三年来云平台应用率进一步提升。截至 2017 年 1 月，我国工业云平台应用率仅为 35.9%，且各行业应用差异较大。电子信息、装备、消费品、原材料等行业工业云平台应用率分别为 38.3%、35.7%、33.6%、28.9%，属于应用率较高的行业。

企业上云慢，已成为制约我国工业互联网平台建设和应用的重要瓶颈之一。无论从对比数据还是行业应用现状，均体现了我国工业云进展较慢。一些大型企业的 IT 架构是经过多年部署陆续建立起来的，建设方式较为分散，存在生产设备数据不开放、接口不统一、采集门槛高、采集难度大等问题，管理和业务系统云迁移成本较高、周期长。一些中小企业基于企业管理和市场营销需求，大多先将覆盖计划、财务、人力资源、市场营销、供应链、商务智能等环节的企业管理系统迁移至云平

1 根据 IDC 2015 年 5 月发布的调查结果显示，全球大多数制造商正在使用公有云（66%）或者私有云（68%），并至少有两种应用。根据 IDC 2014 年全球技术和行业研究调查结果显示，在美国有 41%的制造业受访者称正在通过公有云访问 IT 资源。

台，而先进过程控制系统、制造执行系统等较为关键的生产管控系统的云迁移步伐缓慢。我国工业云平台应用率不高，企业对上云的重要性和复杂性认识不足，关键支撑技术和标准规范滞后。这些问题正成为制约制造企业提质增效的障碍。

1. 需求侧动力不足是工业云应用率低的主观因素

（1）企业对上云的必要性认识不充分。很多企业认为工业云仅仅是降低成本的一种工具，并未意识到工业云已经成为企业实现研发、生产、营销、管理创新和升级的新手段，在盘活制造资源、提高全要素劳动生产率、优化业务流程、培育新型能力、推动企业数字化转型等方面可发挥重要作用。

（2）企业对上云的紧迫性认识不充分。一些企业并没有真正意识到制造业云化、平台化、生态化发展已是大势所趋，企业的成长壮大都将要依赖特定的产业生态，未来的企业或者建立一个新的产业生态，或者加入一个产业生态，游离于产业生态之外的企业将难以生存。若不尽快通过“上云”解决数据互联、互通、互操作问题，跨越“综合集成”困境，从“单打独斗”走向“集团化”作战，将很难在基于工业云平台的产业生态竞争中存活下来。

（3）企业对业务系统向云端迁移的复杂性认识不充分。企业在前期的网络环境和软/硬件等配套设施建设、对员工进行数据分析培训、内部上云能力评估等方面准备不足，现有组织架构、信息系统、生产运营管理模式尚未很好地适应云环境，出现上云过程中业务流程重新设计困难、IT 管理能力不足，系统整合和架构配置不灵活等问题。据测算[1]，建立流程化、网络化组织管理模式的企业，其工业云平台应用率分别可以大幅提升至 41%和 63.5%，然而目前全国仅有 32.1%和 8.8%的企业构建了流程化、网络化组织架构，多数企业仍采用传统的科层制管理模式，很难为企业业务云迁移、开展平台化运营提供有力的组织管理保障，影响了我国工业云平台应用率提升。

（4）企业囿于安全风险顾虑上云态度不积极。据 RightScale 对全球企业技术专业人员的调查，云安全隐患确实存在，但心理因素是企业上云的更大障碍[2]。我国的工业企业用户也同样存在此类顾虑，一些企业对工业云运行稳定性、数据安全防护能力等存在担忧，出于企业知识产权、商业机密保护等避险性考虑，不愿意将工

1 中国两化融合服务联盟：中国两化融合发展数据地图（2017），2017 年 8 月。

2《RirhtScale 2016 年云计算调查报告》调查发现，在云入门者、云探索者、云专注者三类企业客户认为的五大上“云”挑战中，对云安全性的担忧分别为 35%、28%、17%。

业运行数据、财务数据等敏感性数据迁移至云端。

2．供给侧服务能力不到位是工业云应用率低的客观因素

（1）平台即服务（PaaS）缺失。我国工业云发展呈现“三明治”局面，多数工业云平台以提供设备、计算、存储等 IaaS（基础设施即服务）和面向行业应用需求的 SaaS（软件即服务）为主，能够搭建运行环境（分布式计算、存储、管理和服务）和运营管理环境（多租户管理、资源分配、开发维护）、对传统制造业创新能力意义深远的工业 PaaS 平台比较欠缺。尽管涌现出了树根互联、航天云网等一批工业 PaaS 平台，但总体来看，现有的 PaaS 平台发展尚处于起步阶段，不能完全满足工业级应用需要。

（2）软件即服务（SaaS）低端。多数工业云平台提供的服务以基础性、普适性应用服务为主，构建面向特定行业领域的知识库、模型库、零件库、工艺库和标准库等工业资源库的能力不足，研发设计、人机交互、试验仿真、智能工厂、智慧企业、集成协同、产品服务和经营决策等工业云构件模块的开发能力有限，面向多行业、多领域、多场景的工业 APP 应用缺乏，工业云平台微服务专业化、定制化供给能力不足。

（3）标准体系尚不健全。当前，很多企业的工业云平台都是按照各自技术体系构建的，平台体系架构、应用 APP、运行服务、系统互操作和接口、安全等相关操作缺乏统一标准规范，网络、系统、数据互联、互通、互操作等问题突出。此外，工业云服务监测评估体系不健全，对工业云平台服务可靠性、易用性、安全性、数量迁移能力和计量准确性等方面认证标准缺失，对服务能力和服务质量缺乏统一的评价依据，一定程度上阻碍了工业云服务能力的提升。

工业互联网平台是传统工业云平台的迭代升级。从工业云平台到工业互联网平台演进包括成本驱动导向、集成应用导向、能力交易导向、创新引领导向、生态构建导向五个阶段，工业互联网平台在传统工业云平台的软件工具共享、业务系统集成基础上，叠加了制造能力开放、知识经验复用与第三方开发者集聚的功能，大幅提升工业知识生产、传播、利用效率，形成海量开放 APP 应用与工业用户之间相互促进、双向迭代的生态体系。企业上云是工业互联网平台建设和应用的切入口，应以推动企业业务系统上云和重点设备上云为抓手，推进实施“百万企业”上云工程，制定实施差异化“企业上云”路线图，狠抓平台服务能力建设，加快完善“急

用先行”的标准规范，大力开展工业云现场对接会。

1．加快推动企业业务系统上云

（1）组织开展企业业务系统上云试点示范，推动行业龙头企业研发设计、生产制造、经营管理等核心业务系统云端迁移，带动产业链上/下游企业应用云化软件开展协同设计和协同供应链管理。

（2）引导“企业上云”与促进企业发展战略和数字化转型相结合，通过上云提高企业信息化水平和综合竞争力。

（3）鼓励地方政府开展工业“企业上云”专项行动，降低上云门槛和成本，引导工业园区、产业集聚区中小企业业务系统上云。

（4）加快低成本、模块化的数据采集、工业软件、开发工具等技术产品和解决方案在中小企业的普及推广，引导中小企业根据实际需求采购云计算资源、平台支撑、解决方案、应用软件等，通过实现云计算初级应用解决企业技术应用门槛和信息化建设运营成本高等问题，推动研发设计、生产制造、营销服务模式创新。

2．推动重点工业设备上云

（1）组织实施工业设备上云计划，制定分行业、分领域重点工业设备数据云端迁移指南，推动高耗能、高风险隐患、通用性强、优化价值潜力高的产品和设备上云用云，提高设备运行效率和可靠性，降低资源能源消耗和维修成本。

（2）加快老旧设备改造，提升设备数字化智能化水平。通过对传统设备和装备加装传感器、通信模块、控制器等部件，实现装备性能的升级换代，使其能够与其他设备互联互通，并及时将信息传送至云平台。

（3）研发能够实现多种协议兼容和转换的智能网关、智能控制器等产品，实现对主流现场总线、工业以太网、无线协议设备数据的采集，使得设备数据可采集、设备运行状态可监控、产品加工工序可优化，提升设备数字化、网络化水平。

（4）加快研发创新企业设备上云解决方案。围绕炼铁高炉、工业锅炉等设备，针对高能耗、高排放、低效率等问题，开发复杂环境易部署、高可靠、低成本的数据采集解决方案。围绕风电、光伏等新能源设备，针对新能源电力并网难、消纳难、弃电率高等问题，建立全面、实时、准确的发电场数据上云解决方案。围绕工程机械、远洋船舶、数控机床等智能化水平较高的设备，针对设备复杂度高、利用率低、管理维护粗放等问题，建立实时数据采集方案，基于平台开展设备资产管理、健康监测、运营优化、能力交易、安全操作等服务。围绕柴油发动机、大中型电机、大型空压机等通用动力设备，针对停机时间长、维护成本高、安全风险高等问题，建立基于平台的数据采集、模型优化解决方案。

3．狠抓平台服务能力建设

抓住工业云平台发展的战略窗口期，通过育平台、打基础、建生态等途径，着力提高平台服务质量和水平，构建基于工业云平台的制造业生态。

（1）育平台。围绕重点行业骨干企业，组织实施大型工业云平台培育工程，培育一批具有国际竞争优势的国家级、行业级、企业级工业云平台，面向特定行业企业提供云制造服务，提升制造企业虚拟设计、柔性制造、智能服务能力。围绕区域产业特色化、差异化发展，鼓励地方通过减免税收、政府购买服务等方式推动工业云平台在重点产业聚集区落地，加快低成本、模块化的数据采集、工业软件、开发工具等技术产品和解决方案在中小企业普及推广。

（2）打基础。提升自动控制与感知产业支撑能力，突破核心芯片、驱动器、现场总线、工业以太网等关键器件和技术的发展瓶颈，推动智能传感器、可编程逻辑控制器、分布式控制系统、数据采集与监控系统等研发和产业化。实施工业技术软件化工程，构建面向行业的知识库、模型库、零件库、工艺库和标准库，打造支撑工业云平台发展的软件开发环境与工具集。实施工业 APP 培育工程，促进工艺模型、知识组件、算法工具的开放共享，形成工业 APP 与企业用户数量双向迭代的技术、产业和人才支撑体系。

4．加快完善“急用先行”的标准规范

工业云标准化是企业顺利上云的重要保障，按照“重点突破、急用先行”的原则，结合制造企业对工业云的特定需求，加快相关标准制定，引导规范工业云平台建设、运营、管理和服务。

（1）围绕工业云标准化需求，研究制定工业云标准体系框架，形成工业云发展的路线图，牵引和指导技术标准、技术研发、实验验证、应用推广等工作全面展开。

（2）编制工业云综合标准化建设指南，开展共性基础、安全管理、资源共享、服务能力、领域应用等标准研制。面向钢铁、石化、航空等重点行业工业云平台应用，研制行业应用指南、特定技术标准和管理规范。支持具备条件的企业积极参与国际标准化工作，推动具有竞争优势的工业云计算和产品走出去，力争将中国标准推动成为国际标准。

（3）组织开展工业云标准宣贯、示范和应用推广工作，建设工业云标准测试验证平台，支持重点省市开展标准培训与贯标活动。

5．大力开展工业云现场对接会

加快企业上云步伐重在推广应用，定期在全国范围内组织若干工业云现场对接会，及时总结推广典型模式和成功经验，深化企业对工业云的理解和认识，提高上云用云的积极性。

（1）举办高峰论坛，分享工业云领域的最新国家政策和产业趋势，研讨工业云建设路径和实施举措，引导企业加快构建基于工业云的生产、经营和管理新机制。

（2）开展专题培训，针对工业云架构设计、关键业务系统上云、数据安全及风险应对等重点问题，进行现场教学指导、答疑解惑，提高制造企业对工业云认识水平、应用意识。

（3）强化项目对接，通过展览展示、现场体验等方式，集中展示工业云在设计、制造、服务等各环节的应用，推介一批私有云平台、公有云平台、应用解决方案等方面的成功模式、典型案例和优秀供应商。畅通供需对接渠道，引导解决方案供应商面向企业生产制造需求，及时开发、发布专业化工业云解决方案。

5.1.3　以测试验证为抓手，推动工业互联网平台的规模应用

国务院关于《深化“互联网+先进制造业”发展工业互联网的指导意见》明确提出，要“开展工业互联网平台适配性、可靠性、安全性等方面试验验证，推动平台功能不断完善”。测试验证是实现工业互联网平台高效适配、安全可靠的可行途径。美国工业互联网联盟（IIC）自成立以来，一直把测试床作为验证工业互联网平台有效性与可行性的重要方式。2017 年 11 月，IIC 公布了试验床项目的七大成果，为追踪和追溯、时间敏感网络、制造质量管理、通信和控制、状态监测和预测

维护、智能工厂等领域技术、产品和解决方案发展提供测试验证。通过测试床，GE 不仅让越来越多不同工业领域的企业和第三方开发商应用 Predix 平台，而且通过测试验证，还聚合了一批优质“产学研用”资源，正在形成工业互联网的技术标准。当前，我国工业互联网平台尚处于起步阶段，亟须把测试验证作为工业互联网平台建设和推广的主要抓手，推动龙头制造企业、互联网企业、科研院所、高校等合作共建工业互联网平台测试床，围绕功能、性能、适配性、安全性、可靠性等关键指标开展技术验证与测试评估服务，以测带建、以测促用，提升平台核心能力，推动平台功能不断完善，带动平台规模应用。

1．加强工业互联网平台试验测试顶层设计

（1）编制平台试验测试总体实施方案。按照《深化“互联网+先进制造业”发展工业互联网的指导意见》中工业互联网创新发展工程的部署，制定工业互联网平台测试方案，明确试验测试的重点方向、阶段目标和实施路径，推动平台从实验室测试、小规模验证到大规模商用试验。

（2）研究制定平台试验测试指南。分类制定工业互联网平台试验测试环境和工业互联网平台测试床测试指南，明确企业级、行业级、区域级，跨行业、跨领域工业互联网平台的技术成熟度、功能完整性、协议兼容性、数据安全性等试验测试内容、方法和流程，以及工业设备接入与边缘计算、工业微服务与工业 APP 部署应用、设备及产品运行优化、业务流程优化等特定场景的工业互联网平台的测试床测试标准规范。

2．分类开展工业互联网平台试验测试环境建设

（1）建设面向流程行业和离散行业的平台试验测试环境。支持钢铁、石化、电子、装备、汽车、轻工等行业龙头企业，开发一批面向设备机理和行业经验模型的测试工具和用例，开展平台核心能力、行业解决方案、供应链协同服务等试验测试，促进工业知识沉淀和复用。

（2）建设面向特定区域的平台试验测试环境。支持地方工业产业集聚区，面向区域差异化解决方案需求，开展基于平台的异构设备接入、软件工具共享、业务在线协同等试验测试，带动区域产业集聚和企业转型升级。

（3）建设跨行业、跨领域的平台试验测试环境。支持制造企业、自动化企业、

ICT 企业等牵头开发一批面向边缘计算、平台基础共性技术和应用服务的测试工具和用例，开展平台功能完整性、兼容适配性、安全可靠性，以及平台间数据可迁移、服务可调用等领域的测试验证，促进平台规模化应用推广。

3．建设一批特定工业应用场景的测试床

（1）建设工业设备接入与边缘计算工业互联网平台测试床。重点对多类数据接入和协议转换进行测试，支持传感器、控制器、工业设备、智能产品、工控系统、智能网关、工业软件等来源数据的格式转换和统一。开展连接管理测试，支持有线、无线网络接入，并能满足工业场景所需的并发能力和实时接入需求。开展边缘设备智能化、敏捷连接、多模数据接入与融合、支持多域的计算与存储等关键技术的适用性、可行性和稳定性试验验证。

（2）建设工业微服务与工业 APP 部署应用工业互联网平台测试床。聚焦工业技术、工艺、经验等知识的沉淀、传播、复用和价值创造等需求，围绕工业微服务的并行开发调试、远程发现及通信、分布运行与维护等基础技术问题，以及知识封装复用、功能集成组合、软件便捷开发等核心应用问题，开展开发、部署和跨平台调用互操作的技术成熟度、应用可行性、系统可靠性等方面的验证测试。聚焦基础共性、行业通用、企业专用等工业 APP 创新和供给能力提升，围绕新型工业 APP 的开发、部署、运行、调用、集成等重点环节，以及工业企业设计、仿真、生产、管理、服务等应用需求，开展工业 APP 功能性、安全性、隐私性、合规性等基础性试验测试，以及在不同工业互联网平台的部署、重构、调用等能力的试验测试。

（3）建设设备及产品运行优化工业互联网平台测试床。围绕数控机床、发动机、空压机、电机、工业机器人等关键装备，针对非计划性停机时间长、维护成本高、安全风险高等问题，开展机器学习、时序数据分析、机理建模等关键技术在设备故障诊断、设备故障预测等场景的测试验证。针对高价值智能产品复杂度高、管理运维粗放等问题，围绕企业安全可控与智能服务的特定需求，开展面向产品远程运维的工业互联网平台可用性、安全性、有效性、可靠性试验测试。

（4）业务流程优化等特定场景的工业互联网平台测试床。面向汽车、电力装备等装备制造行业企业数字化研发设计需求，聚焦虚拟仿真设计场景的工业互联网平台应用创新，建设虚拟仿真设计测试床，开发覆盖固体力学、流体力学、热学、电磁学等学科基础算法的图形交互式仿真 APP 测试验证环境，开展面向制造企业研

发环节工业机理模型、仿真设计工业 APP 及解决方案可用性、安全性、有效性、可靠性试验测试。面向离散复杂产品设计制造，建设网络协同制造测试床，开展接口与交互、数据与语义定义、资源描述与优化等方面的技术、产品、方案的试验验证。

5.2　统筹“建生态”“补短板”两翼发展

基于工业互联网平台构建生态体系已成为国际竞争的制高点。领军企业围绕“智能机器+云平台+应用 APP”功能架构，整合“平台提供商+应用开发者+用户”等主体资源，加快构建基于平台的制造业生态体系。面对我国工业互联网平台刚刚起步，生态体系尚不完善的现状，应加快整合资源、重点突破，准确把握龙头主导、融合创新、标准引领的工业互联网平台生态体系建设方向，立足生态构建能力不足的实际，着力补齐短板，优化完善生态体系，加快推动制造业新生态的形成。

5.2.1　着力补齐短板，提升工业互联网平台的核心能力

由于我国工业互联网平台建设起步晚、基础弱、经验少，平台数据采集、开发工具、应用服务等能力薄弱，专业算法库、模型库、知识库等 PaaS 平台微服务提供能力不足，导致平台应用领域相对单一，严重掣肘平台的建设和应用。亟待提升平台边缘计算能力、工业操作系统支撑、资源整合能力和创新服务能力。

1．提升平台边缘计算的能力

我国工业互联平台数据采集和边缘计算能力普遍薄弱，面向设备互联、边缘计算、协议转换、平台迁移、业务优化的端到端解决方案尚未形成。因 95%以上的高端工业控制系统和工业网络标准协议被国外厂商垄断，导致企业生产设备数据采集部署难、周期长、成本高，制约了我国工业互联网平台的建设和应用。应加快实施边缘计算能力提升行动，大力支持建设工业设备协议开放开源社区，引导设备厂商、自动化企业开放设备协议、数据格式、通信接口等源代码，鼓励多协议转换、流式数据处理、边缘人工智能等前沿技术开源，形成工业设备数据采集案例库和工具箱。组织开展边缘计算技术测试与应用验证，推动智能传感、实时操作系统、智能网关

等软/硬件开发部署，基于工业现场数据的实时智能分析，实现设备状态和工艺流程的可描述、可诊断与可优化。

2．提升平台工业操作系统的能力

表面上看，我国工业互联网平台与国际领先工业互联网平台差距主要体现在算法库、模型库、知识库等行业机理模型缺失的质量和数量不足，但背后的根本原因是我国高端工业软件匮乏。全球工业软件产业主要由欧美企业主导，我国90%以上的CAD、CAE、PLM高端工业软件市场被欧美企业垄断。同时，我国制造业体量占世界制造业份额的20%强，但是我国工业软件的市场份额仅占世界工业软件市场份额的3.5%，这说明很多行业工业软件应用水平不高，缺乏工业机理模型的积累。应大力发展平台工业操作系统，整合高校、研究院所、企业创新资源，围绕重大共性需求和重点行业需求，发展基于工业互联网平台可扩展的工业操作系统，构建面向工业技术原理、行业知识、基础模型的微服务组件库，打造建模工具、开发模型、组态工具等支撑云平台发展的软件开发环境与工具集。同时，还要围绕工业基础原理、关键基础材料、核心基础零部件（元器件）、先进基础工艺、产业技术基础等基础领域，加快建设专家库、算法库、模型库、知识库等“工业四库”，促进工业知识的沉淀、传播、复用与价值创造。

3．提升平台资源整合的能力

与Predix平台、MindSphere平台相比，我国的工业互联网平台基本上由单一企业主导，且处于单打独斗状态，导致平台在行业覆盖度、功能完整性、模型组件丰富性、开放共享程度等方面发展滞后，平台的资源整合能力较低，难以与国际巨头抗衡。当前，我国应将平台建设与生态体系构建、行业智能化改造、区域转型升级紧密结合，着力提升平台的“集团化作战”能力和资源整合能力。

（1）提升企业级资源整合能力。由于我国大部分制造企业纵向集成能力不足，导致企业汇聚内部要素资源时面临困境，难以实现研发设计、生产制造、经营管理、物流配送、客户资源、营销渠道等环节资源的数字化、软件化、在线化，各环节数据流转不畅，企业内部系统集成化、资源池化、业务协同化尚未实现。要从内功入手，加快企业数字转型，为平台资源整合奠定基础。

（2）提升产业链级资源整合能力。我国企业间协同研发、供应链管理、产品全生命周期管理、客户关系管理、电子商务等系统的横向集成面临更大瓶颈，企业间协同主要局限于供应链上/下游企业间的产品、技术、品牌等浅层次协作，从设备—平台—用户的数据链全生态体系间的融合融通尚未形成。要加强外力合作，不仅加快产业链上/下游合作，还要基于平台实现从数据采集层、平台层、应用层（设备—平台—用户）的数据链和全生态体系间的合作。

（3）引导构建开放共享的工业互联网创新机制，采用开发者大会、应用创新竞赛、专业培训及参与国际开源项目等方式，广泛汇聚开发者，构建双边市场的利益共享、价值共创机制，加速工业知识的创造、传播和利用，促进面向多行业、多领域、多场景的工业 APP 服务市场繁荣。

4．提升平台创新服务的能力

我国大多数工业互联网平台以提供定制化服务为主，普适性、高端化服务较少。特别是面向行业提供工业设计模型、数字化模具、产品和装备维护知识库等高端服务能力欠缺，将工业技术、工艺知识和制造方法软件化的水平亟待提升。同时，由于企业缺乏 PaaS 平台开发和运营环境建设的经验，在一定程度上造成我国工业互联网平台能够提供的开发工具数量少、易用性差，制约了平台创新服务能力。

要解决这些问题需要从以下几方面入手。

（1）组织开展平台试点示范、试验测试，引导平台企业布局数字孪生、软件定义、人工智能、区块链等新技术创新应用，培育平台服务新模式、新业态。

（2）在现有平台基础上，面向特定行业、特定场景，加快构建基于工业机理、工艺流程、工业技术、工业经验与知识显性化、模型化、数字化的数据库、模型库、知识库、工具集，搭建工业 APP 开发环境，提供专业化、普适性的应用服务和解决方案。

（3）推进人工智能在平台中的应用。推进人工智能算法在工业微服务模块和工业 APP 的融合应用，发挥机器学习强大的特征表征和非线性映射能力，增强模型的可靠性、解释性和自我成长性。

（4）加快区块链应用探索。引导平台企业布局区块链技术，促进分布式合约在平台中的应用，支持数字化模型和工业 APP 的流转。基于区块链技术建设跨行业、跨领域平台“联盟链”，推动平台间互联互通。

5. 夯实产业基础能力

当前，我国工业互联网平台发展所必需的智能感知、自动控制、智能装备、网络连接、工业软件等一系列基础性产业高度依赖国外，亟须一套完备的技术产业体系来支撑。

（1）提升自动控制产业支撑能力。结合智能制造、工业强基、“核高基”等专项，突破核心芯片、驱动器、现场总线、工业以太网等关键器件和技术的发展瓶颈，实现智能控制、智能传感、工业芯片与网络通信模块的集成创新，加快推动可编程逻辑控制器、分布式控制系统、数据采集与监控系统、工业机器人、数控机床等核心技术的研发和产业化。

（2）实施工业技术软件化工程。促进软件技术与工业技术的深度融合，重点突破嵌入式操作系统、虚拟仿真、人机交互、工业大数据等关键技术，推动 CAD、CAE、ERP、MES 等工业软件的云化改造和迁移。围绕基于工业云平台的工艺模型、知识组件、算法工具的开放共享，支持开发一批面向协同研发、分享制造、全生命周期管理等特定应用和场景的工业 APP。

（3）夯实工业互联网平台网络基础。推进工厂内网的 IP 化、无线化、扁平化、柔性化技术改造和建设部署，加快 NB-IoT 等新型网络技术部署，加快软件定义网络、网络功能虚拟化等新一代网络技术研究和部署试点。

（4）构建工业互联网安全保障体系。强化设备、网络、控制、应用和数据的安全保障能力，实现对工业生产系统和商业系统的全方位保护。

（5）加快边、云协同发展。加快边缘侧智能传感、实时操作系统、智能网关、边缘智能模块等软/硬件开发部署，实现基于工业现场数据实时智能分析和基于云端数据的批量大数据分析协同。

（6）深化大数据技术应用。围绕工业大数据建模分析，突破多元异构数据处理、时序数据分析、海量数据挖掘等基础技术和机理建模、流程建模、业务建模、可视化建模等核心应用。

5.2.2 着力培育工业 APP，打造工业互联网平台的生态体系

工业 APP 作为工业知识和经验的重要载体，是工业互联网平台建设和应用取

得成效的关键。GE、西门子通过对工业技术、知识和最佳实践的模型化、软件化、再封装，形成了一批高端复杂装备远程运维、工艺优化等面向具体应用场景的工业 APP。与之相比，我国工业 APP 发展尚处初始阶段，面临着数量不足、应用功能单一、分析能力较弱等三大突出问题，亟待下大力气，加快培育工业 APP，为构建形成开放共享的工业互联网平台生态体系奠定坚实基础。

1．我国工业 APP 发展面临的问题

（1）数量不足、应用功能单一。

各类平台部署的工业 APP 已基本覆盖研发设计、生产制造、经营管理、售后服务等环节，但在应用功能和数量上仍存在不足。一方面，各平台上部署的工业 APP 数量不多，且平台间数量差别较大。据统计，树根互联数量最多，有 630 个；航天云网与东方国信次之，分别为 372 个和 303 个；浪潮数量最少，仅有 9 个，距离百万工业 APP 培育仍有较大差距。另一方面，目前平台上部署的工业 APP 绝大部分是由传统软件云化迁移上云的，基于平台开发的新型工业 APP 大多是对简单的工艺、控制模型的数字化，并未进行有效组织，应对工业复杂问题能力较差，对企业上云支撑力度不足。

（2）行业机理分析能力薄弱，垂直行业专用 APP 数量少。

越来越多的工业 APP 通过引入行业机理模型增强自身的专业性和分析能力，拓展在垂直行业的应用，但总的来说，工业 APP 在行业机理与垂直行业的专业应用仍是短板。一方面，管理类 APP、设备监控运维类 APP 与产品远程监控类 APP 数量之和仅占工业 APP 总数的 41%，近半数工业 APP 仍停留在通用功能的实现上，仅为聚焦浅层次应用，制造业与互联网融合深度需求尚待挖掘。另一方面，目前工业 APP 的垂直行业应用主要集中在装备、石化等数据采集基础好、信息化程度较高的领域，在冶金、电子、汽车、轻工等行业的应用不够深入、支撑不足。

（3）开发者社区建设仍在萌芽阶段，工业 APP 应用开发者数量有限。

各平台培育开发者的积极性较高，已经建立或正在筹备建设开发者社区的平台数量过半，但均未形成较为成熟的建设运营模式，集聚的开发者数量和活跃程度都比较低。一方面，已经建立开发者社区的平台不足 20%，而且仅有 43%的平台为开发者提供少量开发工具，不足以支撑开发者社区的正常运营。另一方面，目前已建有开发者社区的平台中，仅用友精智工业互联网、阿里云、航天云网 3 家平台的

开发者数量突破十万人，其中前两家平台月平均活跃开发者数量过万人，而大部分平台的开发者数量和月平均活跃开发者数量均低于1000人，这与拥有5万余名开发者的Predix.io相比，存在明显的差距。

2．导致我国工业APP发展现状的原因

（1）数据采集和边缘计算能力亟待提升。

数据采集和边缘计算是工业APP的感知端，通过构建一个精准、实时、高效的数据采集体系，实现数据采集、协议转换与边缘计算，是工业APP进行数据采集、清洗、处理、分析，进一步优化形成决策的基础。目前，边缘层数据采集和计算能力薄弱，限制了工业APP大数据分析能力及通过深度学习形成工业机理模型的能力。据统计，超过50%的平台数据采集点极少（低于1000个）或无数据点，工业设备和产品的传感器部署不足，使得工业数据采集难度较大。36%的工业互联网平台没有采用通用协议OPC UA，异构数据互操作仍存在较大难度。62%的平台没有边缘计算节点或边缘计算节点能力不足，在设备层进行数据预处理的能力不足。

（2）工业专业技术领域微服务功能模块赋能不足。

微服务功能模块是封装了工业技术、知识、经验、模型等工业原理，供工业APP开发者调用，是工业APP具有面向特定行业、特定场景开发在线监测、运营优化和预测性维护等具体应用服务能力的核心。但目前，受工业专业微服务功能模块赋能不足的限制，工业APP发展仍处于起步状态。一方面，工业专业化程度高、Know-How差异大，工业知识、经验、机理沉淀和应用难。我国制造业工艺软件化基础薄弱，导致制造行业的机理模型缺失较为严重，无任何机理模型的工业互联网平台占比接近30%，使得部署其上的工业APP原生缺乏机理模型的支撑，是工业APP专业化发展的主要短板。另一方面，多数平台主要在推进传统服务与流程的云迁移，为客户提供解决方案仍是传统主营业务，在跨行业、跨领域方面的专业技术与知识沉淀不足，对工业APP在跨行业、跨领域拓展存在一定的约束作用。

（3）面向工业APP的开发生态尚未建立。

良好的工业APP开发生态，不仅能够提升工业知识生产、传播、利用效率，集聚大量开发者，催生海量开放的APP，还能够形成APP应用与工业用户之间相互促进、双向迭代的良性闭环，但目前我国工业APP生态环境尚处萌芽阶段。

① 对工业 APP 内涵界定不清导致认知误区，不同企业从不同角度进行理解，甚至同一企业不同时间对工业 APP 的理解都存在着差异，在可预见的未来，定义不同将为工业 APP 发展造成一定障碍。

② 缺乏对开发者群体的激励机制。大多数工业互联网平台企业开发者社区成员主要来自企业内部，外部开发者较少，同时各平台均表示拟向第三方开发者收费，并分享服务收入，这在开发者社区初期培育时难免有杀鸡取卵之嫌，对开发者群体的激励不足。

③ 商业模式尚未清晰。平台大多处于投入期，尚未到达回报期，也没有形成标准化的交易模式，存在高昂的交易成本，平台在交易标准化、安全保障、用户信用体系等方面的探索尚未展开或刚刚起步。航天云网主要以提供服务解决方案的模式盈利，树根互联主要依靠后端服务市场盈利，各平台核心服务推进步伐较慢。

3. 解决我国工业 APP 发展现状的方法

为解决上述问题，促进工业互联网平台推广应用，亟须建立以工业 APP 为核心的工业技术软件化技术体系和创新体系，有效支撑工业互联网平台生态建设，推动互联网、大数据人工智能与制造业的深度融合。

（1）完善政策体系，明确工业 APP 发展方向。

加快制定出台工业互联网平台建设及推广工程实施指南，贯彻落实工业互联网 APP 培育工程实施方案，组织实施工业 APP 培育行动。按照基础共性、行业通用和企业专用分级分类培育工业 APP，推进工艺经验的程序化、工业知识显性化和工业智能的云计算化。发布工业互联网平台标准体系建设指南，面向工业互联网平台基础共性、关键技术和应用服务等领域，制定一批国家标准、行业标准和团体标准。探索基于平台的知识产权激励和保护机制，鼓励行业知识、机理模型、微服务组件、行业应用的开放共享。制定工业互联网平台安全防护指南，从接入安全、虚拟化安全等多维度明确安全防护的要求。

（2）推动技术研发，夯实工业 APP 发展基础。

鼓励建设通用的工业 APP 开发环境，整合主流工业系统和平台的 API，开发适用于多种框架、语言、运行环境的开发环境插件。重点突破虚拟仿真、工业数据分析等新型工业 APP 开发，推动设计、工艺与制造仿真、设备预测性维护、智能管理、质量分析等数据密集型高端 APP 的研发与产业化。重点突破工业技术软件化，促进软件技术与工业技术深度融合，支持工业数据集成、工艺加工知识库、工业云等数据库建设。鼓励工业互联网平台企业整合高校、科研院所等各方资源，推动重点行业基础共性技术的模型化、组件化、软件化与开放共享，促进工业知识的沉淀、传播、复用与价值创造。

（3）培育应用模式，探索工业 APP 商业模式。

实施工业 APP 应用示范工程，推动工业 APP 从销售产品或服务到销售可测量价值结果的转变。支持工业企业应用数据采集、集成、存储、分析等工业 APP，建设行业级、区域级工业大数据平台，提升数据驱动制造水平。鼓励工业互联网平台依托工业 APP，实现供需对接、供应链集成、垂直电商等创新性应用。鼓励工业互联网应用商店建立工业 APP 上线审核规范，提供专业化的工业 APP 上线和下载购买服务。鼓励中小制造企业订阅工业 APP 服务，打造工业 APP 市场化流通新模式。探索多种盈利模式，形成适合工业 APP 的盈利模式，调动开发者的积极性。

5.3 建立健全平台公共支撑体系，夯实工业互联网平台的发展基础

工业互联网平台建设、应用和推广，标准是前提，监测是重点，平台基础及创新技术服务是基础，质量管理服务是保障，大数据管理服务是核心。

5.3.1 建立健全标准体系

1. 加快工业互联网平台标准研制

研究制定工业互联网平台标准体系建设指南，面向工业互联网平台基础共性、关键技术和应用服务等领域，制定一批国家标准、行业标准和团体标准。重点研制工业互联网平台参考架构、工业 APP 分类、应用绩效、服务管理和治理等基础共性标准。制定边缘层数据分类与使用、应用和数据迁移、微服务框架、工业知识封装、接口协议等关键技术标准。制定船舶、石油化工、钢铁、机械制造等行业级工业互联网平台建设与应用指南。

2．建设工业互联网平台标准试验验证环境

开发关键标准试验验证方法和工具，重点开发接口协议、微服务、边缘层数据管理、服务质量等标准符合性测试评价工具，提升标准试验验证能力。在重点行业、重点区域开展标准实验验证和测评服务。

3．构建工业互联网平台标准管理服务

面向工业互联网平台建设和应用需求，研发标准实施工具箱和指南，培育标准应用解决方案及知识库，建设标准管理服务平台，形成集标准需求识别、标准制修订、标准试验验证和应用推广一体化的服务管理方案。

4．推进工业互联网平台国际标准化

充分利用中美、中德等双边合作机制，加强国际交流合作，建立与德国工业4.0、美国工业互联网的对标机制。依托重点标准化机构，组织开展国际标准化工作。支持重点企业主导或实质参与国际标准制定。

5.3.2 建立统计监测体系

虽然，我国工业互联网平台建设步伐加快，但缺乏一套监测工业互联网平台建设和应用推广水平的手段，亟须构建面向工业互联网平台的监测分析服务平台，提升工业互联网平台监测分析服务能力建设，动态跟踪我国工业互联网平台建设及应用推广情况，形成全国工业互联网平台发展指数、细分行业运行指数、工业运行数字地图，为政府战略实施提供科学决策、为工业高端发展提供明确指引、为企业提质增效提供有力支撑。

1．制定工业互联网平台统计监测指标体系

制定工业互联网平台数据接入指南，建立信息采集机制。制定工业互联网平台运行监测规范，研制监测分类和监测标准，形成常规化、制度化的运行监测机制。建设工业互联网平台评估评价规范，研制评价体系，从设备接入、IaaS 部署、工业 PaaS 能力建设、工业 APP 应用、开发者社区生态等维度对工业互联网平台建设及应用推广进行评价。

2．构建工业互联网平台监测分析云平台

建立工业互联网平台大数据资源池，建立工业互联网平台运行库、工业 APP 名录库、上云设备库、上云工业企业库和工业运行监测库五大监测分析数据库，开发数据采集系统、数据建模系统、运行分析系统、全景展示系统和报告生成系统五大监测分析系统，面向政府、行业、企业提供实时化、在线化、定制化的统计监测、运行分析、决策支撑等服务。

3．形成全国一张工业数字地图

建设线上、线下成果展示中心，基于面向工业互联网平台的监测分析服务平台，构建工业运行数字地图，形成全国“一张图”，实时动态展示工业互联网平台建设情况，分行业、分区域展示工业企业上云进展，分行业、分领域展示百万工业 APP 培育进展，聚焦十大工业设备展示设备上云情况，形成全国工业互联网平台发展指数和重点行业运行指数。

5.3.3 加强工业互联网平台质量管理服务能力的建设

1．构建工业互联网平台质量管控标准体系

围绕工业互联网平台的质量管理功能、性能、安全性、可靠性及兼容性五种质量属性，建立测试规范和评估标准，开发测试技术、工具和方法，建设质量管理知识库、案例库，形成工业互联网平台质量管控标准体系。

2．建设面向工业互联网平台的质量管理服务平台

面向工业互联网平台的质量管理需求，构建质量管理模型，研制“自动化测试”“虚拟化测试”“故障注入测试”等多种测试工具，建立工业互联网质量检测平台，实现对工业互联网平台的功能、性能、安全性、可靠性及兼容性测试，推动工业互联网平台测试工具通用化，掌握一批工业互联网平台测试工具的核心技术。

3．开展工业互联网平台质量管理和保障服务

研制工业互联网质量管理服务方法和技术，围绕工业互联网平台数据采集、工业 PasS 建设、工业 APP 开发，开展兼容适配能力测试验证、服务保障能力评估、安全可靠能力评估认证等多种质量管理和保障服务。鼓励科研院所开展工业互联网平台质量分类管理，跟踪工业互联网平台的重大质量问题，定期发布工业互联网平台质量报告。

5.3.4 强化工业互联网平台基础及创新技术服务的能力

围绕工业互联网平台建设与应用，开展工业互联网平台基础理论、关键技术（工业数据连接与边缘计算技术、工业大数据分析技术、人工智能与区块链技术、工业微服务和工业 APP 技术、基于工业互联网平台的智能化应用技术等）、标准体系和测试试验研究，构建生产验证环境，研发测试工具，提升我国工业互联网平台技术和产业自主创新能力。

1. 建设平台支撑体系

支持科研院所、高校联合企业建设工业互联网平台支撑体系，建设面向工业互联网平台的基础及创新技术服务平台，开展设备协议解析、工业大数据分析等开源项目，开展区块链、人工智能等新技术应用验证，推动技术成果转化。

2. 构建生产验证环境

建立模拟产线与测试系统，重点对生产加工、3D 打印、自动仓储、智能物流、智能检测、智能装配、自动包装等主要生产环节，以及系统运行所需的 SCADA、MES、WMS 等信息化软件和系统进行模拟，为工业互联网平台验证边缘智能、边缘云端协同等技术提供基础环境和测试基础。同时，面向人工智能、区块链、大数据等新技术应用，建立新技术测试验证工具系统，开展通信协议测试、边缘计算测试、数字化模型测试和技术综合测试，为工业互联网平台新技术应用提供高验证场景支持。

5.3.5 提升工业互联网平台大数据管理服务的能力

围绕跨行业、跨领域及行业、区域、特定场景等各类工业互联网平台的数据管理、开发和应用需求，建设工业互联网平台大数据管理服务平台，构建集工业大数据采集分析、开发利用、测评评估和应用验证的一体化服务体系，提升工业领域大数据应用开发和管理服务水平。

（1）建设工业大数据采集监测和集成分析平台，梳理工业领域的数据采集范围、数据类型与格式、数据采集方式与接口，实现工业数据采集接口的编目管理，建设面向不同行业的大数据采集系统与交换系统。结合不同行业各类异构的基础数据库、数据仓库、数据集市等特点，选择关系型数据库、列存储数据库、Hadoop等混合架构的数据存储方案，建立工业大数据统一存储管理系统。发展工业互联网平台异构数据采集、传输、存储、使用等环境和工具，构建工业大数据预处理、可视表达、深度挖掘和应用开发的整体解决方案。

（2）建设覆盖工业知识库、模型库、组件库、案例库和平台运行服务数据等的工业大数据资源池，建立平台间数据开放共享的可信规则，运用区块链等分布式技术推动平台数据和业务“上链”，开展跨平台数据调用、业务协同等先导性应用探索，促进平台间数据可信、共享利用与资源协同。

（3）构建基于大数据的制造资源供需对接平台，建立研发设计、数据管理、工程服务等制造资源开放共享平台，实现制造资源和能力的在线实时发布，推进制造需求和社会化制造资源的无缝对接，形成基于数据驱动的线下资源线上配置的服务模式。

（4）建立面向重点离散和流程行业的工业大数据应用验证和测试评估平台，针对各类创新的工业大数据应用平台提供第三方测评验证服务，开展工业大数据应用系统的质量测评、安全测评和数据质量测评服务，以及工业大数据应用的稳定性、多任务处理性能等方面的测试验证。

（5）建设基于大数据的产业发展预测分析平台，建立基于大数据的行业发展预测模型，构建实时采集、即时分析的工业大数据发展指数数据采集及指数分析平台，开展数字化、网络化的行业景气度分析和预测，发布行业运行数字地图。

第 6 章
Chapter 6

工业互联网平台生态体系

工业互联网平台生态建设是一项系统工程，需要系统回答“建什么”“谁来建”“怎么建”等问题。围绕上述问题，本章提出了工业互联网平台生态建设的三大机制，即政府输血机制、企业自我造血机制和产业补血机制，共涉及国家、地方部门、平台提供商、应用开发者、数据采集企业、工业软件企业、设备和自动化企业、工业信息安全企业共八类主体，提出了工业互联网平台生态建设的四个阶段，即单点突破期、垂直深耕期、横向拓展期和生态构建期。同时，本章系统梳理了工业互联网平台生态建设的四大产业瓶颈，并给出了工业互联网平台生态建设的四大建议。

6.1 工业互联网平台生态建设的三大机制

工业互联网平台的培育涉及边缘数据采集、工业 PaaS 平台建设、工业 APP 开发、应用服务推广、关键技术突破、基础产业发展等各方面内容，是一项复杂的系统工程，单纯依靠市场机制难以建成国际领先的工业互联网平台，应充分发挥市场在资源配置中的决定性作用和更好地发挥政府作用，协同各方力量合力推进工业互联网平台的建设。

因此，建设跨行业、跨领域工业互联网平台，亟须理顺平台建设推进机制、理清各方参与主体职责。①要明确哪些责任是政府的、哪些责任是市场的；②要明确哪些任务是国家的、哪些任务是地方的；③要明确哪些产业属于存量变革、哪些产业属于增量崛起，有计划、有分工、有协作地推进工业互联网平台建设。总体看，建设工业互联网平台，需要政府输血机制、企业自我造血机制和产业补血机制并举并重，其中政府输血机制是基础，企业自我造血机制是核心，产业补血机制是支撑。如图 6-1 所示。

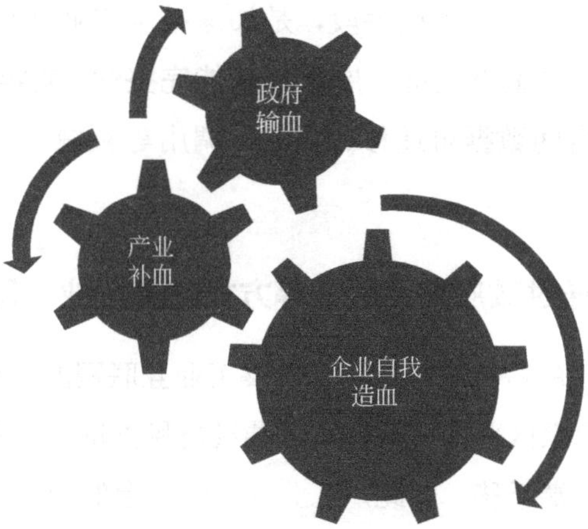

图 6-1　工业互联平台生态建设的三大机制

6.1.1　建立政府输血机制：聚焦平台四库建设、试验验证和应用推广

培育国际领先的工业互联网平台，事关未来 10～15 年工业操作系统主导权之争，事关一个国家制造业竞争优势的确立、巩固和强化，打造本土工业互联网平台时间紧迫、任务艰巨、使命伟大。因此，围绕平台公益性建设内容，应充分发挥我国体制机制优势，建立部省联动的政府输血机制，一方面建议国家通过专项支持等方式建设“网上工业四库全书”和开展平台试验验证；另一方面，建议各地方通过政府购买服务的方式加快工业互联网平台在企业的应用推广。

1．建议国家建设“网上工业四库全书”和开展平台试验验证

（1）支持平台企业联合科研院所建立工业领域的网上“四库全书”，围绕工业基础原理、关键基础材料、核心基础零部件（元器件）、先进基础工艺、产业技术

基础等共性领域，通过政府购买服务等方式，建设开放开源的专家库、算法库、模型库、知识库的“网上工业四库全书”。

（2）支持“产学研用”各方联合开展测试验证。《国务院关于“互联网+先进制造业”发展工业互联网的指导意见》提出，支持产业联盟、企业与科研机构合作共建测试验证平台，开展技术验证与测试评估。我国在移动通信领域实现了 2G 跟随、3G 突破、4G 并行到 5G 引领的跨越式发展，原因有很多，但是和国家支持开展试验验证加速了产业成熟密不可分。同样，工业互联网平台试验测试是推动平台性能优化、兼容适配、规模应用的关键手段，是加速技术产业成熟、打造协同创新生态的重要途径，国家应予以重点支持开展平台功能完整性、兼容适配性、安全可靠性、动态重构性，以及平台间数据可迁移、服务可调用等领域的试验测试，促进平台规模化应用推广。

2. 建议各地方通过政府购买服务等方式支持企业“用平台”

《国务院关于“互联网+先进制造业”发展工业互联网的指导意见》提出，鼓励工业互联网平台在产业集聚区落地，推动地方通过财税支持、政府购买服务等方式鼓励中小企业业务系统向云端迁移。因此，工业互联网平台的应用推广重点在地方部门。

（1）建议地方部门围绕“块状经济”产业发展的共性需求，推动工业互联网平台在地方落地，开展基于平台的异构设备接入、软件工具共享、业务在线协同等服务，带动重点行业和集聚产业整体提升。

（2）建议地方政府围绕重点行业主机厂供应链提升需求，鼓励主机厂联合工业互联网平台开发定制化、易部署的工业 APP，推动中小企业业务流程的规范化、标准化，与主机厂实现计划、技术、采购和质量的协同，促进大中小企业融合融通的发展。

6.1.2 建立企业自我造血机制：打造海量工业 APP 和海量用户双向迭代的双边市场

国外领军企业围绕“智能机器+云平台+应用 APP”功能架构，构建“平台提供商+应用开发者+用户”的生态格局，抢占工业大数据入口主导权、培育海量开发者的竞争愈演愈烈。建设跨行业、跨领域工业互联网平台，本质上提升平台企业的自我造血能力，加强资源整合，打造海量工业 APP 和海量用户双向迭代的双边市场。

1．充分发挥平台提供商的主力军作用

建设跨行业、跨领域工业互联网平台企业，平台提供商是主力军。平台提供商主要由四类企业主导。

（1）自动化企业。这类企业拥有设备数据采集和资产建模的天然优势，可基于平台开展设备状态监测、预测预警、性能优化等各种服务。

（2）领先工业企业。这类企业拥有丰富的工业 Knowhow，可将工业经验、原理、技术等知识封装为微服务模型，供工业 APP 开发者进行调用。

（3）大数据和云计算企业。这类企业具备强大的工业大数据建模分析能力，在多元异构数据处理、时序数据分析、海量数据挖掘等基础技术和机理建模、流程建模、业务建模、可视化建模等核心应用方面具有天然优势。

（4）软件企业。这类企业拥有高端工业软件研发能力，具备将传统工业软件迅速解耦成松散灵活的微服务模型能力，如图 6-2 所示。

	自动化企业主导 (OT)	领先工业企业主导 (IT)	大数据和云计算企业主导 (IT)	软件企业主导 (IT)
典型企业	• 西门子； • ABB、罗克韦尔； • 和利时、智能云科、浙大中控	• GE； • 树根互联、海尔、航天云网	• 阿里、腾讯、金山； • 浪潮、清华紫光； • 东方国信、昆仑数据	• PTC、SAP； • 索为、用友
核心优势	• 工业数据采集能力	• 行业机理模型沉淀能力	• 工业大数据建模分析能力	• 高端工业软件研发能力
切 入 点	• 平台+智能生产	• 平台+智能产品	• 平台+垂直行业逐个渗透	• 平台+智能管理
应用场景	• 企业生产制造上云	• 产品全生命周期管理上云	• 企业核心业务上云	• 企业研发管理上云
优化重点	• 设备监测、诊断、预测、运维； • 制造工艺； • 排产计划； • 质量管理	• 产品监测、诊断、预测、运维； • 产品设计优化； • 产品个性化定制； • 能力交易、互联网金融服务	• 设备、工艺、产品优化； • 能耗管理优化； • 互联网金融服务	• 协同研发、产品设计优化； • 供应链、企业资源、客户管理管理； • 生产管控一体化

图 6-2　工业互联网平台建设主体

2．充分发挥海量第三方开发者的生力军作用

工业互联网平台构建了海量开发者和海量用户之间双向迭代的双边市场，开发者开发的工业 APP 越多，用户的需求就越大，反过来，用户量越大，工业 APP 开发者就越多，进而形成工业 APP 开发和海量用户双向迭代、互促共进的良好格局。因此，亟须平台开放开发工具、知识组件、算法组件等工具包和应用程序编程接口，壮大工业 APP 开发者队伍，推动开发者基于工业互联网平台进行创业创新，形成

资源富集、多方参与、合作共赢、协同演进的工业 APP 开发生态，如图 6-3 所示。

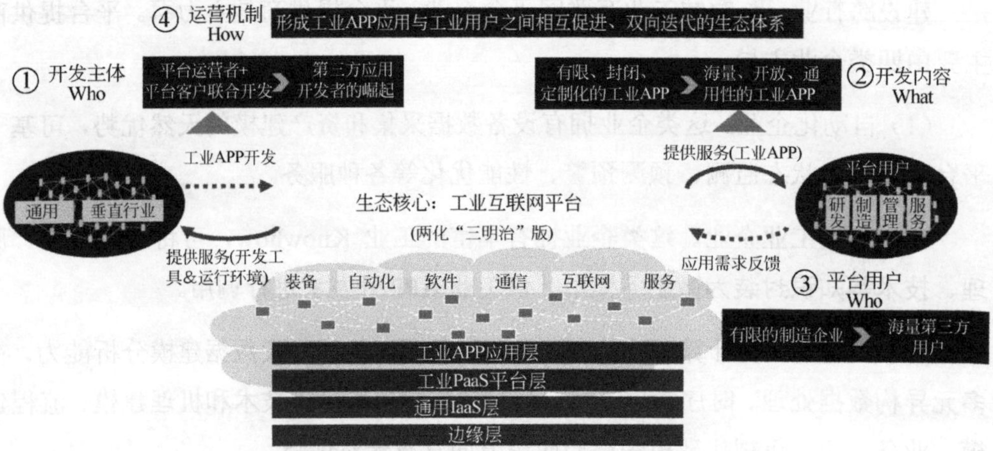

图 6-3 开发者是工业互联网平台生态构建的核心

（资料来源：安筱鹏）

6.1.3 建立产业补血机制：夯实“一硬”“一软”“一网”“一安全”平台四基

工业互联网平台的竞争本质就是速度竞争，谁能抢先一步，谁将取得未来的主导权。但是，工业互联网平台的竞争不是一场个人的 100m 赛跑，而是一场 4×100m 的接力大战，工业互联网平台表面上是平台企业之间的竞争，背后其实是一个国家基础产业的竞争，需要数据采集企业（一硬）、工业软件企业（一软）、设备和自动化企业（一网）及工业信息安全企业（一安全）共同来完成这场接力大战。因此，工业互联网平台不仅仅是一场增量之战，也是一场存量之争，需要有关企业共同努力。

1．亟须数据采集企业突破设备联网瓶颈

数据采集是工业互联网平台的基础。在我国上规模的工业企业里，有 80%以上的机器设备都是没有联网、不会说话的“哑”设备，只有 20%的设备联了网、会说话，但是这些设备遵循不同的通信协议，存在严重的“语言障碍”，成为制约工业互联网平台建设的“卡脖子”瓶颈。因此，亟须数据采集企业开发、推广各类标准兼容、协议转换的技术、产品和解决方案，实现工业数据在多源设备、异构系统之

间的有序流动。

2. 亟须工业软件企业加大工业技术软件化步伐

工业互联网平台的核心是微服务模型和工业 APP。微服务模型和工业 APP 本质是工业技术的软件化，是人们对工业研发设计、生产制造、经营管理等制造全过程运行规律的显性化、模型化、代码化，是承载工业基础技术、行业知识和经验体系的重要载体。工业软件是工业微服务模型和工业 APP 的重要来源，因此，亟须工业软件企业促进软件技术与工业技术深度融合，重点突破工业嵌入式软件、制造执行系统等传统工业软件，虚拟仿真、工业数据分析等新型工业软件，提升工业软件的应用能力。

3. 亟须设备和自动化企业打破网络协议垄断

近 30 年来，全球各类自动化厂商推出了成百上千种现场总线协议、工业以太网协议和无线协议，协议标准众多且相对封闭，西门子、施耐德、罗克韦尔等自动化企业通过将工业控制网络设备与制造装备捆绑销售，已经形成了事实上的标准垄断，工业网络市场主要由欧美企业垄断，工业设备互联互通难，严重制约了“设备上云”。因此，亟须提升自动控制产业支撑能力，加快推动可编程逻辑控制器、分布式控制系统、数据采集与监控系统等研发和产业化。

4. 亟须工业信息安全企业突破数据安全瓶颈

工业互联网实现了全系统、全产业链和产品全生命周期互联互通，越来越多的设备、系统、生产和服务过程暴露在工业互联网上，安全风险不断向工业领域渗透。因此，亟须工业信息安全企业构建工业互联网平台安全保障技术体系，强化设备、网络、控制、应用和数据的安全保障能力，实现对工业生产系统的全方位保护，加快工业互联网平台的应用推广。

6.2　工业互联网平台生态建设的四个阶段

阿里巴巴集团执行副总裁曾鸣把培育平台型企业分成 0～0.1、0.1～1、1～10、10～N 四个阶段，其中 0～0.1 是战略尝试期，0.1～1 是战略成型期，1～10 是战略扩张期，10～N是高效执行期，这种阶段划分对企业建设跨行业、跨领域工业互联网平台具有一定的借鉴意义。工业互联网平台生态建设的过程，也是一个企业战略逐渐清晰、平台功能持续迭代、应用服务不断丰富、产业生态日趋成熟的过程，需要循序渐进地去推进。建成国际领先的跨行业、跨领域工业互联网平台，大体上需要经历单点突破期、垂直深耕期、横向拓展期和生态构建期四个阶段，需要 15～20 年的时间，如图 6-4 所示。

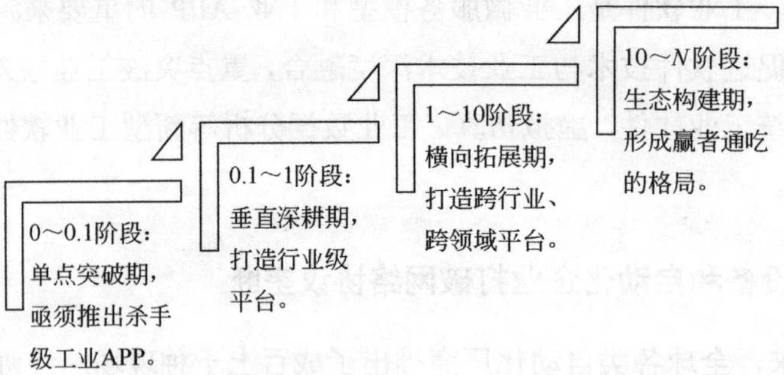

图 6-4　工业互联网平台生态建设的四个阶段

6.2.1　0～0.1 阶段：单点突破期，亟须推出“杀手级”工业 APP

总体看，当前全球工业互联网平台建设均处在 0～0.1 阶段，即单点突破期。该阶段的主要标志是全球工业互联网平台都处在战略探索期，面临战略路径不清楚、商业模式不明晰等问题，试图通过杀手级工业 APP 抢占市场先机。该阶段呈现以下三个特征。

1. 工业互联网平台呼唤“杀手级”工业 APP 的出现

一部信息产业的断代史，就是一部杀手级应用持续引爆 ICT 产业生态的发展史，桌面互联网时代 Office 的出现，推动了 Windows 生态的地位巩固和个人电脑的快速普及；移动互联网时代，生活类 APP 的群体性突破，推动了 iOS 和安卓两大操作系统的持续繁荣。面对呼啸而来的工业互联网时代，无论是 GE、西门子等全球领军企业，还是我国的工业互联网平台企业，均把打造工业的操作系统作为战略必争之地，但亟须推出“杀手级”工业 APP，来牵引或引爆工业互联网平台的发展。

2. 国外工业互联网平台企业正在接近杀手级工业 APP

在宏大战略进展不畅的情况下，国外领军企业的发展战略日渐落地，试图通过“小而精”的“杀手级”工业 APP 引爆工业互联网平台的发展，不断探索工业互联网平台建设途径。GE 把 Predix 的重心聚焦在为航空发动机、燃气轮机、医疗器械、风电设备等提供设备性能优化服务上；西门子把 MindSphere 聚焦在为数控机床开展预测性维护上；ABB 把 ABB Ability 聚焦在为机器人、电机和机械设备提供远程监测服务上。美国初创企业 Uptake 也仅仅把公司核心业务聚焦在为卡特彼勒工程机械提供状态监测和故障预警上，接入了超过 300 万的工程机械，公司目前的估值已经达到 23 亿美金。而我国工业互联网平台企业还沉迷于跨行业、跨领域平台的宣传，描述的工业 APP 应用场景普遍“大而全”，存在“雷声大、雨点小”的现象，落地比较难。

3.“三高一新”设备上云有望成为我国工业互联网平台企业催生“杀手级”工业 APP 的切入点

综合国外领军企业的平台战略，不难看出，这些企业纷纷把推动高价值、高通用的工业设备上云作为引爆工业互联网平台的切入点。因此，对于我国工业互联网平台而言，当务之急也是找到“杀手级”应用，找到一个切入点，把工业互联网平台的应用场景撕开一个口子，把它做深、做透，彻底地把这个桩打进去。结合我国工业实际，围绕产业附加值高的高价值设备（如工程机械）、节能降耗空间巨大的高耗能设备（如炼铁高炉）、量大面广的高通用设备（如电机）、工业互联网基因优势明显的新能源设备（如风电）等“三高一新”设备，开发出设备远程监测、故障预测预警、工况性能优化、资源调度配置等工业 APP，有望引爆工业互联网平台的大规模应用。

6.2.2　0.1～1 阶段：垂直深耕期，打造行业级平台

0～0.1 阶段是工业互联网平台的垂直深耕期，时间跨度大约为 2018——2020 年，甚至更长时间。该阶段的主要标志就是以“杀手级”工业 APP 为牵引进行专业深耕，在垂直发展上做文章，打造行业级工业互联网平台，形成细分领域的工业操作系统。当前，很多平台都号称自己是跨行业、跨领域的工业互联网平台，但平

台的核心业务主要集中在特定行业的局部环节，本质上是行业级平台，在垂直细分仍需进一步深耕，距离行业级工业互联网平台有很长的路要走，距离跨行业、跨领域工业互联网平台的差距更大。行业级工业互联网平台的标志是拥有“行业级工业PaaS+端到端解决方案能力”，具有以下两个特征。

1．建成承载丰富机理模型的行业级工业 PaaS

工业 PaaS 是工业互联网平台的核心，没有工业 PaaS，平台企业只能依托自身提供有限、封闭、定制化的工业 APP，难以依托第三方开发者去开发海量、开放、通用的工业 APP。因此，打造行业级工业互联网平台，行业级工业 PaaS 是必要条件，没有行业级工业 PaaS，就没有创新活跃的工业 APP 开发生态。在这一阶段，行业级工业 PaaS 向下可为连接各类设备提供统一的接口，实现不同设备之间的互联互通，向上可承载各种各样的工业 APP，同时自身拥有细分行业的算法库、模型库、知识库等行业机理模型，供海量第三方工业 APP 开发者进行调用。

2．具备完整的端到端行业解决方案能力

一方面，平台企业面向细分行业具备设备互联、边缘计算、工业数据建模分析、海量工业知识沉淀、高效工业 APP 开发、开发者社区建设等一体化端到端改造能力。另一方面，平台面向细分行业生产全要素、全流程、全产业链、全生命周期管理的管理和服务开发形成了一系列工业 APP，同时，平台应具备工业 APP 的再封装、再组态能力，可快速形成个性化的行业整体解决方案，加快工业互联网平台在不同企业的落地。

6.2.3　1～10 阶段：横向拓展期，打造跨行业、跨领域平台

1～10 阶段是工业互联网平台的横向拓展期，时间跨度大约为 2020——2025 年。该阶段的主要标志就是以行业级工业互联网平台为基础进行跨行业拓展，在横向发展上做文章，培育跨行业、跨领域工业互联网平台，打造综合性的工业操作系统。跨行业、跨领域平台应具备“四个一”的特征。

1．有一家资源整合能力强的龙头企业牵头

GE、西门子打造工业互联网平台的实践和路径表明，只有综合实力较强的龙头企业主导才有可能打造基于工业互联网平台的综合性产业生态。在这一阶段，平台企业应该具备整合控制系统、通信协议、生产装备、执行系统、管理工具、专业软件、平台建设等资源的能力，可提供业务流程咨询、软件部署实施、平台二次开发、功能上线调试、系统运行维护、人才管理培训等一体化的综合性服务。

2．有一个承载丰富机理模型的工业 PaaS

工业 PaaS 的核心是行业机理模型。在这一阶段，工业互联网平台企业需要联合科研院所等多方资源把我国 39 个大类、191 个中类、525 个小类的工业基础原理、关键基础材料、核心基础零部件（元器件）、先进基础工艺、产业技术基础等共性知识和行业通用知识封装成积木式的数字化模型，供工业 APP 开发者灵活调用，促进工业知识的沉淀、传播、复用和价值创造。

3．有一个开源开放的开发者社区

软件开源和硬件开放已成为不可逆转的趋势，掌控开源生态，将成为全球工业互联网平台的焦点。在这一阶段，开发者社区应该做到两类开源，一是平台企业开源自身高质量、广覆盖、易应用的开发工具、知识组件、算法组件、模型组件，构建资源富集、开放共享、创新活跃、高效协同的工业 APP 开发生态；二是联合自动化企业开源各类标准兼容、协议转换的技术，实现工业数据在多源设备、异构系统之间的有序流动，确保工业设备“联得上”。

4．初步形成一个海量工业 APP 和海量用户双向迭代的双边市场

当工业互联网平台上的工业 APP 和用户达到一定规模时，会形成一个建平台和用平台双向迭代、互促共进的双边市场，平台将会在很短的时间内获得爆发式增长。在这一阶段，伴随着百万工业企业上云、百万工业 APP 培育工程的实施，领军企业围绕“智能机器+云平台+应用 APP”功能架构，整合“平台提供商+应用开发者+用户”生态资源，培育海量开发者、提升用户黏性的“入口之争”将愈演愈烈。

6.2.4 10～N阶段：生态构建期，形成赢者通吃的格局

10～N阶段是工业互联网平台的生态构建期，时间跨度大约为2025—2035年。该阶段的主要标志是工业互联网平台会形成“赢者通吃”的生态格局，工业互联网平台将成为准公共基础设施，“富可敌国”的工业互联网平台有望建成。该阶段工业互联网平台具有以下三个特征。

1．赢者通吃

从Wintel体系到Android、iOS两大操作系统，从电子商务、搜索引擎到社交平台，过去40年的ICT产业发展史表明，工业互联网平台的竞争最终会演变为赢者通吃、一家独大、一枝独秀的局面。当然，基于公有云的工业互联网平台不是制造业数字化、网络化、智能化的唯一解决方案，本地应用、私有云等解决方案也将长期存在，但是工业互联网平台无疑是企业推进两化融合的“快车道”。

2．准公共性

在这一阶段，“赢者通吃”的工业互联网平台会推动全社会的信息流、技术流、资金流、人才流、物资流向云端汇聚，工业互联网平台将成为工业全要素连接的枢纽，将成为工业资源配置的核心，因此工业互联网平台不再是某家企业的平台，而将成为国家的工业基础设施，工业互联网平台将不仅姓“工”，也将姓“公”。

3．富可敌国

数据表明，2018年第一季度，全球上市公司市值前五名的企业均是互联网平台企业，依次为苹果、谷歌、微软、亚马逊、腾讯，其市值分别为8256亿美元、7205.9亿美元、7041.9亿美元、6974.3亿美元、4957.1亿美元，可以说“富可敌国”。工业互联网平台连接的人、机、物的数量远远大于上述互联网平台连接的人的数量，其带来的价值也将远远超过上述互联网平台。在这一阶段，谁会成为“富可敌国”的全球工业互联网平台将基本形成定局。

6.3　工业互联网平台生态建设的四大产业瓶颈

工业互联网平台是一个涵盖工业技术、信息技术的综合技术体系，需要强大的基础支撑。总体看，我国工业互联网平台与国外具有较大差距，如图 6-5 所示。

	国外现状	国内现状	对比分析
工业APP	• 美、德等垄断了传统的工业软件市场； • 拥有Oracle、西门子、SAP等软件巨头； • 形成了完整的开发者社区和海量开发者； • 正在涌现出一批新型的工业APP企业 ★★☆☆☆	• 高端工业软件主要依赖进口； • 开发了少量工业APP，在数据科学研究领域有一定基础； • 缺乏工业APP开发者社区 ★☆☆☆☆	• 起步晚、认识不充分； • 开发者数量少； • 开发者社区建设经验不足
工业PaaS	• 美、德在机械、汽车、航空、船舶等行业拥有上百年的工业知识、经验、方法的积淀(工业机理+数据科学)； • 具备将核心经验知识固化封装为微服务能力，以及平台资源整合能力 ★★★★☆	工业技术知识薄弱，工业机理、工艺流程、模型方法经验和知识积累不足，算法库、模型库、知识库等微服务提供能力不足 ★☆☆☆☆	• 整合控制系统、通信协议、生产装备、管理工具、专业软件等各类资源的能力不足； • 集业务流程咨询、软件部署实施、平台二次开发、系统运行维护等于一体的综合能力欠缺
IaaS	• 美国主导全球IaaS生态演进，拥有亚马逊、微软、谷歌、IBM等领导厂商； • 德国SAP ★★★★★	阿里、华为、腾讯等云计算能力居全球前列 ★★★★★	• 同步于全球水平； • 技术实力方面中美差距不大
数据采集层	• 美、德制造企业数字化、网络化水平较高； • 垄断了全球的工控设备和通信协议； • 拥有强大的数据采集、云端迁移、边缘计算能力 ★★★★☆	• 有95%的中高端PLC市场、50%以上的DCS市场被跨国公司垄断； • 设备数字化率为44.8%、联网率为39% ★★☆☆☆	• 缺乏有影响力的工控企业、通信协议； • 缺乏完整的行业数据采集方案

图 6-5　国内外工业互联网平台核心技术对比

（资料来源：安筱鹏）

从供给侧来看，我国工业互联网平台生态建设在工业数据采集、大数据建模分析、行业机理模型沉淀、工业 APP 培育等方面面临四大“卡脖子”瓶颈，亟须尽快取得突破。

6.3.1　设备联网难，工业数据采集能力薄弱

1．有 80%的设备没有联网，设备数字化水平低

我国制造业总体水平处于 2.0 向 3.0 过渡阶段，老旧设备多、数字化水平低，2017 年我国规模以上工业企业生产设备数字化率为 44.8%、数字化设备联网率为 39%，需要通过加装传感器等方式实现设备联网，导致工业互联网平台数据采集难、

成本高、效率低。

2．有 20%的设备联网了，但通信协议不统一

近 30 年来，全球各类自动化厂商、研究机构、标准化组织围绕设备联网推出了成百上千种现场总线协议、工业以太网协议和无线协议，协议标准众多且相对封闭，工业设备互联互通难，严重制约了设备上云，亟须构建能够兼容、转换多种协议的技术产品体系。

6.3.2 数据不好用，工业大数据建模分析能力薄弱

工业设备联网不是目的，目的是在赛博空间对工业设备建立数字镜像，利用工业大数据和人工智能“训练”出解决实际业务痛点的工业 APP。工业互联网平台的本质就是对机器设备和业务系统产生的数据进行建模分析，将数据转化为指导设备和业务进行优化的应用服务。由于，受限于数据采集瓶颈和工业大数据自身的专业性、关联性、流程性、时序性和解析性等特点，工业大数据建模分析需要平台企业兼具工业基因和大数据基因，导致现有工业互联网平台工业大数据建模分析能力较为薄弱。

1．数据种类不全，制约了工业大数据建模分析和工业 APP 功能

相对于互联网大数据注重数据的“量”“相关性”，工业大数据更注重数据的“全”“关联性”，以保证能够从数据中提取出工业设备真实状态的全面信息。受限于设备数据采集能力不足，数据源不全，这在一定程度上会制约工业大数据建模分析和工业 APP 的开发。当前，基于单一数据源开发的工业 APP 多，基于设备和业务系统等多源异构数据开发的工业 APP 少。

2．数据质量不高，制约了工业大数据建模分析和工业 APP 性能

工业大数据往往会出现遗漏、分散、断续等现象，低质量的数据会直接导致建模分析结果无法利用或者更为严重的后果，需要对数据质量进行预判和修改，因此数据“清洗”工作甚至会占到工业 APP 开发时间的 70%左右。基于数据质量问题，工业互联网平台上状态监测、故障诊断类工业 APP 较多，预测预警类尤其是智能决策类工业 APP 较少。

6.3.3 模型跟不上，行业机理模型沉淀能力薄弱

1．我国工业软件落后，很难把线下能力快速迁移成线上模型

中国制造业体量占世界制造业份额的 20%强，但是中国工业软件的市场份额仅占世界工业软件市场份额的 1.7%，同时中国 90%以上的工业软件靠进口，这充分说明我国工业技术软件化水平和积累远远不够，缺乏短时间内把行业机理模型化、代码化的线下实力。

2．我国工业门类庞杂，建立体系完整的行业模型库尚需时日

我国拥有 39 个工业大类，191 个中类，525 个小类，是全世界唯一拥有联合国产业分类中全部工业门类的国家，每个行业均有自身独特的行业知识，把每个行业的工业基础原理、关键基础材料、核心基础零部件（元器件）、先进基础工艺、产业技术基础封装成数字化模型是一项系统工程，需要政府和全社会共同努力。

6.3.4 应用数量少，现象级工业 APP 培育能力薄弱

工业 APP 是工业互联网平台的关键。但是受限于工业互联网平台发展尚属于初级发展阶段，工业 PaaS 平台赋能不够，工业互联网平台上所谓的工业 APP 基本上都是工业云平台的云化软件“移民”而来，依靠工业 PaaS 平台上的行业机理模型“生长”出来的“原居民”工业 APP 较少，现象级工业 APP 更是匮乏。

1．基于工业 PaaS 平台开发的工业 APP 数量少

据 GE 预测，2020 年左右工业互联网平台将出现类似于消费互联网平台的爆发式增长，Predix 平台工业 APP 总量将超过 50 万个。根据航天云网、海尔、树根互联、东方国信、徐工信息、用友、索为、清华紫光、浪潮、浙大中控、智能云科等国内领先工业互联网平台企业公开的数据，我国工业 APP 数量不超过 5000 个，远远难以满足企业上云求。这 5000 款工业 APP 中，很多是传统软件云化而来的，只能算是工业互联网平台上的“移民”，真正从工业 PaaS 平台“生长”出来的工业 APP 屈指可数，如图 6-6 所示。

	航天云网	树根互联	海尔	东方国信
工业APP	● 工业APP数量：500+， ● 工业APP种类：智能研发、精益制造、智能服务等 ● 覆盖行业：高端装备、汽车、电子、机器人等20多个行业 开发者：1000+	● 工业APP数量：600+， ● 工业APP种类：预测性维护、物联网金融、能力分享等 ● 覆盖行业：接入工程机械、能源设备、农业机械40万台 开发者：500+	● 工业APP数量：100+， ● 工业APP种类：包括研发、采购、制造、营销、服务等 ● 覆盖行业：从家电拓展到电子、装备、服装、化工等12个行业 ● 开发者：1000+	● 工业APP数量：500+， ● 工业APP种类：能源管控、工艺优化、设备安全预警支持等 ● 覆盖行业：横跨炼铁、空压机、水电、轨道等10个行业 ● 开发者：1200+
工业PaaS	● 行业机理模型：聚焦装备、汽车、电子行业，包括仿真建模、产线优化、故障预测等模型	● 行业机理模型：聚焦装备行业，包括设备综合健康评估、故障预测、保险分析模型等	● 行业机理模型：聚焦家电行业，包括产品故障诊断、故障预测、排产优化、物流优化模型等	● 行业机理模型：聚焦钢铁行业，包括反应工程学、传热学、流体力学、设备诊断、故障预测等模型
IaaS	● 自建内蒙、贵州两大云计算数据中心	腾讯云	自建云计算中心	自建云计算中心
边缘层	● Smart IOT：自主研发+集成西门子、华为等公司方案	● 云盒：自主研发+集成第三方方案，兼容90%以上的主流协议	● 工业网关：自主研发+集成和利时等公司方案	● Cloudiip-Link：自主研发工业网关+边缘侧专家系统 ● 高炉传感器：20多种

图 6-6 国内领先工业互联网平台进展

2. 工业互联网平台尚没有培育出现象级工业 APP

美国初创企业 Uptake 围绕卡特彼勒工程机械开发了状态监测和故障预警的工业 APP，接入了超过 300 万的工程机械，公司目前的估值已经达到 23 亿美金。截至目前，尽管我国很多企业都在朝着建设跨行业、跨领域工业互联网平台的方向努力，但尚没有一家企业开发出现象级工业 APP，来引爆工业互联网平台的应用推广，如图 6-7 所示。

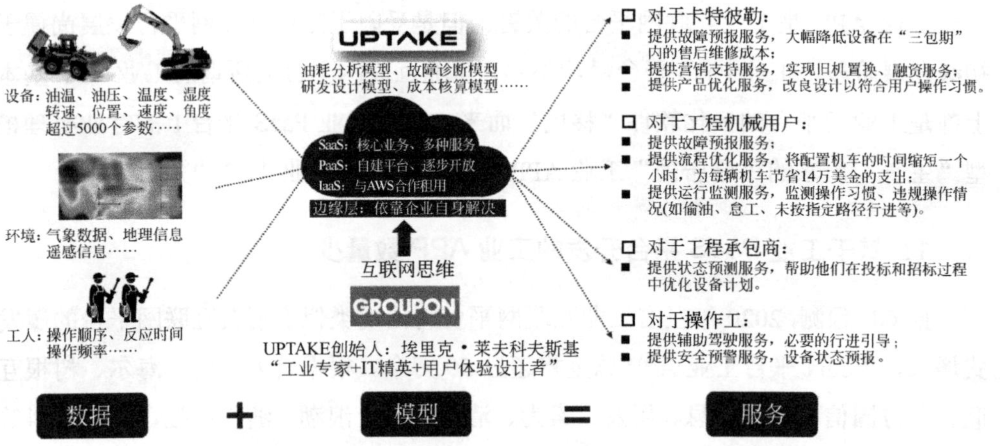

图 6-7 独角兽企业 Uptake 的商业逻辑

（资料来源：安筱鹏）

6.4　工业互联网平台生态建设的四个着力点

工业互联网平台发展的机遇稍纵即逝，为避免重蹈 PC、移动互联网平台被跨国公司垄断的覆辙，亟待加快构建工业互联网平台生态。

6.4.1　坚持“建平台”“用平台”“测平台”协同发展

坚持“建平台”“用平台”“测平台”协同推进，边建设、边测试、边推广，以测带建、以测促用，打造平台功能丰富与海量使用双向迭代、互促共进的良性循环。

（1）跨行业、跨领域工业互联网平台培育方面，建议参照国家制造业创新中心培育方式，出台工业互联网平台遴选标准，坚持“一事一议、成熟一家、遴选一家”的原则，用三年时间培育 10 家跨行业、跨领域平台。

（2）在工业互联网平台应用推广方面，建议加强部省联动，遴选一批地方积极性高、企业上云基础好的省作为工业互联网平台应用示范省，推动示范省“块状经济”产业集聚区内的企业整体上云。

（3）在工业互联网平台的试验测试方面，支持龙头制造企业、互联网企业牵头，联合“产学研用”各方资源，开展跨行业、跨领域、特定行业、特定领域实验验证环境建设和测试床建设，通过“以测促建、以测带用”，形成一批可复用、可推广的平台和解决方案，加速平台规模化应用，如图 6-8 所示。

	测试主体	测试内容	测试目的
跨行业、跨领域平台试验测试环境	支持制造企业、自动化企业、ICT企业等牵头	开展平台功能完整性、兼容适配性、安全可靠性等测试	推动平台间数据可迁移、服务可调用，促进平台规模化应用推广
面向特定行业的平台试验测试环境	支持钢铁、石化、电子、装备、汽车、轻工等行业龙头企业	开展平台核心能力、行业解决方案、供应链协同服务等试验测试	开发一批面向设备机理和行业经验模型的测试工具和用例，促进工业知识沉淀和复用
面向特定区域的平台试验测试环境	支持地方工业产业集聚区	开展基于平台的异构设备接入、软件工具共享、业务在线协同等试验测试	带动区域产业集聚和企业转型升级
面向特定工业场景的平台测试床	支持制造企业、自动化企业、ICT企业等牵头	开展面向5G、TSN、人工智能、区块链等前沿技术应用，以及设备预测性维护、质量检测、智能排产、能源优化等单个场景的测试验证	推动形成基于平台的轻量级、模块化、低成本工业APP及解决方案

图 6-8　开展四类工业互联网平台试验测试

（资料来源：安筱鹏）

6.4.2 加大百万工业 APP 培育力度

培育百万工业 APP，是建设工业互联网平台生态的核心，是形成工业互联网平台双边市场的关键，重点建设基础共性、行业通用和企业专用三类工业 APP，其中基础共性工业 APP 是工业共性技术和知识的新载体，突出公益性；行业通用工业 APP 本质上是垂直细分领域的数字化解决方案，突出系统性；企业专用工业 APP 是企业核心竞争力的集中体现，突出定制化。

（1）建设基础共性工业 APP 资源池。面向企业研发设计、生产制造、技术创新等共性需求，围绕工业基础原理、关键基础材料、核心基础零部件（元器件）、先进基础工艺、产业技术基础等基础共性领域，通过政府购买服务、建设开源社区等方式，支持共性工业 APP 和微服务组件的高效开发、有序交易和规模应用。组织编制和滚动修订基础共性工业 APP 需求目录，提升全行业基础共性算法、模型、服务的供给能力。

（2）建设行业通用工业 APP 资源池。面向装备、轨道交通、汽车等行业共性需求，基于工业互联网平台打造设计制造协同、生产管理优化、设备健康管理、产品增值服务、制造能力交易等离散行业通用工业 APP 及微服务资源池；面向钢铁、冶金、石化等行业共性需求，打造生产过程状态监测、故障诊断、预测预警、工艺优化、质量控制、节能减排等流程行业通用工业 APP 及微服务资源池，提升行业技术、工艺、经验等共性知识供给能力。

（3）建设企业专用工业 APP 资源池。面向特定行业、特定场景的特殊应用需求，推动工业互联网平台、第三方开发者和用户企业加强对接合作，因地适宜的建设一批解决企业特定问题的企业专用工业 APP，推动专用工业 APP 在工业互联网平台上开发、测试、部署和应用推广，如图 6-9 所示。

6.4.3 加强开源社区建设

当今时代，软件开源和硬件开放已成为不可逆转的趋势，掌控开源生态，将成为全球工业互联网平台的焦点。

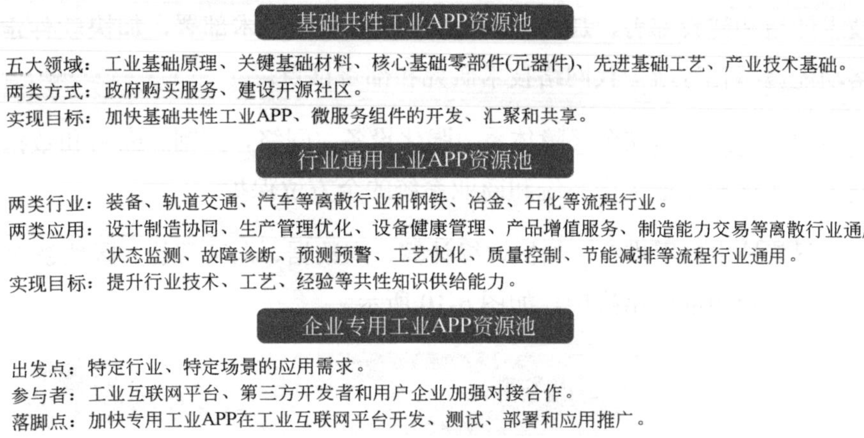

图 6-9 建设三类工业 APP

（资料来源：安筱鹏）

（1）建议培育开源社区，引导自动化企业开放各类标准兼容、协议转换的技术，实现工业数据在多源设备、异构系统之间的有序流动，确保工业设备“联得上”，引导工业互联网平台企业开放开发工具、知识组件、算法组件，构建开放共享、资源富集、创新活跃的工业 APP 开发生态，确保模型行业机理模型“跟得上”。

（2）加快工业 APP 开发者人才队伍建设，支持工业互联网平台企业举办开发者创业创新大赛，打造基于工业互联网平台的 “双创”新生态，推动工业 APP 短时间内“上数量”。

6.4.4 构建工业互联网平台产业支撑体系

工业互联网平台不是一项孤立的技术，而是一套综合技术体系，是现代信息技术的集大成，当前要以“一硬、一软、一网、一安全”四基和新技术应用为重点，加大支持力度，推进关键技术研发和产业化。

（1）提升自动控制与感知产业支撑能力，加快推动智能传感器、可编程逻辑控制器、分布式控制系统、数据采集与监控系统等研发和产业化。

（2）实施工业技术软件化工程，推动工业云操作系统、新型工业软件、工业大数据建模分析、微服务组件等核心技术的研发和产业化。

（3）夯实工业互联网平台网络基础，推进工厂内网的 IP 化、无线化、扁平化、柔性化技术改造和建设部署，加快 NB-IoT 等新型网络技术部署，加快软件定义网络、网络功能虚拟化等新一代网络技术研究和部署试点。

（4）构建工业互联网安全保障体系，强化设备、网络、控制、应用和数据的安全保障能力，实现对工业生产系统和商业系统的全方位保护。

（5）加强新技术应用推广，加快边缘计算、大数据、人工智能、区块链等技术在工业互联网平台中的应用推广，如图 6-10 所示。

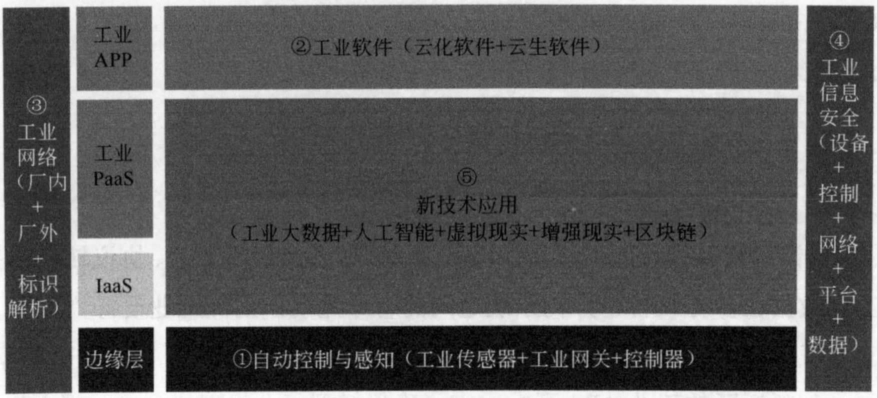

图 6-10　工业互联网平台产业支撑体系

第 7 章
Chapter 7

工业互联网产业链全景

工业互联网的发展经历了“从无到有”“未来制造”“技术爆发”三个阶段，到今天工业互联网涵盖设备层、网络层、平台层、软件层与应用层五个层次及工业安全体系。产业定义不够明晰、市场需求有待深挖、核心技术有待突破、政策理念有待提升是中国工业互联网发展的几大难点。

7.1 工业互联网的历史演进

7.1.1 “从无到有”——工业互联网经历漫长的发展

工业互联网（Industrial Internet）以独立概念被世人熟知是在 2012 年由美国通用电气公司（GE）提出之后，但机器间通信（M2M）的概念从 20 世纪 60 年代就被提出，此后以太网协议、工业操作系统、物联网和云计算等概念和技术的发展又逐步完善了工业互联网的技术架构体系。因此，工业互联网的诞生源于工业信息技术的日积月累，其“从无到有”的过程也超过了半个世纪。

作为一个产业，工业互联网的核心在于产业设备与信息技术的融合，涵盖了高功能设备、低成本传感器、互联网、大数据收集及分析技术等，其特点是大幅提高传统产业的效率并创造新的产业环节。这种特性决定了工业互联网的规模与其能带来的价值直接相关。据 GE 估计，工业互联网技术到 2025 年可应用于规模约为 82 万亿美元的产业，仅就航空行业而言，连续 15 年削减 1%的燃料，就意味着节省约 300 亿美元；对石油天然气行业而言，连续 15 年提高 1%的资金利用效率，则意味着节省约 900 亿美元。

7.1.2 “未来制造”——工业互联网正在逐渐落地

在全球产业竞争中，我国制造业的比较优势处在较大程度的动态转换中，从数量庞大、供给源源不断的低成本劳动力等要素方面，向大规模产业链加工组装配套优势及巨大的市场规模和潜力等方面转变。因此，在全球产业演进的过程中，我国制造业的定位也在不断发生变化，从产业分工的低端环节逐渐向高端环节过渡。

随着国内市场竞争越来越激烈，以及出口的盈利空间越来越小，一大批粗放经营的中小企业必然会入不敷出，最终被市场所淘汰，这是市场经济海洋的残酷规律。要在这场大浪淘沙的比赛中胜出，制造企业就必须实现转型和产业升级。在这一背景下，我国政府围绕结构调整与转型升级这一主线，支持企业应用新技术、新工艺、新设备、新材料，加大技术改造和提升工业技术水平，促进产业提质增效取得成效。

工信部围绕工业互联网的落地开展了大量的工作，以推进供给侧结构性改革为主线，围绕软件定义、数据驱动、平台支撑、服务增值、智能主导的融合发展特征，加快建设和推广工业互联网平台。

（1）实施工业互联网平台培育工程，研究制定平台建设及推广工程实施指南，遴选若干跨行业、跨领域的平台。

（2）实施百万工业企业上云工程，推动生产设备、研发工具、业务系统等云化改造和云端迁移，打造平台应用最佳实践，支撑企业数字化、网络化、智能化转型。

（3）实施百万工业 APP 培育工程，面向特定行业、特定场景培育一批工业 APP，推进工艺经验的程序化、工业知识显性化和工业智能的云计算化。

（4）推动建设一批平台测试验证环境和测试床，培育开发者社区，举办开发者大赛，构建基于工业互联网平台的制造业新生态。

7.1.3 “技术爆炸”——工业互联网承载更多产业

在互联网诞生初期，只在少量行业得到应用，遑论对传统行业的影响和改造。

然而随着分布式计算和移动通信技术的日益成熟，SaaS 和移动互联网使互联网开始深入垂直行业，互联网不再仅仅充当渠道或工具，而是在提升企业生产效率、降低成本的同时，开始改变人们的思维方式和商业运行模式，并创造出新的产业形态。

与消费互联网的火爆相比，工业互联网仍处于技术演进与产业资源整合的阶段，大量核心技术诸如物联网、大数据和人工智能等仍在快速发展之中，在垂直领域的应用不够成熟，产业内部的信息化资源也尚未整合，工业企业尚未意识到工业互联网能带来的变革。事实上，随着相关技术逐渐发展成熟，工业互联网未来的发展空间将远远超过消费互联网。

物联网技术的发展将使信息物理系统建立在分布式传感器网络的基础上，通过在云端集合、处理、分析来自分布式传感器网络的各种数据，可以优化设备的运行和维护，从而提升企业管理的效率。结合大数据分析和人工智能的工业智能应用，企业可以实现对生产状况的分析和预测，甚至突破对传统工艺的认知局限，由量变引发质变。

相比于传统的链式产业，工业互联网将成为横向融合多种技术、纵向连接多个垂直行业的网状产业。这种特点使其更像一艘产业的航空母舰，上面承载着各种形态的子产业。例如，工业智能机器人既是一个独立的产业概念，同时又是工业互联网母产业上的一部分，因为其所需的大量终端通信、分布计算和智能控制技术都来源于工业互联网产业的各个技术层面。

7.2 工业互联网产业链全景图

随着移动互联网的快速发展，数据传感器的成本不断降低，数据存储与数据处理能力不断增强，网络化进程从个人逐步发展到制造型企业，工业企业开始成为互联网的参与者。工业互联网以其更高的生产、资源配置、交易效率而得到快速推进。

2015 年年底，工信部和国标委联合发布《国家智能制造标准体系建设指南》，标志着智能制造标准化工作的开端，为解决智能制造发展中的标准缺失、滞后及交叉重复等问题起到了基础性和引导性作用。工业互联网从 2017 年年底以来成为政策支持的核心重点，当年 11 月，国务院印发《国务院关于深化“互联网+先进制造业”发展工业互联网的指导意见》，提出要建设具有中国特色的工业互联网体系。以互联网为代表的数字技术正在加速与工业领域深度融合，成为促进我国消费升级、经济社会转型、构建国家竞争新优势的重要推动力。工业产业链整体将迎来机遇。

工业互联网产业范畴涵盖设备层、网络层、平台层、软件层与应用层五个层次及工业安全体系。设备层包括智能生产设备、生产现场智能终端、嵌入式软件及工业数据中心；网络层包括工厂内部和外部的通信；平台层包括协同研发、协同制造、信息交易和数据集成等工业云平台；软件层包括研发设计、信息管理和生产控制软件，是帮助工业企业实现数字价值的核心环节；应用层包括垂直行业应用、流程应用及基于数据分析的相关应用；工业安全体系渗透于以上各层中，是产业重要的支撑保障，如图 7-1 所示。

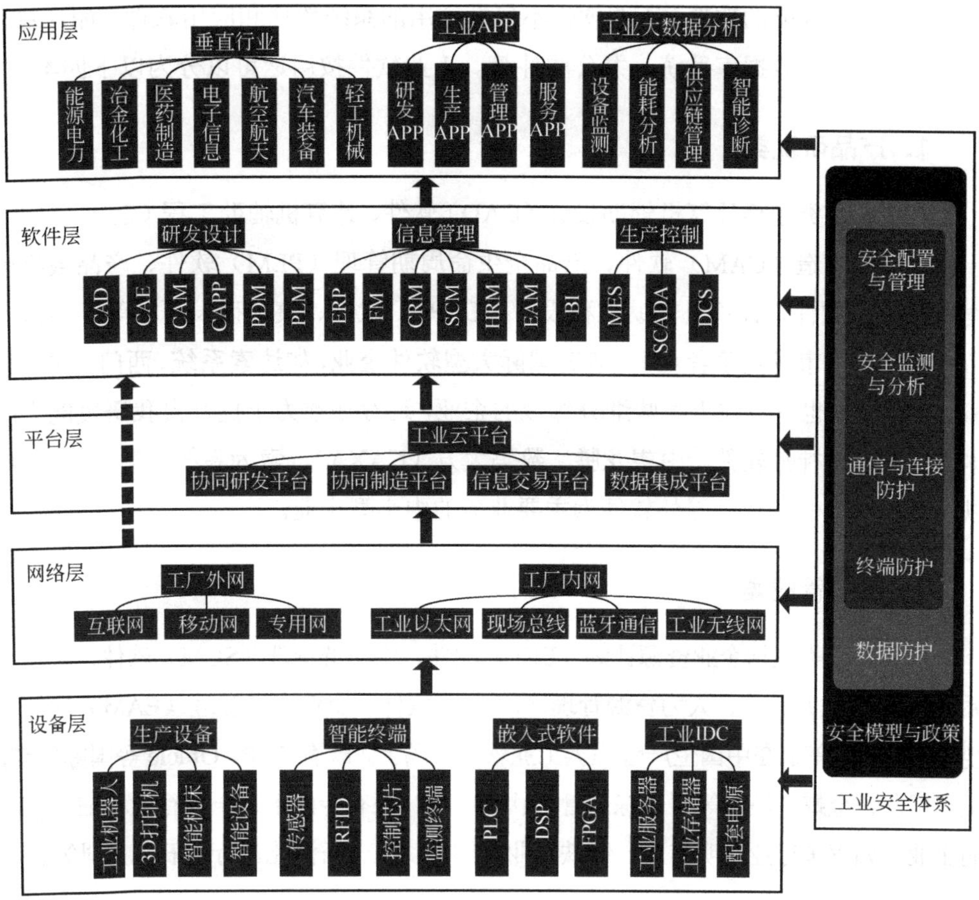

图 7-1　工业互联网产业全景图

（数据来源：赛迪顾问　2018.1）

7.3 工业互联网的主要环节分析

7.3.1 工业软件

在工业软件领域，移动互联网技术的应用为工业企业管理者和工业软件使用者提供了便利，改变了软件的应用习惯，提供了更便捷、更迅速的接入方式，提高了工业软件的易用性，进一步推动了工业软件的发展，同时以云计算、大数据为代表的新商业模式和技术应用，更进一步提高了工业软件的先进性，为工业企业选择软件提供了新的标准。

工业软件指专用于或主要用于工业领域，以提高工业企业研发、制造、管理水平和工业装备性能的软件。工业软件不包括通用的系统软件和应用软件，如计算机操作系统、通用数据库系统、办公软件等。工业软件按用途可以分为以下四类。

1．产品研发类

产品研发类包括计算机辅助设计（CAD）软件、计算机辅助工程（CAE）软件、计算机辅助制造（CAM）软件、产品全生命周期管理（PLM）软件、产品数据管理（PDM）软件、计算机辅助过程设计（CAPP）软件、集成研发平台等。中国产品研发类软件市场竞争者众多，既有国际大型软件企业，如达索系统、西门子 PLM、Autodesk 等，也有专注于某些细分领域的企业，还存在致力于提升自我研发能力的本土企业，如神舟软件、中望龙腾、数码大方（CAXA）、索为系统、浩辰软件等，以及数量众多的以代理国外软件为主要业务的中小型企业。

2．信息管理类

信息管理类包括企业资源计划（ERP）软件、供应链管理（SCM）软件、客户关系管理（CRM）软件、人力资源管理（HRM）软件、企业资产管理（EAM）软件、视频监控软件等。在中国生产管理类工业软件市场上，既有 SAP、Oracle 等国际厂商，又有用友、金蝶、浪潮等国内综合管理软件厂商，还有专注于某一个行业和细分领域的企业，如汽车行业启明信息、钢铁行业首钢自动化、石油化工行业石化盈科等。

3．生产控制类

生产控制类包括制造执行系统（MES）、数据采集与监视控制系统（SCADA）

和离散控制系统（DCS）等，其目的是提高制造设备利用率、降低制造成本、提高产品制造质量、缩短产品制造周期、提高制造过程管理水平。国际大厂商西门子、通用电气、施耐德、霍尼韦尔、ABB 等凭借全球的研发实力和项目经验，在中国市场占据了领先优势。近年来，以宝信、南瑞、中控集团等为代表的国产厂商迅速成长起来，逐渐获得了众多大型用户的认可。

4．嵌入式工业软件

嵌入式工业软件包括工业通信设备、工业装备电子、能源电子、汽车电子、安防电子及其他领域的软件部分，其目的是提高工业装备的数字化、自动化和智能化水平，增加工业装备的功能，提升工业装备的性能和附加值。中国嵌入式工业软件市场竞争者众多，既有国际大型软件企业西门子、ABB、FANUC等，又有具备一定实力的国内企业，如华为、中兴、海尔等，以及数量众多的中小型企业。

2016 年，全球工业软件市场规模达到 3531 亿美元，同比 2015 年增长 5.4%，而当年中国工业软件市场规模达到 1247.30 亿元，同比增长 15.5%，增速仍领先于全球工业软件市场，约为全球市场规模的十九分之一。2017 年，我国工业软件市场在政策扶持鼓励与产业转型需求的双重驱动下，取得了快速的增长。2017 年中国工业软件市场规模达到 1446.9 亿元，同比增长 16.0%，增速高于预期。国内制造业企业经营情况有所好转，工业软件领域的投资有所回暖，相比 2016 年增速有所提升。在工业企业转变发展模式下，加快两化融合成为大势所趋，对于工业软件及信息化服务的需求仍在继续增加，中国将继续保持着全球工业软件市场增长生力军的地位，如图 7-2 所示。

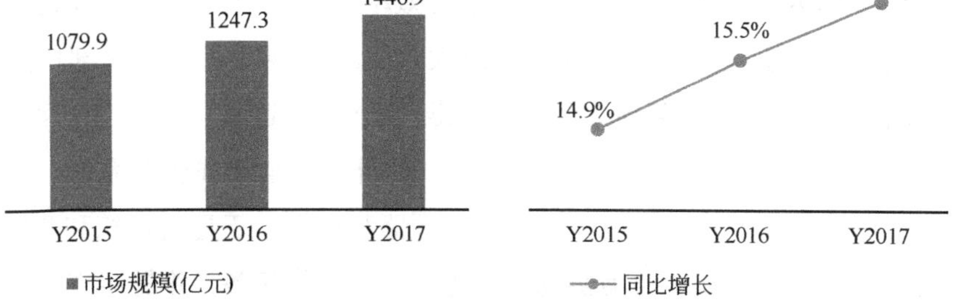

图 7-2 2015—2017 年中国工业软件市场的规模与增长

（数据来源：赛迪顾问 2018.1）

比较传统应用软件，大数据与人工智能为工业软件带来新突破，帮助企业实现数字驱动。

工业企业需要管理的数据种类繁多，既包括设计、工艺、加工、质量等产品数据，又包括组织、管理、市场、生产、采购、库存等运营数据，还包括客户、供应商、合作伙伴等价值链数据，以及宏观经济、行业运行、竞争对手等外部数据。基于大数据分析的行业应用及机器学习算法给人工智能的发展带来重大突破，为工业软件打开了全新的业务领域。通过对生产、营销等数据的采集和挖掘，经过数据分析为企业提供决策参考，已经在能源、原材料、消费品等行业获得了实际应用。此外，通过消费终端数据驱动生产，以及供应链管理也使个性化定制和柔性制造成为可能，未来有可能进一步形成从供应链到电子商务的全流程数据系统。

此外，云平台开发新技术推动 SaaS 成为工业软件主流。基于 Docker 项目的容器架构技术采用轻量级的封装方式，对单个应用进行打包，实现在不同云平台之间的通用部署，给云服务的开发过程带来根本性变革，重塑了企业软件的开发流程，大幅度降低了开发云服务的工作量。随着越来越多的公有云平台支持并推出容器服务，云应用创新的门槛进一步降低，更多具有行业应用知识优势的传统公司，开始通过开发面向本行业的云解决方案而成为工业软件和信息服务供应商，促进了市场的竞争和产品的迭代。当前，大量工业企业对自己的业务根据安全敏感性进行剥离，除了把敏感数据相关的业务保持私有之外，其他 IT 需求转向公有云，或采取混合云的方式。这种趋势促使大量软件厂商考虑从传统架构转向适合在公有云部署、便于移动化访问的架构。未来基于云平台的 SaaS 服务将成为软件厂商的主流模式。

西门子是工业软件领域的主力厂商。2016 年，西门子提出“全集成自动化”理念（TIA），作为一个可帮助提高工程组态效率的工业自动化解决方案。其开放式的系统架构涵盖了整个生产过程，可最大限度地实现所有自动化部件的互操作性，即采用高度一致的数据管理、全球性标准及统一的接口，可缩短工程组态时间，降低成本，加快产品上市，提高生产灵活性。此外，“全集成驱动系统 （IDS）”实现了驱动部件的高度一致集成，无论是变频器和电机，还是齿轮箱和联轴器，驱动链上的所有部件之间都能完美协同，实现所有自动化任务，并贯穿产品的整个生命周期。2016 年，西门子收购电子设计自动化（EDA）软件领导者 Mentor Graphics 公司，成为西门子旗下机构 Siemens PLM Software 的一部分，它的加入将帮助西门子成为世界领先的产品设计、仿真、验证、测试和制造的工业软件提供商。

7.3.2　工业通信

工业互联网的网络层包括工厂外部网络通信和工厂内部网络通信，工厂外部网络通信主要利用传统互联网，工厂内部网络通信包括工业以太网、工业 PON、工业无线、支持 IPv6 的技术和产品等。实现生产制造设备的互联互通是工业互联网能否实现的重要一环，随着 eLTE 等成熟解决方案的逐步推广，基于传感器、摄像头和工业网关、CPE 的 LTE 系统为工程的无线通信提供了保障，能够实现生产和工程状况的实时数据监测、安防监控和生产管理等。

网络物理系统（CPS）最早出现在德国工业 4.0 报告中，对于工业互联网的发展起到了直接推动作用。CPS 指将计算机、实时作用的传感器与执行机构的虚拟和现实连接起来的系统。随着 2012 年 IPv6 的启用，已经有足够数量的地址来确保互联网中这些智能对象的互联。正是基于此，资源、信息、对象和人都能相互连接，真正实现万物互联。

2017 年，我国工业通信市场继续保持稳定增长，规模达到 1299.3 亿元，同比增长 5.4%，如图 7-3 所示。

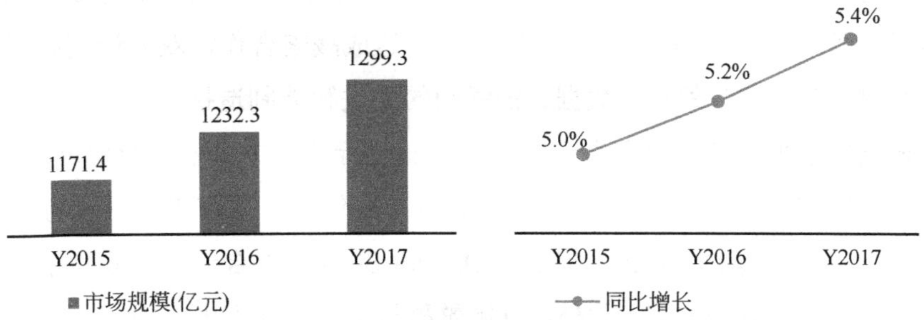

图 7-3　2015—2017 年中国工业通信市场的规模与增长

（数据来源：赛迪顾问　2018.1）

7.3.3　工业云平台

工业互联网平台是在传统云平台的基础上叠加物联网、大数据、人工智能等新兴技术，实现海量异构数据汇聚与建模分析、工业经验知识软件化与模块化、工业创新应用开发与运行，从而支撑生产智能决策、业务模式创新、资源优化配置和产业生态培育的载体。目前我国市场上有以下几类工业云平台。

（1）利用平台对接企业与用户，形成个性化定制服务能力，如海尔 COSMOPlat 平台打通需求、设计、生产等环节，实现个性化定制应用模式。

（2）借助平台打通产业链上/下游，进而优化资源配置，高效实现供应链之间的信息流、物资流、资金链的流通。主要体现在对产业信息的集成、产业技术的交易、产业商品定价的话语权。显示供求信息仅仅是交易平台最原始的功能；交易的撮合、支付的集成、线下物流仓储的集成是交易平台的中级模式；而对产品标准化、指数化、金融化，进而影响行业商品的定价是交易平台的高级模式。例如，航天云网 INDICS 和树根互联等平台，通过汇聚需求与供给双方而实现供需对接、资源共享的功能，最终实现全行业的优化和效率提升。

（3）管理软件企业，依托平台实现从企业管理层到生产层的纵向数据集成，进而提升软件的智能精准分析能力，典型案例如 SAP HANA 平台。

（4）设计软件企业借助平台强化基于全生命周期的数据集成能力，形成基于数字孪生的创新应用，进而缩短研发周期，加快产品迭代升级，如索为系统的 SYSWARE 平台。

在国内工业云平台建设领域，典型案例是石化盈科信息技术有限责任公司（以下简称石化盈科）。2016 年石化盈科同阿里云达成战略合作，双方计划联手向石油化工行业提供基于云计算、大数据、物联网的先进智能制造技术，以提升石化行业的整体智能化水平。随着双方合作的深入，石化行业的中小型企业将可以更方便、更低成本地获取同中石化同量级的技术能力。石化盈科聚焦于上层业务应用的创新，由阿里云为此提供公共云、专有云 Apsara Stack、混合云、互联网中间件、大数据应用平台及物联网方案。此外，石化盈科与华为共同推出了面向石化行业的智能制造平台作为石化智能工厂 2.0 建设的核心内容，该平台全面体现了集中集成、物联网接入、IT 管控、优化、共享服务、数据处理与分析、人工智能等八项核心能力，未来有望成为流程工业智能制造的“操作系统标准”。华为与石化盈科推出的方案集成 DCS、PLC、RFID、手机终端、工业可穿戴设备、检测仪、分析仪等过程控制与装备，融合华为的 ICT 技术，依托智能化平台推出能源产耗在线优化、智能调度指挥、设备运行智能分析、安全环保智能监管等多个解决方案。方案以物联网、云平台、大数据为技术基础，以工作流、优化计算、知识库、报表服务、规则服务、日志服务等为技术手段，提供调度、预警、工厂监控、生产预测等多项业务服务，从而提升石化企业建设全面感知、优化协同、预测预警、科学决策的智能生产运营能力，支撑企业生产运行实现在线控制智能化、生产过程可视化、管理控制一体化、运行状态最优化。

7.3.4　工业互联网基础设施

我国互联网在基础设施方面已经取得了巨大的进步。中国互联网络信息中心第 41 次《中国互联网络发展状况统计报告》最新数据显示：截至 2017 年 12 月，我国网民规模达 7.72 亿，普及率达 55.8%，超过全球平均水平（51.7%）4.1 个百分点，超过亚洲平均水平（46.7%）9.1 个百分点，其中，我国手机网民规模达 7.53 亿，网民中使用手机上网人群的占比由 2016 年的 95.1%提升至 97.5%。与此同时，使用电视上网的网民比例也提高了 3.2 个百分点，达 28.2%，以手机为中心的智能设备成为“万物互联”的基础。

工业互联网基础设施包括生产制造环节的工业机器人、服务机器人、3D 打印机、智能生产设备、智能机床等生产设施，数据采集传感器、RFID 标签、控制芯片、数据监测仪器等硬件设备及工业大数据存储中心。

2017 年，我国工业互联网基础设施市场继续保持稳定增长，规模达到 1927.2 亿元，同比增长 7.8%，增速继续回升，如图 7-4 所示。

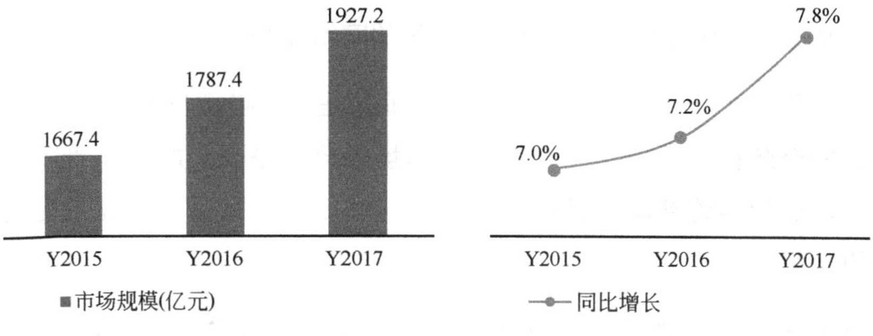

图 7-4　2015—2017 年中国工业互联网基础设施的规模与增长

（数据来源：赛迪顾问　2018.1）

在工业互联网基础设施建设中，智能传感器是底层架构的核心。智能传感器是具有信息处理功能的传感器，其带有的微处理机，具有采集、处理、交换信息的能力，是传感器集成化与微处理机相结合的产物。与一般传感器相比，智能传感器可通过软件技术实现高精度的信息采集，具有一定的编程自动化能力。

在工业生产中，利用传统的传感器无法对某些产品质量指标进行快速直接测量并在线控制，而利用智能传感器可直接测量在生产过程中与产品质量指标有函数关系的某些量，利用神经网络或专家系统技术建立的数学模型进行计算，可推断出产品的质量。

美国通用电气（GE）提出的工业互联网概念即建立在分布式传感器网络的基础上，通过在云端集合、处理、分析来自分布式传感器网络的各种数据，可以优化设备的运行和维护，从而提升企业资产管理的绩效。

7.3.5 工业安全

工业安全首先要考虑网络安全。随着IT/OT（信息技术和操作技术）一体化的逐步推进，工业控制系统越来越多地与企业网和互联网相连接，形成一个开放式的网络环境。工控系统网络化发展导致了系统安全风险和入侵威胁不断增加，面临的网络安全问题也更加突出。由于工控网络系统环境的特殊性，传统的IT信息安全技术不能直接应用于工业控制网络的安全防护。然而，工业控制系统又应用于国家的电力、交通、石油、取暖、制药等多种大型制造行业，一旦遭受攻击会带来巨大的损失，因此需要有效的方法确保工控系统的网络安全。

工业互联网的安全体系分为三个层次，底层是安全模型与政策的选择，中间层是数据的安全防护，顶层的四个安全应用场景分别是安全配置与管理、安全监测与分析、通信与连接防护及终端防护，这些安全场景是建立在下面两层的基础之上的。

终端防护主要包括物理安全和虚拟安全技术，以云端和线下设备的防护能力为基础。然而随着通信的需求带来的风险，仅靠终端防护无法保证系统的安全。通信与连接防护利用终端防护提供的权限身份管理功能来保证通信权限，同时使用加密技术与信息流控制技术保证信息通信与连接的完整性和保密性。在终端与通信安全被保证的基础上，系统安全状态的保证还有赖于针对系统生命周期的安全监测与分析，以及对系统各部分的安全配置和管理。

以上应用场景建立在通用的数据防护功能基础上，数据防护对象包括终端的静态数据和通信过程中的动态数据，还包括在安全监测与分析和系统配置管理过程中的全部数据。

在底层，安全模型与政策的选择决定了安全防护的策略，以及保证系统完整可靠的技术路线，定义了系统中的各项功能节点如何合作以保证端对端的安全。

2017 年，我国工业安全市场的规模相对于其他细分领域仍有较大差距，这一方面反映了工业安全技术体系尚未完全成熟，市场中龙头企业较少；另一方面也反映了工业企业对安全的重视程度还不够高，大部分企业在安全方面的投入较低，如图 7-5 所示。

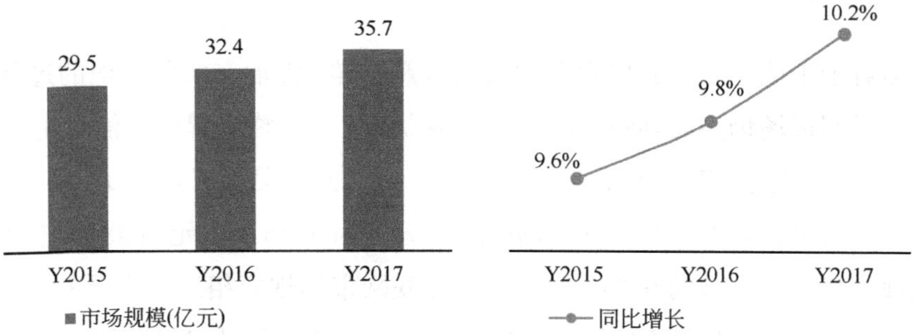

图 7-5　2015—2017 年中国工业安全市场的规模与增长

（数据来源：赛迪顾问　2018.1）

未来，可能会建立相应的工业互联网安全评估认证体系，研究制定工业互联网平台安全评估方案，开展技术产品和解决方案的检验测试、风险评估、认定验证，提升工业互联网平台的安全防护能力。

7.4　难点和突破点

在加速发展的过程中，我国工业互联网产业主要面临产业定义不够明晰、市场需求有待深挖、核心技术有待突破、政策理念有待提升等挑战。

7.4.1 产业定义不够明晰

工业互联网产业覆盖面广且内涵丰富，未来发展潜力巨大。随着诸多利好政策相继的出台，大量产业联盟与行业技术标准相继落地，部分地方政府也开始打造工业互联网产业平台，大量社会资本期望通过提前布局占据产业发展制高点。但目前我国工业互联网产业发展相关的各方主体，在产业定义、产业发展模式等方面还存在认识不统一的现象。这影响了工业互联网相关政策的有效落实，导致各地方在发展过程中存在方向不明确、同质化发展等现象，在一定程度上制约了产业的发展。

7.4.2 市场需求有待深挖

虽然对于工业互联网的概念人们已经耳熟能详，然而在实际落地的过程中，我国工业互联网市场仍然面临着需求不足的现状。从工业整体规模与信息化投入两方面来看，2016 年我国工业增加值规模为 24.8 万亿元，美国工业 GDP 规模约为 3.5 万亿美元，而中、美工业互联网市场的规模分别为 4145.3 亿元和 2810 亿美元。美国工业规模相当于中国的 97%，而其工业互联网市场规模相当于中国的 4.7 倍。事实上，我国大量的制造业还处于工业自动化向信息化发展的过渡阶段，无论是信息化软/硬件还是数字化管理理念，都还有很大的发展空间。

7.4.3 核心技术有待突破

目前，工业互联网在工业智能、工控安全及融合通信技术领域仍有诸多空白，理想中的智慧化生产体系仍有技术瓶颈有待突破。人工智能在制造行业的应用有赖于对生产数据的分析和对生产流程的理解，但大量算法设计师由于缺少对生产工艺的了解，很难在短时间内完成类似 AlphaGo 的设计。由于工业控制系统的特殊性，现有的信息安全技术和产品并不能直接用于工业控制系统中，必须针对工业控制系统的特点，研制适用的信息安全技术及产品。在工业通信领域，NB-IoT 的发展为工业物联网提供了新的解决方案，但如何将以太网、Wi-Fi、PON、电力载波、NB-IoT、LTE-M、Pre-5G MUSA 及 5G 等多种技术相融合，建立互相兼容且可靠的通信网络，将成为未来的技术关注焦点。

7.4.4 政策理念有待提升

2017 年年底，国务院发布了《关于深化“互联网+先进制造业”发展工业互联网的指导意见》，提出“加快建设和发展工业互联网，推动互联网、大数据、人工智能和实体经济深度融合，发展先进制造业，支持传统产业优化升级”。虽然国家层面已将工业互联网产业作为未来重点关注的领域，但是针对工业互联网细分产业领域的相关政策法规还不够完善，在地方也缺少工业互联网产业落地的规划和具体实施方案。例如，在工业软件领域，如何扶持本土研发设计类软件厂商，支持中小创新型企业针对我国汽车、航空、装备、建筑等领域提供软件服务，在政策和措施方面仍是一片空白。

第 8 章

Chapter 8

工业互联网市场的规模及增长

在全球制造业不断智能化发展的背景下，2017 年全球工业互联网市场规模达到 7639 亿美元。同时，在新兴技术强化、成本效应促使和国内政策助力三大因素推动下，2017 年中国工业互联网市场规模达到 4709.1 亿元。其中基础设施层占比领先、华北市场规模占比最大。

8.1　2017 年全球工业互联网市场概况

8.1.1　全球工业互联网市场保持增长

2017 年，世界主要经济体的制造业增速有所回升，工业信息化投资进一步增加，全球工业互联网市场继续保持增长势头，市场规模达到 7639 亿美元，同比增长 5.5%，美国制造业复苏，以中国、印度等发展中国家和经济体对工业互联网的需求成为全球市场发展的亮点，如图 8-1 所示。

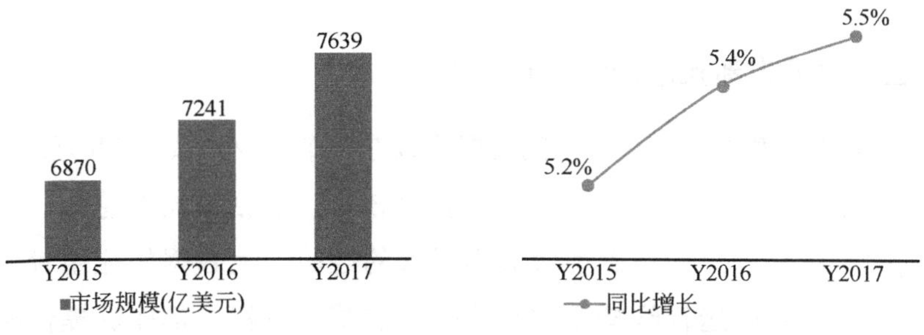

图 8-1　2015—2017 年全球工业互联网市场的规模与增长

（数据来源：赛迪顾问　2018.2）

8.1.2 欧美继续引领市场发展方向

2017 年，全球工业互联网区域市场上，美国在制造业回流的大环境下，市场增速明显提升，在 GE、思科和 Intel 等厂商的领导下，进一步拓展工业互联网市场的应用深度，继续引领全球工业互联网的发展方向。欧洲市场在英国脱欧和俄罗斯经济的影响下增速有所下降，西门子、SAP 等传统厂商的欧洲业务受到一定冲击，但总体规模仍仅次于美国市场，领先亚太市场。亚洲经济延续了过去 3 年的增速放慢态势，日本、韩国市场规模相对稳定，印度和东南亚国家成为市场增长的生力军，我国工业互联网市场需求潜力巨大，同样保持快速增长，如图 8-2 所示。

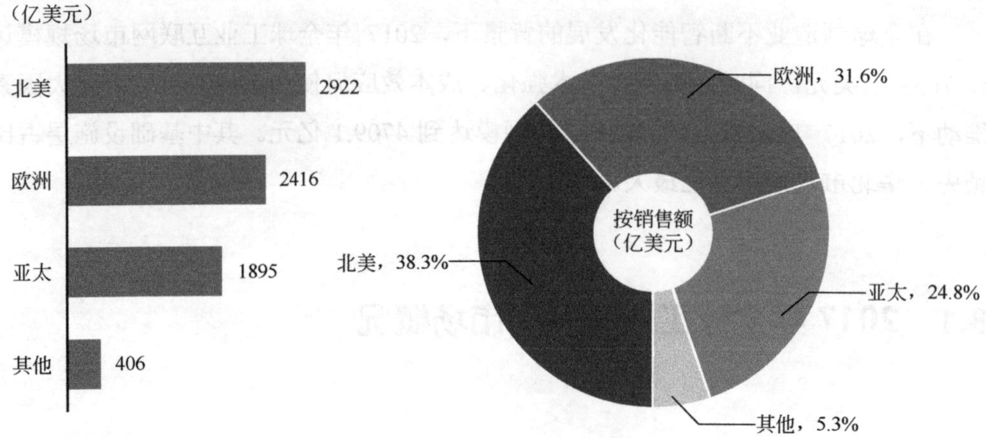

图 8-2 2017 年全球工业互联网市场区域的结构

（数据来源：赛迪顾问 2018.2）

8.1.3 新技术应用进一步拓展工业互联网市场

1. 云平台开发新技术推动 SaaS 成为主流

大数据和人工智能等先进技术的发展将改造整个工业领域。工业互联网的核心要素包括“人—设备—数据”，其中，数据是核心，包括数据的感知、采集和集成，海量的数据体现出的精确性大大高于人的经验。大数据的应用对于机器设备的优化、供应链的运行维持及定制化生产的整个流程，都能够提供更高的预测精确度。核心要素中“人”的因素在工业互联网也将被快速发展的人工智能、模式识别、机器学习等技术所覆盖。结合大数据分析和人工智能中的机器学习方法还可以实现对未来的预测，突破对传统工业的认知局限，在许多实际应用中都能够有效提升运行效率。

2．智能传感器构建工业互联网底层架构

智能传感器是具有信息处理功能的传感器，其带有的微处理机，具有采集、处理、交换信息的能力，是传感器集成化与微处理机相结合的产物。工业互联网概念建立在分布式传感器网络的基础上，通过在云端集合、处理、分析来自分布式传感器网络的各种数据，可以优化设备的运行和维护，从而提升企业资产管理的绩效。

3．大数据与人工智能帮助企业实现数字驱动

工业企业需要管理的数据种类繁多，既包括设计、工艺、加工、质量等产品数据，又包括组织、管理、市场、生产、采购、库存等运营数据，还包括客户、供应商、合作伙伴等价值链数据，以及宏观经济、行业运行、竞争对手等外部数据。基于大数据分析的行业应用及机器学习算法给人工智能的发展带来重大突破，为工业互联网打开了全新的业务领域。通过对生产、营销等数据的采集和挖掘，经过数据分析为企业提供决策参考，已经在能源、原材料、消费品等行业获得了实际应用。此外，通过消费终端数据驱动生产及供应链管理也使个性化定制和柔性制造成为可能，未来有可能进一步形成从供应链到电子商务的全流程数据系统。

8.2　2017 年中国工业互联网市场概况

8.2.1　产业驱动因素

1．新兴技术强化工业互联网功能

在技术方面，大数据和人工智能等先进技术的发展将改造整个工业领域。数据作为工业互联网的核心要素，遍布在设计、研发、物流、供应链、销售、服务等各个环节，所以海量数据的存储技术将大大提高频繁的数据交互对传输实时性和可靠

性的需求，而数据挖掘技术将有利于提取有价值的信息，并用于优化生产流程，完善服务体系。人工智能技术的发展将赋予生产设备和产品拥有自己的思维，实现人、产品、设备和网络之间新的互动关系，极大地提升工业互联网的生产效率。在工业互联网领域，移动互联网技术的应用为工业企业管理者和工业互联网使用者提供了便利，改变了软件的应用习惯，提供了更便捷、更迅速的接入方式，提高了工业互联网的易用性，进一步推动了工业互联网的发展。同时，以云计算、大数据为代表的新商业模式和技术的应用，更进一步提高了工业互联网的先进性，为工业企业选择软件提供了新的标准。

2．成本效应促使工业互联网发展

从工业互联网的经济效益看，未来十五年，工业生产和管理效率的提高可为我国节省大量的成本。工业互联网能够给航空、电力、铁路、医疗、石油天然气等行业带来生产效率和能源效率的提升，巨大的经济效益和对能源资源的节约，使得政府和企业对工业互联网应用都非常重视。能源电力及钢铁水泥等重型工业企业在供给侧改革的背景下面临着转型的选择，其他行业同样面临全球化竞争带来的利润率下滑，通过工业互联网和信息化系统提升企业运营效率和综合竞争力，已经成为大部分国内企业的共同选择。在一些产业中，更高的营业额和更多的定制化要求缩短了产品的生产周期，这在未来的制造业中将会越来越常见，与这种需求相适应的信息管理系统和数字化生产流程将成为未来制造业的标准配备。随着人口老龄化的加剧，人工智能工业机器人替代人工操作的需求也将越来越大。

3．政策助推工业互联网市场的积极发展

我国正在积极推进工业互联网的发展与实施建设，将布局工业互联网作为一项重要任务，一系列促进网络实施的建设，云计算和大数据发展的重大政策措施陆续出台，制造强国和网络强国战略相互促进、加快实施。建设好工业互联网不仅是发展的必需，同时也具备了推进的条件。2016 年 2 月，在工信部的指导下，组建了工业互联网产业联盟，推进工业互联网的总体架构、需求分析、技术标准、产业发展和政策研究等方面的工作，旨在把政府与产业界、顶层设计与企业实践紧密结合起来，在全球工业互联网发展中占据一席之地，寻求发展先机，如表 8-1 所示。

表 8-1　政策助推工业互联网市场

文 件 名 称	颁发时间及机构	主 要 内 容	级　别
《国家制造强国建设领导小组关于设立工业互联网专项工作组的通知》	2018.2 国家制造强国建设领导小组	在国家制造强国建设领导小组下设立工业互联网专项工作组	国家级
《国家智能制造标准体系建设指南》（2018 年版）	2018.1 工信部、国家标准委	到 2018 年，累计制/修订 150 项以上智能制造标准，基本覆盖基础共性标准和关键技术标准。到 2019 年，累计制/修订 300 项以上智能制造标准，全面覆盖基础共性标准和关键技术标准，逐步建立起较为完善的智能制造标准体系。建设智能制造标准试验验证平台，提升公共服务能力，标准应用水平和国际化水平明显提高	国家级
《国务院关于深化“互联网+先进制造业”发展工业互联网的指导意见》	2017.11 国务院	实施工业互联网平台培育、百万工业企业上云、百万工业 APP 培育等重点工程，加快推动工业互联网平台发展	国家级
《广东省深化“互联网+先进制造业”发展工业互联网的实施方案》	2018.3 广东省人民政府	加快建设全省互联网骨干网和城域网，打造高水平全光网省，在 5G 研究中开展面向工业互联网应用的网络技术试验以及推进在工业企业的应用部署。培育发展工业 APP、关键软硬件产品和工业互联网整体解决方案，发展工业互联网安全产业	地方
《广东省支持企业“上云上平台”加快发展工业互联网的若干扶持政策（2018—2020 年）》	2018.3 广东省人民政府	按照“平台降一点、政府补一点、企业出一点”的原则，支持企业“上云、上平台”，加快发展工业互联网，促进制造业降本提质增效，制定相关政策	地方

8.2.2　市场规模

2017 年，中国工业在宏观经济与产业转型的双重影响下，结构性调整取得进展，工业信息化投资进一步扩大，工业互联网市场保持较高的增长速度。2017 年中国工业互联网市场规模达到 4709.1 亿元，同比增长 13.6%，增速仍领先于全球工业互联网市场。国内制造业企业经营情况有所好转，相比 2016 年增速有所提升，工业企业转变发展模式、加快两化融合成为大势所趋，对于工业企业信息化服务的需求仍在继续增加，中国将继续保持着全球工业互联网市场增长的主力地位，如图 8-3 所示。

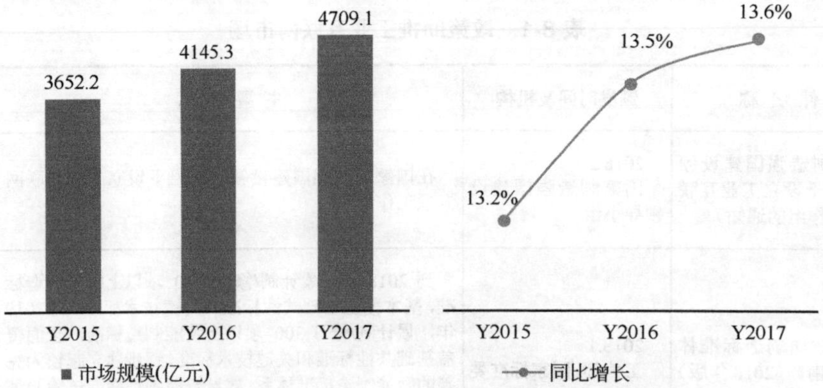

图 8-3　2015—2017 年中国工业互联网市场规模与增长

（数据来源：赛迪顾问　2018.2）

8.2.3　市场结构

2017 年，在工业互联网细分领域中，数据应用领域保持着较快的增长速度，主要受益于云计算和工业大数据应用范围扩大，智能制造流程自动化进一步深入带来的信息化需求。虽然近年来工业领域的安全事件频频发生，但企业在工业安全领域的投入仍然有较大不足，我国工业安全市场的规模和增长速度与工业互联网整体发展态势不符，值得引起工业企业的高度关注。

1．产品结构

赛迪顾问定义的工业互联网市场包括基础设施、网络通信与平台、软件与应用及工业安全四个细分市场。2017 年，在工业互联网细分领域中，软件与应用领域保持着较快的增长速度，主要受益于工业软件和工业大数据应用范围的扩大，智能制造流程自动化进一步深入带来的信息化需求，如图 8-4 所示。

2．区域结构

2017 年工业互联网市场上，华北、华东及华南市场仍然占据着整个市场的主体地位，华北、华中地区市场增速较快，东北地区受宏观经济形势影响，市场增速较慢，如图 8-5 所示。

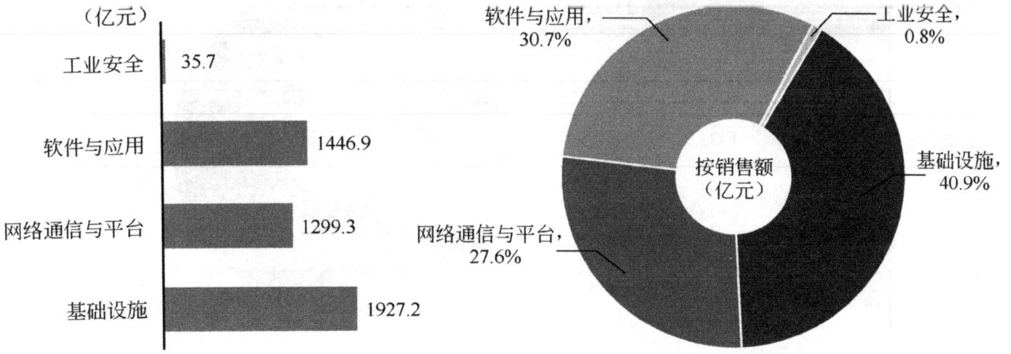

图 8-4　2017 年中国工业互联网市场细分结构

（数据来源：赛迪顾问　2018.2）

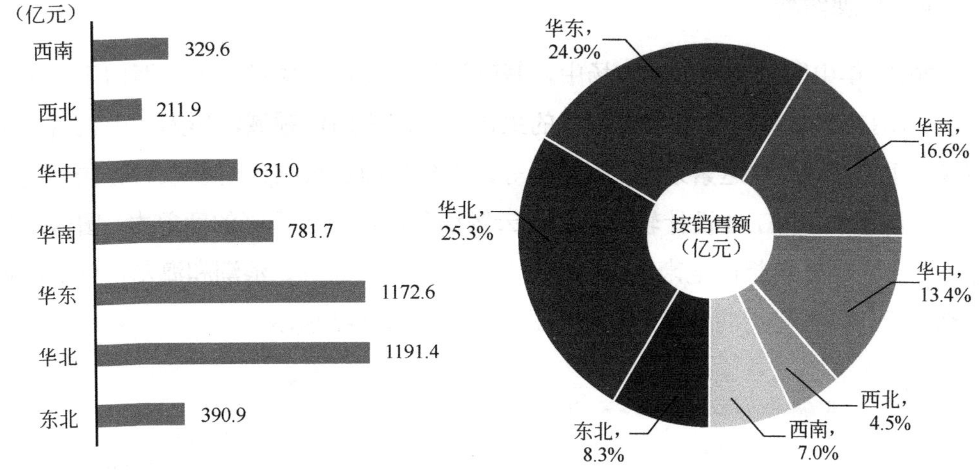

图 8-5　2017 年中国工业互联网市场区域结构

（数据来源：赛迪顾问　2018.2）

3．客户类型结构

2017 年中国工业互联网客户类型市场上，大型工业企业的投资占比超过 50%，是整个市场的主体，市场增长形势也比较稳定；中小型企业在政策促进、业务转型需求的带动下，对工业互联网的需求进一步提升，但投资力度相比大型企业仍然较弱，如图 8-6 所示。

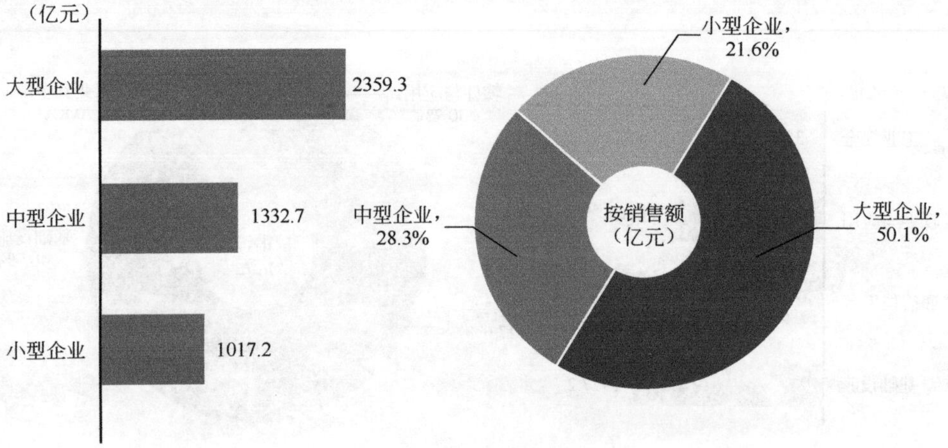

图 8-6 2017 年中国工业互联网市场客户类型结构

（数据来源：赛迪顾问 2018.2）

4. 品牌结构

2017 年中国工业互联网市场中，基础设施厂商规模体量较大，西门子、霍尼韦尔、ABB 等传统巨头占据着市场的主体，在网络通信领域，华为、中兴占据了市场的主要份额，而达索系统、阿里云等国内外厂商在数据应用领域具有较强的技术和市场优势，在工业设计软件和工业云等细分领域具备极强的竞争力。国内厂商进入前十名的还包括国电南瑞、中车时代电气、宝信软件、浪潮和海尔，分别在垂直细分行业具有较高的知名度和市场占有率，如图 8-7 所示。

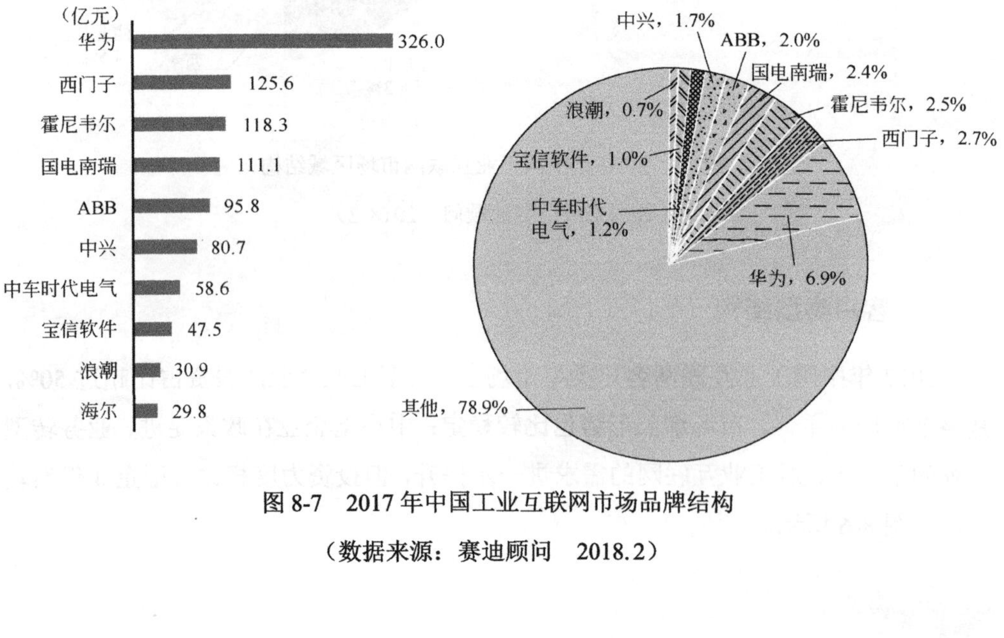

图 8-7 2017 年中国工业互联网市场品牌结构

（数据来源：赛迪顾问 2018.2）

8.3 2017 年中国工业互联网市场的竞争分析

8.3.1 行业重大事件及影响分析

1. 底层技术标准逐步推进

智能工业设备中嵌入式系统的重要标志是对实时性和可靠性的严格要求。2017 年，嵌入式企业在智能工业产品的可靠性技术取得较大进展，在智能工业系统的底层技术方面有所突破。工业通信技术，如 CAN、CANOpen、Modbus、Profinet、EtherCAT、Powerlink 和 Ethernet 等有望在近期形成技术标准。2017 年，EtherCAT 技术协会（ETG）发布了官方 EtherCATP 技术规范草案，该规范的发布为设备制造商实施 EtherCAT 技术提供了官方可靠的基础，EtherCAT 可以在单根标准电缆中实现数据和电力的传输。智能工厂的设备、控制和信息三层网络的安全隔离措施进一步提升，智能工业网络的信息安全技术不断完善，在通信链路安全和设备本身的安全方面均有提升。

2. 跨界合作造就新商业模式

2017 年，航天科工集团与西门子合作，由天智公司、航天电器及西门子公司三方团队共同打造智能产线。通过合作将航天电器智能制造项目打造成为一个适用于电子元器件行业，满足“多品种、小批量、定制化”特点，以订单驱动的精益柔性生产新模式的可复制的智能制造样板间。此外，航天科技集团与达索系统的合作也在业内引起巨大反响，双方将围绕提升中国制造业的效率和集成水平为核心，组建合资公司，共同开展面向用户的研发、设计、仿真、制造、管理等信息化、数字化软件及咨询服务等合作，提升用户的数字化及智能制造能力。同时在满足中国政府关于安全自主可控规范的前提下进行二次开发，使合资公司的产品、解决方案及源代码能够满足中方的要求。

3. 行业并购改变市场竞争格局

2017 年，工业互联网领域的主要企业延续了并购的热度。西门子在 2016 年年底收购了全球著名的 EDA 工具厂商 MentorGraphics（Mentor），后者提供芯片与系统开发所需的各种设计、仿真与制造工具，与 Synopsys 和 Cadence 并称全球三大

EDA 公司，作为全球在工业自动化领域最杰出的公司之一，购入 Mentor 以后，西门子的数字化企业软件（Digital Industrial Enterprise）产品线将更完善。EDA 工具对无人驾驶汽车等智能互联设备的开发至关重要，购入 Mentor 以后，西门子可以提供给客户机械、热、电子和嵌入式软件工具，这将进一步帮助客户加速创新、提高生产效率、优化生产流程。随后，西门子公司又收购了荷兰自动驾驶软件公司 Tass International（Tass），以加强其汽车业务。Tass 公司专门制造软件，可模拟复杂的交通情况、测试自动驾驶系统和高级驾驶人辅助系统，并可模拟车祸对人的影响。西门子将 Tass 的软件与其仿真产品及旗下 Mentor 的电子设计技能结合在一起，正在打造完整的嵌入式软件工具体系。

8.3.2 市场竞争格局

1. 基础设施

中国工业互联网基础设施市场竞争者众多，既有国际大型软件企业，如西门子、ABB、霍尼韦尔等，也有专注于某些细分领域的本土企业，如海尔、国电南瑞、中车时代电气、沈阳机床等，以及数量众多的以代理国外产品为主要业务的中小型企业。

赛迪顾问从企业竞争能力、运行机制、品牌信誉、市场份额、财务状况、内部运行有效性六大指标出发，对工业互联网基础设施市场上的厂商进行实力评估，得到厂商评估矩阵及四象限图，如图 8-8 所示。

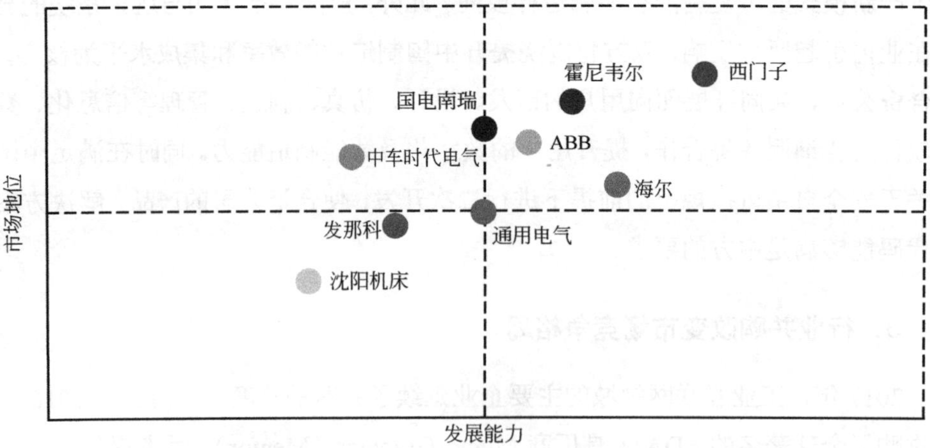

图 8-8 2017 年中国工业互联网基础设施市场竞争格局示意

（数据来源：赛迪顾问 2018.2）

2．网络通信

在中国工业互联网网络通信市场上，华为与中兴凭借技术研发优势占据着市场的主导地位，随着 5G 标准逐渐成熟，网络通信市场有望进入新一轮的竞争阶段。

赛迪顾问从企业竞争能力、运行机制、品牌信誉、市场份额、财务状况、内部运行有效性六大指标出发，对生产管理类工业互联网市场上的厂商进行实力评估，得到厂商评估矩阵及四象限图，如图 8-9 所示。

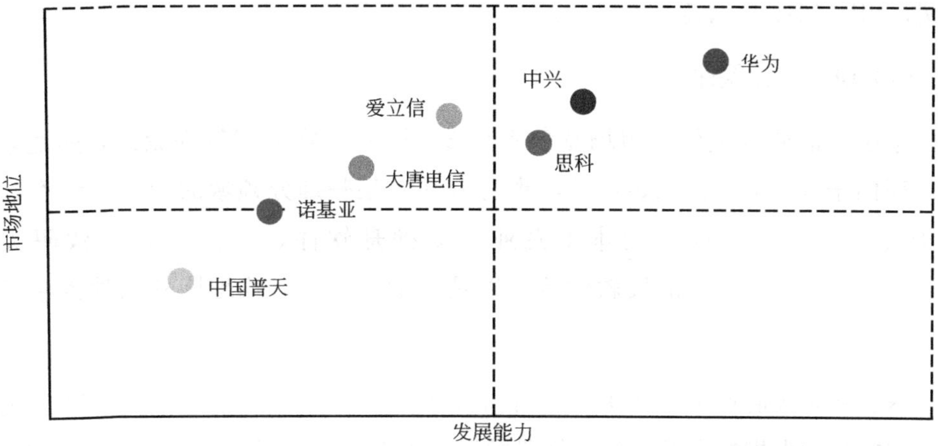

图 8-9　2017 年中国工业互联网网络通信市场竞争格局示意

（数据来源：赛迪顾问　2018.2）

3．工业云平台

工业互联网平台是在传统云平台的基础上叠加物联网、大数据、人工智能等新兴技术，实现海量异构数据汇聚与建模分析、工业经验知识软件化与模块化、工业创新应用开发与运行，从而支撑生产智能决策、业务模式创新、资源优化配置和产业生态培育的载体。目前我国市场上有以下几类工业云平台。

（1）利用平台对接企业与用户，形成个性化定制服务能力，如海尔 COSMOPlat 平台打通需求、设计、生产等环节，实现个性化定制应用模式。

（2）借助平台打通产业链上/下游，进而优化资源配置，如航天云网 INDICS 和树根互联等平台，通过汇聚需求与供给双方而实现供需对接、资源共享的功能。

（3）管理软件企业，依托平台实现从企业管理层到生产层的纵向数据集成，进而提升软件的智能精准分析能力，如 SAP HANA 平台。

（4）设计软件企业借助平台强化基于全生命周期的数据集成能力，形成基于数字孪生的创新应用，进而缩短研发周期，加快产品迭代升级，如索为系统的 SYSWARE 平台。

4．工业软件

2017 年，我国工业软件市场在政策扶持鼓励与产业转型需求的双重驱动下，取得了快速的增长。国内制造业企业经营情况有所好转，工业软件领域的投资有所回暖，相比 2016 年增速有所提升。

（1）研发设计软件。

中国产品研发类软件市场竞争者众多，既有国际大型软件企业，如达索系统、西门子 PLM、Autodesk 等，也有专注于某些细分领域的企业，还存在致力于提升自我研发能力的本土企业，如神舟软件、中望龙腾、数码大方（CAXA）、索为系统、浩辰软件等，以及数量众多的以代理国外软件为主要业务的中小型企业。

赛迪顾问从企业竞争能力、运行机制、品牌信誉、市场份额、财务状况、内部运行有效性六大指标出发，对产品研发设计类工业软件市场上的厂商进行实力评估，得到厂商评估矩阵及四象限图，如图 8-10 所示。

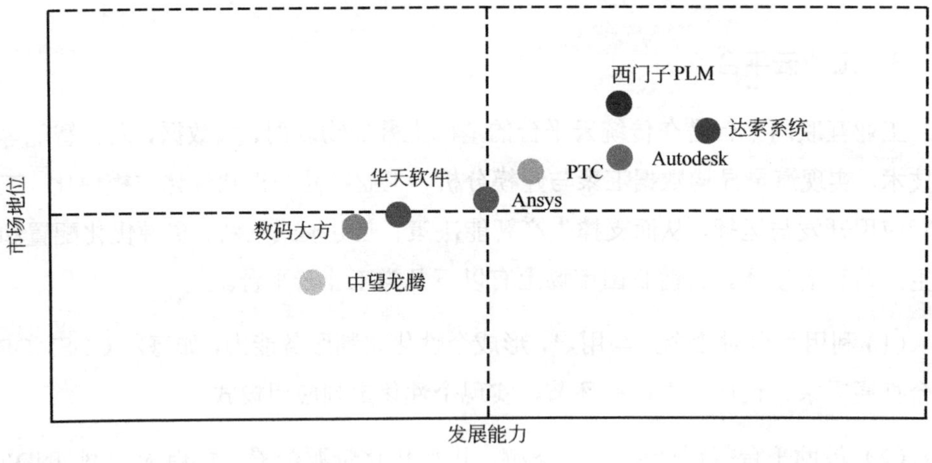

图 8-10　2017 年中国研发设计类工业软件市场竞争格局示意
（数据来源：赛迪顾问　2018.2）

在产品研发集成平台软件市场领域，以索为系统为代表的国内厂商抓住智能制造、工业 4.0 等时代机遇，持续强化在知识自动化、工程中间件、认知技术等领域的研究、应用和产品研发，形成了“平台+内容+人+资源”四位一体的平台化战略，在“知识自动化”这一蓝海领域持续保持领先优势，如图 8-11 所示。

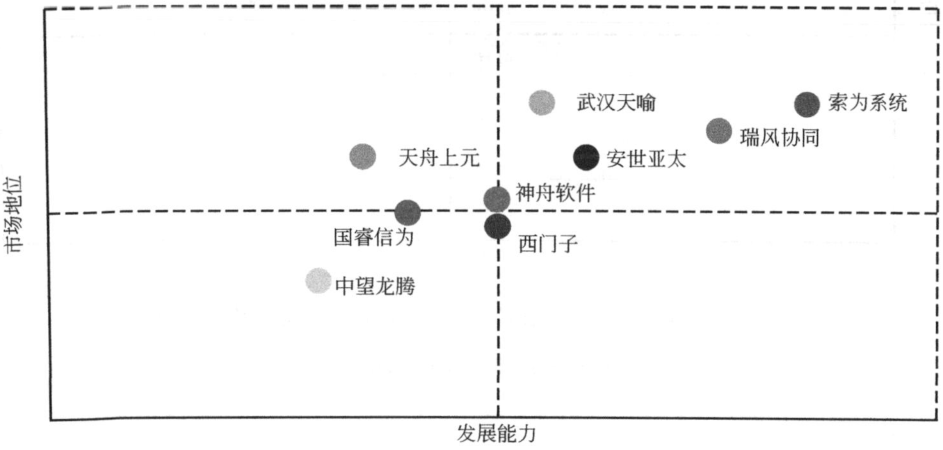

图 8-11　2017 年中国集成研发设计平台软件市场竞争格局示意

（数据来源：赛迪顾问　2018.2）

（2）信息管理软件。

在中国生产管理类工业软件市场上，既有 SAP、Oracle 等国际厂商，又有用友、金蝶、浪潮等国内综合管理软件厂商，还有专注于某一个行业和细分领域的企业，如汽车行业启明信息、钢铁行业首钢自动化、石油化工行业石化盈科等。

赛迪顾问从企业竞争能力、运行机制、品牌信誉、市场份额、财务状况、内部运行有效性六大指标出发，对生产管理类工业软件市场上的厂商进行实力评估，得到厂商评估矩阵及四象限图，如图 8-12 所示。

（3）生产控制软件。

国际大厂商西门子、通用电气、施耐德、霍尼韦尔、ABB 等凭借全球的研发实力和项目经验，在中国市场占据了领先优势。近年来，以宝信、国电南瑞、中控等为代表的国产厂商迅速成长起来，逐渐获得了众多大型用户的认可。

赛迪顾问从企业竞争能力、运行机制、品牌信誉、市场份额、财务状况、内部运行有效性六大指标出发，对生产控制类工业软件市场上的厂商进行实力评估，得到厂商评估矩阵及四象限图，如图 8-13 所示。

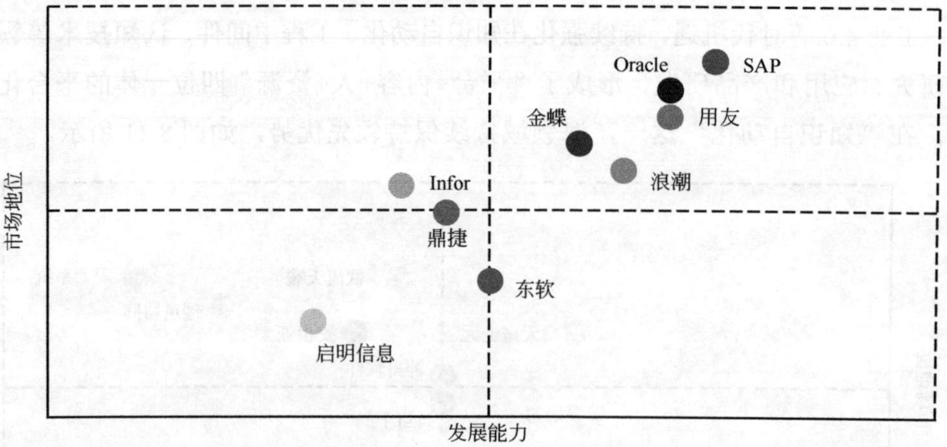

图 8-12　2017 年中国信息管理类工业软件市场竞争格局示意
（数据来源：赛迪顾问　2018.2）

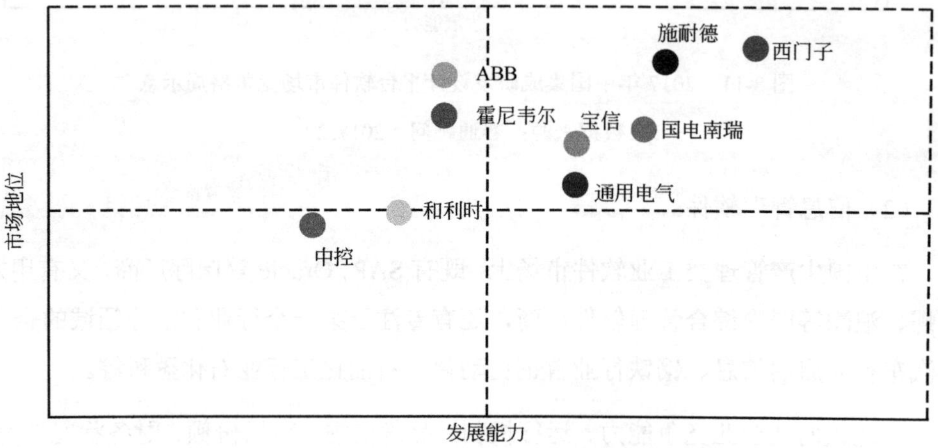

图 8-13　2017 年中国生产控制类工业软件市场竞争格局示意
（数据来源：赛迪顾问　2018.2）

（4）嵌入式工业软件。

中国嵌入式工业软件市场竞争者众多，既有国际大型软件企业西门子、ABB、FANUC 等，也有具备一定实力的国内企业，如华为、中兴、海尔等，以及数量众多的中小型企业，如图 8-14 所示。

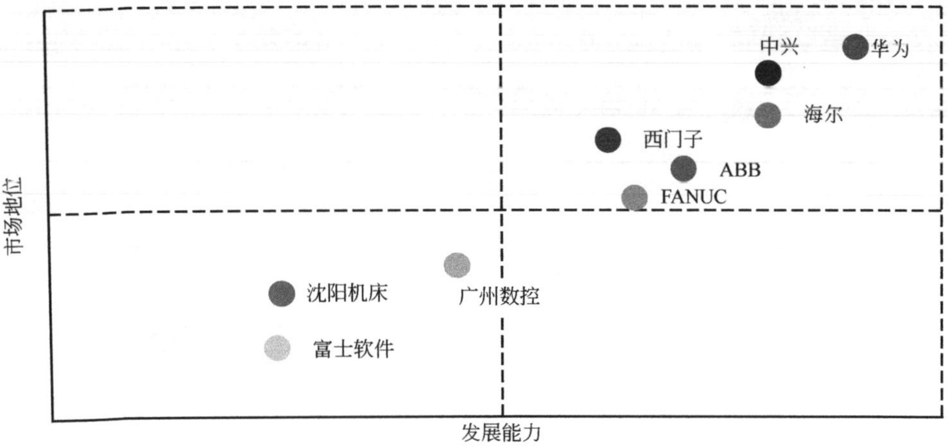

图 8-14　2017 年中国嵌入式工业软件市场竞争格局示意

（数据来源：赛迪顾问　2018.2）

第 9 章
Chapter 9
工业互联网领域的“独角兽”

全球工业互联网正处在格局未定和扩张的窗口期，发展工业互联网已经成为主要国家抢占全球产业竞争新制高点、重塑工业体系的共同选择。当前，工业互联网侧重软件开发与设备更新，未来还会逐渐关注平台应用前景和交互体验等方面。因此，工业互联网的投资加大，并发展出了很多工业互联网的“独角兽”企业。

9.1　工业互联网投资分析

9.1.1　工业互联网投资 100 强

狭义的工业互联网平台产生于工业互联网、聚焦于工业互联网，是工业互联网的重要标志和关键组成。它将云计算、物联网、大数据的理念、架构和技术融入工业生产，主要由工业企业提供，如 GE 的 Predix、西门子的 MindSphere 及我国的三一根云等。

1. 狭义的工业互联网平台

根据服务对象和主攻方向的不同，狭义的工业互联网平台又分为两大类：

（1）资产优化平台。这类平台聚焦设备资产的管理与运营，利用传感、移动通信、卫星传输等网络技术远程连接智能装备、智能产品，在云端汇聚海量设备、环境、历史数据，利用大数据、人工智能等技术及行业经验知识对设备运行状态与性能状况进行实时智能分析，进而以工业应用程序（APP）的形式，为生产与决策提供智能化服务。

（2）资源配置平台。这类平台聚焦要素资源的组织与调度，通过云接入分散、海量的资源，对制造企业资源管理、业务流程、生产过程、供应链管理等进行优化，提升供需双方、企业之间、企业内部各类信息资源、人力资源、设计资源、生产资源的匹配效率。

根据平台提供者所处领域行业特点、业务类型、市场特点的不同，又包括按需定制（C2B）平台、软/硬件资源分享平台、协同制造平台等细分类型，如图 9-1 所示。

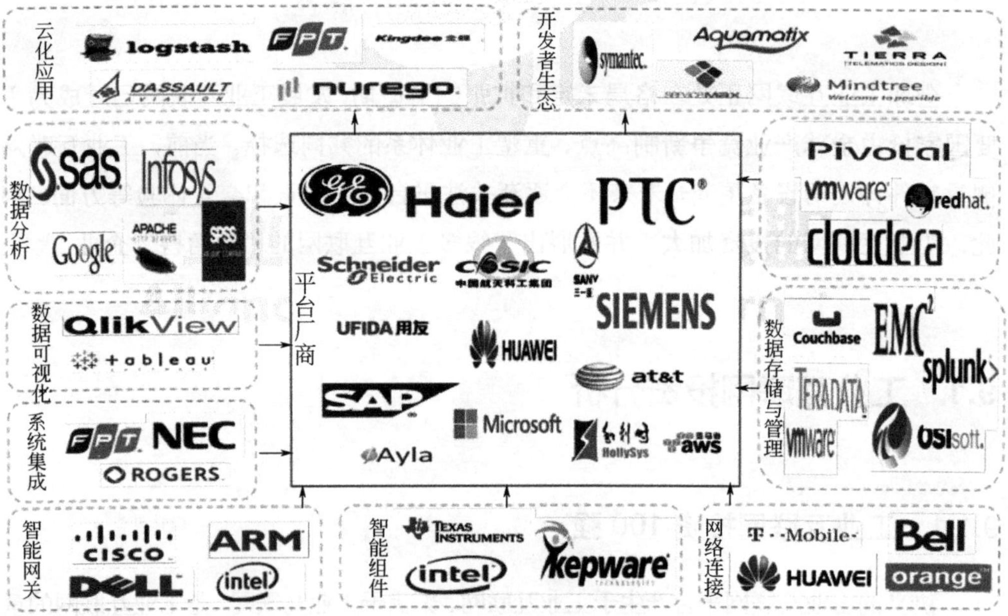

图 9-1　工业互联网平台产业生态
（数据来源：工业互联网产业联盟）

工业互联网产业范畴涵盖设备层、网络层、平台层、软件层与应用层五个层次及工业安全体系。

设备层包括智能生产设备、生产现场智能终端、嵌入式软件及工业数据中心；网络层包括工厂内部和外部的通信；平台层包括协同研发、协同制造、信息交易和数据集成等工业云平台；软件层包括研发设计、信息管理和生产控制软件，是帮助工业企业实现数字价值的核心环节；应用层包括垂直行业应用、流程应用及基于数据分析的相关应用；工业安全体系渗透于以上各层中，是产业重要的支撑保障。

2．广义的工业互联网平台

广义的工业互联网平台除了包含上述两类之外，还包括通用使能平台，这类平台提供云计算、物联网、大数据的基础性及通用性服务，主要由 ICT 企业提供。其中，有的侧重云服务的数据计算存储，如微软的 Azure、SAP 的 HANA、亚马逊的 AWS 及我国的阿里云、腾讯云等；有的侧重物联网设备连接管理，如思科的 Jasper、华为的 OceanConnect 等。从范围上看，此类平台除了为工业互联网提供技术支撑之外，还广泛服务于金融、娱乐、生活服务等产业。从时间上看，此类平台发展早于工业互联网。当前，众多 ICT 巨头都将工业互联网作为平台业务拓展的重点，为资产优化平台和资源配置平台的部署提供连接、计算、存储等底层技术支撑，成为“平台的平台”，使上层平台专注于与工业生产直接相关的服务，从而实现专业分工，发挥叠加效应。如 GE 的 Predix 部署于微软的 Azure 平台，得到微软在云服务基础架构、人工智能、高级数据可视化等方面的支撑；西门子 MindSphere 基于 SAP 的 HANA 设计开发，部署于 Azure 平台；腾讯云为三一根云平台提供大数据存储和运算能力。因此，广义上通用使能平台属于工业互联网平台重要的一大类，如表 9-1 所示。

表 9-1　中国工业互联网市场企业百强业务分类

排　名	企 业 名 称	主要业务领域
1	华为技术有限公司	工业通信设备
2	西门子	工控软件/智能装备
3	ABB	DCS/智能装备
4	中兴通讯股份有限公司	工业通信设备
5	Honeywell	自动控制
6	南京南瑞集团公司	DCS/智能电网
7	上海宝信软件股份有限公司	MES/智能装备
8	株洲中车时代电气股份有限公司	轨交设备
9	OMRON	自动化
10	浪潮集团有限公司	管理软件
11	锐捷网络股份有限公司	通信设备
12	海尔集团	智能装备
13	石化盈科信息技术有限责任公司	MES

续表

排 名	企 业 名 称	主要业务领域
14	GE	APM/SCADA
15	杭州和利时自动化有限公司	DCS/MES
16	深圳市汇川技术股份有限公司	自动化装备
17	三菱电机	PLC
18	用友网络科技股份有限公司	管理软件
19	瑞斯康达科技发展股份有限公司	通信接入设备
20	沈阳机床股份有限公司	数控机床
21	沈阳新松机器人自动化股份有限公司	工业机器人、MES
22	Schneider	DCS
23	东软集团股份有限公司	管理软件
24	Dassault Systems	CAD/CAE/CAM/PLM
25	福州福大自动化科技有限公司	自动化设备
26	FANUC	智能装备
27	太极计算机股份有限公司	MES/DCS/EMS
28	Yaskawa	智能装备
29	SAP	管理软件
30	天奇自动化工程股份有限公司	自动化装备
31	北京神舟航天软件技术有限公司	PDM
32	Oracle	管理软件
33	北京中油瑞飞信息技术有限责任公司	SCADA
34	浙江大华技术股份有限公司	监控管理
35	Siemens PLM Software	PLM
36	中控科技集团有限公司	DCS/MES
37	北京神州绿盟信息安全科技股份有限公司	工控安全
38	远光软件股份有限公司	管理软件
39	北明软件有限公司	管理软件
40	研祥智能科技股份有限公司	自动化与安全
41	中冶赛迪集团有限公司	MES
42	Autodesk	CAD/CAE/PLM
43	Synopsys	EDA
44	杭州中恒电气股份有限公司	能源互联网
45	金蝶软件（中国）有限公司	管理软件
46	江苏金智科技股份有限公司	工业控制
47	金航数码科技有限责任公司	ERP/MES/OA

续表

排　名	企 业 名 称	主要业务领域
48	启明信息技术股份有限公司	管理软件/汽车电子
49	北京立思辰科技股份有限公司	工控安全
50	南京熊猫电子股份有限公司	通信设备
51	北京四方继保自动化股份有限公司	电力自动化
52	东华软件股份公司	监控管理
53	积成电子股份有限公司	DCS/EMS
54	大连智云自动化装备股份有限公司	智能装备
55	博雅软件股份有限公司	DCS
56	富士软件株式会社	智能装备
57	华讯方舟股份有限公司	通信设备
58	Cadence	EDA
59	Mentor Graphics	EDA
60	易讯科技股份有限公司	SCADA/电力自动化
61	Sage	管理软件
62	深圳市索菱实业股份有限公司	汽车电子
63	北京东土科技股份有限公司	工业通信与基础设施
64	上海海得控制系统股份有限公司	DCS
65	Ansys	CAE
66	亿阳信通股份有限公司	系统集成
67	上海汉得信息技术股份有限公司	管理软件
68	鼎捷软件股份有限公司	管理软件
69	深圳键桥通讯技术股份有限公司	专网通信
70	上海博科资讯股份有限公司	管理软件
71	深圳市远望谷信息技术股份有限公司	RFID
72	北京安控科技股份有限公司	自动化
73	PTC	CAD/CAE/CAM/PLM
74	Salesforce	CRM 软件
75	北京旋极信息技术股份有限公司	系统测试
76	江苏润和软件股份有限公司	电力管理软件
77	中国自动化集团有限公司	DCS
78	Infor	管理软件
79	南京帆软软件有限公司	BI
80	深圳市宏电技术股份有限公司	M2M
81	上海维宏电子科技股份有限公司	控制系统

续表

排 名	企 业 名 称	主要业务领域
82	巨轮智能装备股份有限公司	机器人与智能机床
83	北京东方国信科技股份有限公司	监测系统
84	广州中望龙腾软件股份有限公司	CAD
85	科大国创软件股份有限公司	管理软件
86	朗新科技股份有限公司	电力信息化
87	美林数据技术股份有限公司	工业大数据
88	ESI	研发设计软件
89	北京数码大方科技有限公司	CAD/PLM
90	北京索为系统技术股份有限公司	集成研发平台
91	广联达科技股份有限公司	CAD
92	武汉开目信息技术股份有限公司	CAD/CAPP/PLM
93	北京华力创通科技股份有限公司	仿真测试
94	苏州浩辰软件股份有限公司	CAD
95	广州健新科技股份有限公司	工业大数据
96	北京卓越信通电子股份有限公司	通信设备
97	山东九州信泰信息科技股份有限公司	工控安全
98	赛特斯信息科技股份有限公司	柔性网络
99	北京久其软件股份有限公司	管理软件
100	重庆梅安森科技股份有限公司	监控管理

（数据来源：赛迪顾问　2018.1）

9.1.2 工业互联网市场热点

1．工业大数据领域

工业企业需要管理的数据种类繁多，既包括设计、工艺、加工、质量等产品数据，又包括组织、管理、市场、生产、采购、库存等运营数据，还包括客户、供应商、合作伙伴等价值链数据，以及宏观经济、行业运行、竞争对手等外部数据。基于大数据分析的行业应用及机器学习算法给人工智能的发展带来重大突破，为工业互联网打开了全新的业务领域。通过对生产、营销等数据的采集和挖掘，经过数据分析为企业提供决策参考，已经在能源、原材料、消费品等行业获得了实际应用。此外，通过消费终端数据驱动生产及供应链管理也使个性化定制和柔性制造成为可能，未来有可能进一步形成从供应链到电子商务的全流程数据系统，由此，工业大数据解决方案提供商和数据分析服务商等角色也将会出现。在企业方面，应重点关注以工业大数据采集和应用为主要业务方向的初创型企业。主要投资方向包括：工业大数据工具、工业人工智能、预测性保养与维护等，如表 9-2 所示。

表 9-2　工业大数据领域相关企业梳理

企 业 名 称	主营业务方向	融 资 阶 段
美林数据技术股份有限公司	数据分析平台	新三板上市
同方（深圳）云计算技术股份有限公司	企业数据集成	同方股份参股
广州健新科技股份有限公司	数据采集	新三板上市
北京中盈安信技术服务股份有限公司	数据采集	新三板上市
南京帆软软件有限公司	商业智能应用	未获融资
树根互联技术有限公司	数据服务平台	首轮（亿元）
北京永洪商智科技有限公司	商业智能应用	C 轮（2 亿元）

（数据来源：赛迪顾问　2018.1）

2．工业安全领域

工业安全事件频发给企业带来更高的安全防护需求，未来五年将是工业安全领域的快速成长期。由于我国工业安全领域基础比较薄弱，目前的产业规模和企业实力都有较大提升空间。在企业方面，应重点关注传统信息安全市场中具备工控安全业务方向的企业，以及专注工控安全领域的新兴创业型企业，如表 9-3 所示。

表 9-3　工业安全领域相关企业梳理

企 业 名 称	主营业务方向	融 资 阶 段
青岛海天炜业过程控制技术股份有限公司	工业防火墙	新三板上市
北京力控华康科技有限公司	风险评估与安全网关	天使轮（515 万元）
北京匡恩网络科技有限责任公司	监测审计	天使轮
北京威努特技术有限公司	监测与防护产品	A 轮（数千万元）
北京神州绿盟信息安全科技股份有限公司	安全审计与安防设备	创业板上市
北京天地和兴科技有限公司	安全防护与检测	未获融资
上海三零卫士信息安全有限公司	工业防火墙	未获融资
北京中科网威信息技术有限公司	工业防火墙	未获融资
成都中科慧创科技有限公司	主动防御与感知预警	未获融资
山东九州信泰信息科技股份有限公司	安全集成服务	新三板上市

续表

企业名称	主营业务方向	融资阶段
杭州安恒信息技术有限公司	安全审计与保障	D轮（亿元级）
北京网藤科技有限公司	防护与审计系统	A轮（千万元级）
英赛克科技（北京）有限公司	工业防火墙/监控平台	未获融资
研祥智能科技股份有限公司	安全应用平台	联交所上市
北京立思辰科技股份有限公司	防火墙/审计平台	创业板上市

（数据来源：赛迪顾问　2018.1）

3．国产仿真设计软件领域

在工业系统中，技术含量最高的软件是产品和生产过程的设计软件，包括CAD、CAE、PLM等，其地位类似信息系统中的操作系统。目前我国大部分研发设计软件都是由国外厂商提供的，此外部分国内厂商的产品内核和算法也来源于国外的几家重点厂商，这种核心技术的依赖已经引起国家相关部门的重视，国产研发设计软件企业将进一步加强研发投入，加快赶超国际先进水平的步伐，如表9-4所示。

表9-4　仿真设计软件领域相关企业梳理

企业名称	主营业务方向	融资阶段
英特工程仿真技术（大连）有限公司	CAE	A轮
广州中望龙腾软件股份有限公司	CAD	新三板上市
北京数码大方科技有限公司	CAD/PLM	新三板上市
武汉开目信息技术股份有限公司	CAD/CAPP/PLM	未获融资
北京瑞风协同科技股份有限公司	仿真设计平台	新三板上市
北京索为系统技术股份有限公司	仿真研发平台	A轮（1亿元）
杭州新迪数字工程系统有限公司	三维CAD	未获融资
北京云道智造科技有限公司	仿真APP	未获融资
上海致卓信息科技有限公司	CAE	未获融资

（数据来源：赛迪顾问　2018.1）

4．工业互联网平台领域

2017年11月，国务院发布《深化“互联网+先进制造业”发展工业互联网的指导意见》，明确提出我国将从“供给侧”“需求侧”两端发力，在平台培育、平台试验验证、百万工业企业上云和百万工业APP培育四个方面重点开展工作，加快形成工业互联网平台应用体系。工业互联网平台的核心是打造符合工业互联网发展的新型生态，即包含技术供给与商业需求的综合性平台。平台生态中的企业可以通过自主创新、行业合作伙伴创新和打造开发者社区创新业务，构建一种新型商业模式，如表 9-5 所示。

表 9-5　工业互联网平台相关企业梳理

企业名称	平台方向	融资阶段
航天云网科技发展有限责任公司	需求对接平台	拟股权募资 4.3 亿元
易派客电子商务有限公司	工业电商	未获融资
树根互联技术有限公司	云服务平台	首轮（1 亿元）
北京数码大方科技有限公司	云服务平台	新三板上市
青岛海尔股份有限公司	制造方案平台	主板上市
北京瑞风协同科技股份有限公司	仿真设计平台	新三板上市
北京索为系统技术股份有限公司	仿真研发平台	A 轮（1 亿元）

（数据来源：赛迪顾问　2018.1）

9.2　工业互联网“独角兽”企业

美国著名 Cowboy Venture 投资人 Aileen Lee 在 2013 年将私募和公开市场的估值超过 10 亿美元的创业公司做出分类，并将这些公司称为“独角兽”企业。此后，这个词就迅速流行于硅谷，并且出现在《财富》封面上。在国内，对于“独角兽”企业的评判并没有明确的标准。一般认为，“独角兽”企业是估值在 1 亿美元以上发展迅速的初创企业。

9.2.1　国外“独角兽”企业

1．KONUX

KONUX 是一家工业物联网公司，目前团队共有 35 名员工。KONUX 将智能传感器系统和基于 AI 的分析技术结合在一起，实时提供资产管理状况，使客户随时对工业设备进行预测性维护。基于人工智能的端到端解决方案使客户能够持续监控其工业基础架构，提前识别维护需求并提高运营效率。KONUX 主要有六个产品。

（1）开关监控。铁路开关故障是列车延误最常见的原因，该产品支持铁路运营商跟踪开关状况。KONUX 端到端的解决方案有助于监控列车通道引起的开关机械磨损。

（2）资产监控。该产品通过不断监测资产状况，可以预测维护需求，减少宕机引发的各种损耗。

（3）车辆监控。该产品可以提供监控解决方案，以确保车辆正常运行，并可持续收集数据用于整个机车车队的状态分析，实现数据驱动的性能改进。

（4）异常检测。该产品在设备产生状况时能及时提醒，通过将资产数据和平台实时监测结果进行比较，可以识别故障模式，检测异常情况，并为用户提出解决方案。

（5）预测分析。该产品可以整合各方数据，并将数据可视化处理。

（6）硬件定制。该产品目前可指定仪表板。

2．Desktop Metal

Desktop Metal 位于马萨诸塞州，是著名的金属 3D 打印机制造商。该公司自 2015 年成立以来，以开发低成本且易用的金属 3D 打印技术为目标，引起了业界的广泛关注。

该公司的桌面金属 3D 打印技术已于 2017 年发布，但投资者的投资热情并没有退去。最近由福特汽车公司领投的新一轮融资让该公司获得了 6500 万美元的额外资金。Desktop Metal 生产的 3D 打印机能够安全制造金属物件，而且要求的空间较小，成本较低。相比之下，传统的制造工艺需要昂贵的设备、宽敞的车间，而且工人在生产时还面临一定的危险。

3．MacroFab

在硬件制造中，想要得到不同制造商的报价需要等待数周时间，有些商店根本不会回应报价请求。而且不同制造商提供的报价也完全不同，因此有时很难知道某个项目的成本。

MacroFab 公司的创始人 Chris Church 也遇到过这种问题。最初他想要在相机上玩出一些很炫酷的东西，因此在 2011 年他离开了云软件公司，并和 Parker

Dillmann 联合创办了 Dynamic Perception。最初成立这家摄像头硬件公司纯粹是因为业余爱好，但硬件业务让他郁闷不已。

Chris Church 认为，可以让制造业的工作更偏向于云计算，可以简单地通过网络获得所需要的资源。他希望能够直接将设计上传给制造商，自动获得一个报价，并在时机合适的时候单击一个按钮，就能完成订购一批原型产品的工序，而不必像现在一样花几个小时与销售员一起审查电子表格。所以，他和电气工程师 Parker Dillmann 一起开设了名为 MacroFab 的工厂，让硬件设计师能够更加专注于本身应该做的事情。

MacroFab 除了可以自动获得报价外，还会详细列出各种费用，以便让客户知道在哪些方面需要削减成本。该公司的软件可以帮助安排生产作业，并自动为客户提供生产过程的状态更新。MacroFab 希望能更便宜、更容易地生产产品和小批量的设备，以在进行大规模生产之前对自身做出评估。目前，许多同类型的公司也已经出现，这让小批量产品的制造变得更方便、更实惠。

4. Sight Machine

Sight Machine 成立于 2011 年，总部位于美国旧金山，是实时的制造业大数据分析平台。Sight Machine 通过提供一套软件分析系统，可以帮助客户充分挖掘记录产品质量的图像、压力温度、运动控制传感器、可编程逻辑控制器、流水线机器等方面已经封装好的数据。完成数据挖掘后，再进行智能筛选工序，将过滤的有价值信息反馈给制造商，制造商则依据信息监测并改善生产过程。

这套流程所处理的所有数据都是实时的，如质量报告、跟踪性报告、OEE 趋势、SPC 趋势等，这些将通过 Web 页面直接发送到工厂，而这些最及时的信息，则能为工厂最关心的问题提供解决问题的方法与答案。

5. Tempo Automation

智能硬件创业正在全球流行。但是相对于编程，学习电子学则不是那么容易的事情，有许多障碍是很难克服的。Tempo Automation 的目标就是帮助人们克服这些困难，公司创始人 Shashank Samala 说：“我们正在创造一个电子工程，可以像软件一样快速地发展世界。”

为了达到这个目的，Tempo Automation 向人们提供周期很短的小批量原型制造服务，这样人们就能够把设计文件在三天内转化成物理模型。Shashank Samala 说：“现在的电子制造产业链是为大批量生产而设计的。如果你设计的是 iPhone，那很好。但是如果你准备只造几个，那么这就像用印刷机印刷几张纸一样不方便。我们现在就要建立一个专为小批量生产设计的自动化产业链。”目前，公司主要关注的客户为创业公司，特别是那些物联网设备制造领域的新企业。

9.2.2 国内“独角兽”企业

1. 航天云网——INDICS 工业互联网平台

在“互联网+”的大环境中，中国航天科工集团对外推出中国首个工业互联网平台，由此产生了航天云网公司。公司发展以“创新与创业结合、线上与线下结合、制造与服务结合”为特征的新业务，为政府和各类企业提供基于“互联网+智能制造”的服务。致力于将云计算、移动互联网、大数据物联网等新技术同制造业有机结合，发挥航天科工在信息技术业和制造业的优势，帮助传统制造业转型升级，积极应对工业 4.0 的到来。

航天云网于 2015 年 6 月搭建了国际首批、国内首个工业互联网平台——INDICS，2017 年 6 月正式向社会发布。INDICS 平台在 IaaS 层自建数据中心，在 DaaS 层提供数据存储和数据分析产品，在 PaaS 层对企业提供大数据分析、工业服务、面向软件定义制造的流程、仿真和人工智能等工业级 PaaS 服务，同时对开发者发布公共服务组件库和 200 多种 API 接口，以便支持各类工业应用快速开发与版本迭代。INDICS 同时提供 INDICS-OpenAPI 软件和 Smart IoT 产品接口，更好地支持工业化设备、产品和服务的接入，真正实现“云计算+边缘计算”的模式。工业互联网平台 INDICS 是基础，工业数据是重点，数据分析计算是核心，制造是最终表现，如图 9-2 所示。

在集团自身专业门类配套齐全的装备制造体系和领先的信息技术产业优势基础之上，INDICS 打造了涵盖智能商务、智能研发、智能生产和智能服务等制造全产业链的工业应用服务，并以航天科工国内领先的自主可控技术水平，为用户构建了工业云安全保障防护体系。

同时，为进一步改善工业领域信息封闭的问题，将工业数据与云制造应用、工业大数据应用无缝集成，航天云网公司还推出了连接工业互联网平台的工业物联网网关——Smart IoT，用于传感器网络接入、设备接入和边缘计算及工业大数据处理。该产品支持多类设备数据采集，具备良好的可拓展性，为生产制造企业提供了工业设备连接及使用工业互联网平台服务的便捷方式。

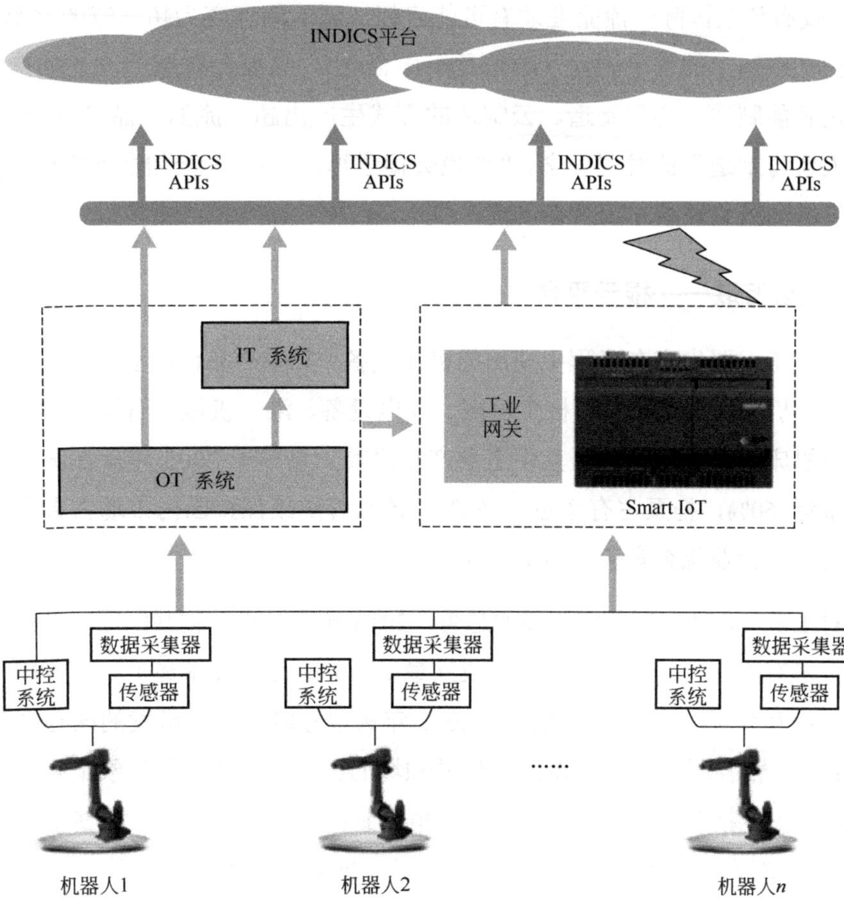

图 9-2 根云平台示意

（数据来源：工业互联网产业联盟）

现在，INDICS 作为我国唯一提供智能制造、协同制造、云制造公共服务的云平台，与西门子公司的 MindSphere 云平台、GE 公司的 Predix 云平台处于同一水平，但平台功能和应用场景更为丰富，推广应用的速度与成效优势明显。利用云平台提供的协同设计、协同制造、协同试验功能后，能够大幅度降低成本、压缩时间、提高质量。航天科工所属河南航天总公司数控机床主轴利用率从约 30%达到 80%，而操作工人的数量仅为原来的六分之一，既提前了进度，又保证了质量，还降低了生产综合成本；二院二部创新开展电缆三维协同设计与制造，压缩工作周期60%以上，减轻电缆网重量15%～30%，产品可靠性明显提高；航天电器公司在实现销售收入增长17%的同时，实现运营成本降低20%以上、生产效率提升224%。

航天科工董事长高红卫说："工业经济时代，大多数企业受制于自身制造能力的限制，仅有那些国际一流企业才有可能将超一流的创意变为超一流的产品。而如今，工业互联网上的每个企业（哪怕是小微企业），只要拥有超一流的创意，都有可能通过智能制造、协同制造、云制造的方式生产出超一流的产品。"高红卫阐述出"人人皆可制造"的发展理念。"这也会促进形成大中小企业融合发展的良好态势，为供给侧结构性改革提供新动能。"

2. 根云互联——根云平台

三一重工主要生产在工程中使用的机械装备，其中产品包括混凝土机械、挖掘机械、起重机械、筑路机械、桩工机械、风电设备、港口机械、石油装备、煤炭设备、精密机床等全系列产品。其中主导产品混凝土泵车于2005年就在国内市场份额占有率近60%，拖泵占有率也达50%，该品牌继续保持国内市场占有率第一，中国工程机械行业综合竞争力排第一位。

面对工业4.0和全球智能制造的趋势，2016年三一重工物联网团队组建了树根互联网技术有限公司，该公司是中国成立最早、链接工业设备最多、服务行业范围最广的工业互联网平台公司。随后在2017年树根互联网发布研发的核心产品——根云平台。树根互联依托三一重工在机械领域的积累，以机器为对象作为互联的数字模型，其中包括各种机械设备。当芯片植入到机器中，根云平台能够帮助机器所有者更好地掌握机器全生命周期的运营情况，据此提供管理运营等一系列解决方案，其中的服务对象不仅仅局限于工程机械领域，也适用于所有有需求的工业企业。通过根云平台，企业设备与设备之间的通信方式被改变，结合大数据分析，更能激发机器的生产潜能，进而降本增效，提升产品质量。

根云平台具有以下四大特色。

（1）国内第一家本土化中国工业互联网企业。

（2）从提供硬件、机器通信、云资源配置、大数据分析最后到应用开发，为工业企业提供一站式解决方案。

（3）用“互联网+物联网技术”提高工业应用效率。

（4）用“机械专家+互联网专家”跨界结合，以工业领域的深厚积淀与互联网云计算等新兴技术相互结合，使机器接入物联网后发挥更大的作用，如图 9-3 所示。

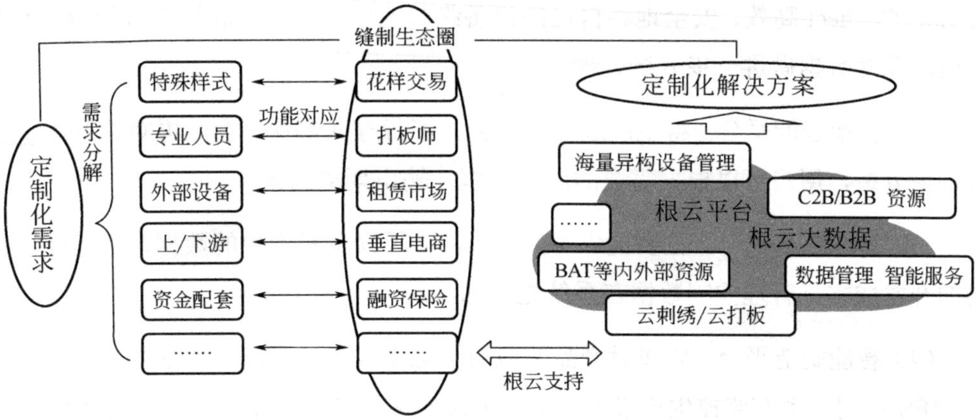

图 9-3　缝制企业与根云平台

（数据来源：工业互联网产业联盟）

3．富士康——工业互联网平台 BEACON

富士康科技集团是专业从事计算机、通信、消费性电子等周边产品研发、生产的高新科技企业。集团致力于为企业提供自动化、平台化、网络化、大数据为基础的科技服务综合解决方案。也正是由于富士康是全球最大的代工企业，使其能够最先了解前沿科技。集团一直努力正在从传统代工业转型为中小企业制造商服务的工业互联网平台公司。虽然目前处于车间层，但是集团一方面积极推动发展智能制造，提升生产效率与加强制作工艺水平，另一方面努力打造智能制造平台，使集团向品牌化转型。

富士康工业互联网股份有限公司于 2015 年 3 月 6 日成立，成为中国第一家以工业互联网命名的公司。2017 年公司开始开发工业互联网平台 BEACON，该平台主要是为客户提供新形态的电子设备产品和科技服务解决方案。在面对云、大数据、工业互联网等软件及工业中的机器人、传感器、交换机等硬件先进技术时，平台将其相互整合，智慧控制中心设立了端到端管理控制的智慧云平台。充分利用整个生产过程中产生的各项数据，其中将设备数据、生产数据、产业专利理论进行集成，在完成底层的数据处理与分析后，将这些有效的信息公布，进而形成一整套开放、共享的工业级应用，使其能够更好地被其他中小企业所利用，最大限度发挥资源的效用。

富士康 BEACON 有以下 4 个平台。

（1）物联网平台。为企业提供资源接入管理与数据采集提供解决方案，可以通过 EdgeConnect 高效、安全地将自己的设备终端连接至云端，进行设备管理、数据存储，并对数据做进一步分析处理。

（2）影像智能平台。将生产过程中的监控影像存入影像平台，再对这些影像进行图像分析，用户可以根据需要的服务类型，输出期望结果。

（3）智能数据平台。主要提供中间件，链接不同资料库中的数据，降低获取资料的开发成本，管理控制数据在系统之间的流通。

（4）智能制造平台。完成对产品的应用汇总集成，其中包括实时生产数据相关的 MES 应用，也有监控生产设备的 SCADA 应用，这些应用可将生产数据实现可视化，在此基础上使用数据分析和 AI 进行建模优化生产过程，进而提升生产质量，降低生成成本，降低库存量，真正地将数字化提升为智能化，如图 9-4 所示。

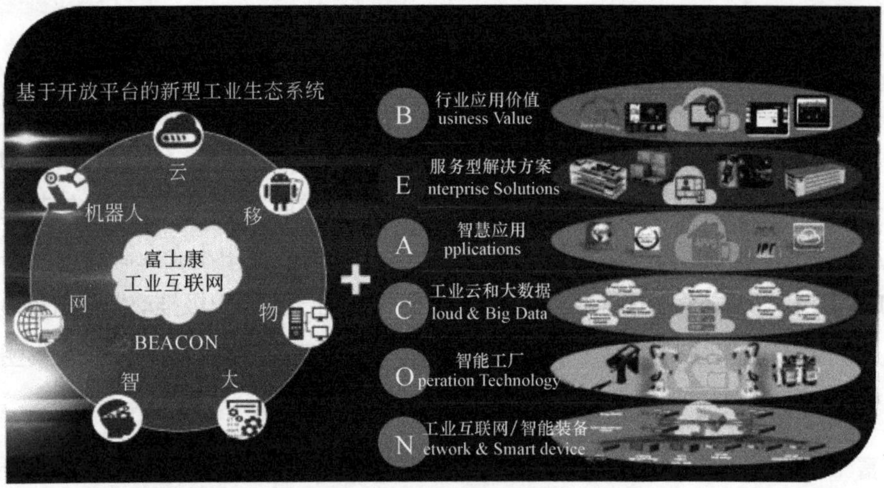

图 9-4　富士康工业互联网平台 BEACON

（数据来源：工业互联网产业联盟）

BEACON 在整个工业互联网架构的位置十分重要，往下是富士康云，负责数据的存储与底层网络的构建，往上是工业 APP 应用，只有 BEACON 平台将数据进行处理分析后，才能发挥出最大效用，为客户提供高品质、高效率、安全可靠的电子制造服务。

公司使用 BEACON 平台实现记录全部生产过程，SMT 数据整体呈现、智能定位、数据智能集中管理、基于大数据的能源控制，以及自适应测试平台。目前富士康使用该平台已经实现对设备能源消耗进行实时监控，优化生产过程中 2C 排程。企业在制造环节省电 10%，减少上料和设备维护时间，弱化自动在线测试环节，提高产品一次性良品率。平台 SMT 自动送料系统通过智能 AOI 参数修正反馈，实现 SMT 良率预测、设备智能保养与防错等智能化功能。

4．阿里云

阿里云创立于 2009 年，是全球领先的云计算及人工智能科技公司，阿里云服务于制造、金融、政务、交通、医疗、电信、能源等众多领域的领军企业，包括中国联通、12306、中石化、中石油、飞利浦、华大基因等大型企业客户，以及微博、知乎、锤子科技等明星互联网公司。

阿里云为多个工业领域提供工业互联网应用解决方案，在工业方面主要集中于四个方向：智能设备运维、智能生产工艺、新能源管理和智能监管。阿里云平台最大的优势和核心资源是数据，对于所有工业企业，阿里云可以提供消费端的数据服务，通过这些服务指导客户生产，改进质量，提高服务品质；对于已完成工厂物联网改造的企业，阿里云可以提供云计算、大数据的支持服务；对于未进行物联网改造的企业，阿里云可以联合 ISV，对企业进行工业互联网改造，打通产业价值链和消费端，形成从消费到生产的柔性生产过程。作为率先将研发平台建在车间的云服务商，阿里云在 2017 年推出了 ET 工业大脑，将 AI 技术、云计算大数据能力与垂直领域行业知识相结合。通过“在车间写代码”，ET 工业大脑突破了良品率提升、故障率预测等制造业核心难题。目前已经在光伏、橡胶、能源等五个行业落地，帮助协鑫光伏、中策橡胶、天合光能、盾安新能源等大型制造企业创造利润上亿元。

5．腾讯云

2013 年 9 月腾讯云全面开放。腾讯云有着深厚的基础架构，并且有着多年对海量互联网服务的经验，不管是社交、游戏还是其他领域，都有多年的成熟产品来提供产品服务。腾讯在云端完成重要部署，为开发者及企业提供云服务、云数据、云运营等整体一站式服务方案。具体包括云服务器、云存储、云数据库和弹性 Web 引擎等基础云服务；腾讯云分析（MTA）、腾讯云推送（信鸽）等腾讯整体大数据能力，以及QQ互联、QQ空间、微云、微社区等云端链接社交体系。正是由腾讯云提供的行业差异化优势，造就了可支持各种互联网使用场景的高品质腾讯云技术平台。

2018年1月，腾讯云发布了微服务中间件TSF。2018年3月23日，腾讯云估值达33亿美元。

6．索为

北京索为系统技术股份有限公司在航空、航天、兵器、船舶等领域深耕十余年，极大地提高了飞机、导弹、核、装甲车辆等高端装备产品的研发效率，为工业互联网平台积累了深厚的技术储备和人员储备。2017年，基于对制造业的深刻理解和实践，索为提出了“用软件业的方法+制造业”的创新模式，整合内外优势资源潜心研发，进而推出了基于工业互联网APP的工业互联网平台——“众工业”。“众工业”通过工程中间件技术，与行业企业、工程师、第三方服务商、产品提供商合作，助力其产品、技术、服务封装为工业APP形态，为市场提供基础共性、行业通用、企业专用的工业技术及资源体系；同时通过实施行业级、企业级、部门级、个人终端四级产品，实现企业产品研发、生产制造、运营维护等各个环节要素的无缝对接，以需求为牵引促进由线下配套向基于工业APP的产品配套、服务配套转变，催生开放、自适应、生态型的新型协同研制生态体系。

7．汉得信息

汉得信息是国内领先的核心ERP系统实施商，拥有ERP实施、智能制造系统实施、云产品及服务、运维等业务线。2017年，汉得信息实现营业总收入23.59亿元，比上年同期增长38%；利润总额为3.44亿元，较上年同期增长47%；归属于上市公司股东的净利润为3.5亿元，比上年同期增长45%。扣除非经常性损益的净利润为2.56亿元，较上年同期增长16%。报告期内公司基本每股收益为0.41元，同比增长46%。

汉得信息工业互联网产品主要是自有 MES 系统、SAP/ORACLE MES实施及西门子 PLM实施。无论采用西门子的MES还是SAP的MES，都需要与后端ERP系统进行对接，否则信息流会被中断，智能制造也不能完成。汉得信息作为掌握ERP的厂商，拥有较大的话语权，是整个MES领域的最大受益者。目前，汉得信息已经推出在研发、供应链和仓储物流等领域内具备竞争力的完整行业解决方案，帮助制造业客户建立从个性化定制、协同供应链到智能制造的一整套落地方案，并能赢得较多的市场机会。

8. 赛意信息

赛意信息是中国领先的企业信息化服务公司。公司成立之初与 Oracle 签订合作协议，专注 Oracle ERP 咨询实施 17 年，是 Oracle 白金级合作伙伴，并获得 Oracle 多项认证服务。公司客户包括华为、美的、海航、Panasonic、Sanyo 等近千家国内外知名企业。华为是最大的客户，占比约为 70%；第二大客户为美的电器，占比约为 6%。

赛意信息业务范围涵盖从企业信息化规划、流程咨询到管理软件实施开发，从本地部署实施到云应用开发交付，从企业桌面应用到企业移动手机端应用，提供覆盖企业信息化全生命周期的系统解决方案。同时公司的实施顾问团队对于企业信息化的规划咨询、流程设计、系统实施、应用集成具有丰富的实施经验。公司从传统 ERP 出发，服务产品领域向 HR、CRM、SRM、中间件、商务智能分析产品开发等各个专业核心拓展。

赛意信息自主研发的集团费用管控解决方案 SIE-EMS 是支撑集团管控型企业合理化费用管控、提升费用效能的一种软件解决方案。全面支持企业的费用管理业务，解决方案涵盖预算、费用的申请、报销，借款/还款、费用分摊、员工信用管理、付款管理、影像管理、员工自助、接口管理、工作流管理、报表管理、组织权限管理、系统管理等功能，为企业构建高效、稳定、统一的费用管理平台。

赛意信息在该领域主要提供自主研发的面向离散制造业，尤其是电子高科技行业企业的 SIE-MES 产品及相关解决方案，解决方案推行 MOM（Manufacture Operation Management）生产运营管理的理念借以通过集成化的 MES 实现供应商送货、生产制造、成品出货的全流程管理，产品集成了传统的 MES 与 WMS（Warehouse Management System）功能于一身，流管理、设备管理、追溯管理、KPI 管理、预警管理、人员管理等功能，全面支持企业的生产管理业务；同时，该产品在集团化应用、国际化应用等方面有良好支持，能为企业构建高效、稳定、统一的生产管理平台。

第 10 章
Chapter 10

工业互联网创新发展路线图

21 世纪，工业互联网有望再次改变世界。工业变革促成的全球工业系统融合，再加上开放式计算与通信系统，为加快生产力、减少低效和浪费，以及改进人们的工作体验开辟了新领域。

10.1 工业技术知识软件化

10.1.1 工业软件已成为制约我国工业信息化发展的瓶颈

早在 2010 年，中国就已经超过美国在产值规模上成为全球制造业第一大国，然而实际上中国制造业的现状是大而不强，平均水平仍处于工业化中期阶段，在核心技术与关键环节等领域，与西方发达国家相比仍存在很大差距。工业技术体系不完善、工业软件领域缺乏话语权是当前中国制造业面临的突出问题。

改革开放以来，我国制造业先后引进了大量先进的工业软件和信息化设备，在门类、数量和投资额方面已居于世界前列。2015 年，软件产品进口规模已经超过 2000 亿美元，超过了石油进口规模。然而这些进口软件的应用并未给中国制造业带来核心竞争力，虽然软件与信息化能够提高企业运行和管理的效率，然而单靠软件和设备的应用而没有自身工业技术的积累仍然无法创造出世界一流的产品。

如果将信息技术与软件视为载体，那么工业技术与工业知识就是这些载体上承载的核心内涵——软件所承载的业务流程、管理模式、研发数据和技术方案远比软件本身更有价值。这也是很多制造企业在购买了国外的标准化软件之后，却未能找到打开信息化之门的钥匙。

工业技术知识软件化是工业技术、工艺经验、制造知识和方法的显性化、数字化和系统化的过程，工业技术与知识支配着整个工业的价值链体系，包括从需求分析、产品设计、试制试验、工艺改进、生产、交付与运营服务，直到回收的全过程。工业技术知识软件化的程度代表了一个国家工业信息化的核心能力和水平。

近年来，我国通过自主研发和引进国外先进软件，在信息技术领域取得了长足的进展，高端制造业的信息化水平得到显著提升，然而在工业技术与知识的软件化方面，仍旧处在追赶阶段，因为工业技术是制造企业自身工艺与研发核心知识的累积，无法通过引进和购买软件来实现移植。以波音公司为例，在波音 787 机型的研制过程中用到的 8000 多种软件，只有不到 1000 种软件是公开出售的商业软件，其余 7000 多种承载了核心工程技术的软件则为波音公司所私有。

更加悲哀的是，由于我国缺少核心领域的工业软件，在航天、造船、汽车等领域所应用的软件多为达索、西门子等国外厂商的产品。上述领域的大量研发成果被固化在国外厂商的工业软件中，相当于将自己的工业技术与知识放在了国外的工具中，并且为国外厂商的产品进行了二次开发和优化。这也使得国产软件在与国外软件的竞争中，永远处于没人用——缺少知识积累——性能不足——没人用的恶性循环中，极大地阻碍了国产工业软件的发展。

10.1.2 工业技术知识软件化是工业互联网的关键路径

在新一轮工业信息化革命的背景下，西门子、达索和通用电气等工业软件巨头通过不断并购，正在向全产业链扩张，意图建立起完善的生态系统。目前，上述厂商的工业软件和平台已经覆盖需求、设计、仿真、试验、工艺、生产、制造、服务中的大部分产业环节，且能够与其工业控制系统实现互联互通和无缝对接。一旦国外巨头建立起完善的产业生态，将再次主导新一轮制造业革命核心——工业互联网的演进。由于我国高端制造业研发过程中的 CAD、CAE、PLM 等基础工业软件的大多细分领域被国外垄断，生产过程中应用的高端工业控制系统和数控装备也大多数来自国外，这使得我国企业在参与制定智能制造工业技术标准时话语权十分有限，也意味着我国工业互联网技术面临被国外垄断的风险。

因此，工业技术与知识的软件化将成为我国工业互联网发展的关键环节与重要路径。在工业领域，工业技术软件化能将工业技术进行数字化表达和模型化，并将其移植到工程中间件平台，以便驱动各种软件、硬件和设备，从而完成原本需要人工完成的大部分工作，将人解放出来去做更加高级、更具创造性的工作。同时，工业技术软件化还能通过对企业历史数据和行为数据的深度挖掘，利用机器学习技术把经验性知识进行显性化和模型化表达，进而实现工程技术知识的持续积累，实现工业技术驱动信息技术，信息技术促进工业技术的双向发展。这对于建立数字化的工业技术体系，以及促进工业化、信息化深度融合具有十分重要的战略意义。

纵观信息技术产业发展史，操作系统的出现使开发人员和用户摆脱了数量众多的硬件管控流程，使得应用软件得以蓬勃发展。同样，在工业信息化领域，工业技术软件化可以类比为工业工程技术的操作系统，使开发人员和用户摆脱了对工业信息化底层设备和设施繁复的管控，能够更加聚焦工业应用的开发与工业技术和知识的转化，从而推动工业技术的变革和飞跃。

西方发达国家建立工程技术体系经历了漫长过程。随着各种信息技术的出现，波音、空客等工业企业也在同步进行工程技术的软件化，主要是通过在商业化的 IT 工具上进行二次开发来实现。由于 CAD、PDM、CAE 等软件在不同时期先后出现，相应的工程技术体系也是逐步开发并形成的，最终的工程技术体系与商业化的 IT 工具融为一体无法分离。工业企业在标准、方法、过程、工具方面差异巨大，不同企业的工程技术体系也互不通用，因此，无法在企业之间进行简单的移植和复制。

结合我国的实际情况与工业文化，很难按照西方的模式去重建整个工程技术体系。而如今的技术环境已不同于西方国家当时的环境和条件，中国要实现换道超车，工业知识软件化是知识生成和知识使能的一种重要路径。工业软件是工业 3.0 时代的典型产物，通过软件控制硬件极大提高了工业效率，然而工业 3.0 时代的软件需要高水平的技术人员和完善的方法体系来衔接。我国制造业虽引进了大量的先进工业软件，但是仍不能完全达到工业 3.0 的水平，原因就在于我国的操作人员达不到国外同样的技术水平，或者说操作技术达不到国外同等水平。因此工业 4.0 核心就是要解决智能化的问题，通过智能化解放人，实现人机重新分工。

知识的使用和生成一直以来都是通过人来实现的，而形成的知识体系也一直都是为人所用。与此不同的是，工业知识软件化是关于机器使用知识的技术，通过将知识以软件方式植入机器，使机器完成知识型工作，从而使知识成为直接生产力。在知识植入机器，机器与人协作的过程中，机器不断记录人的行为，并进行处理加工和学习，可以实现知识的自动更新。因此，相较于传统知识通过人去发挥间接作用，以及小步慢跑的知识生成模式，工业知识软件化是知识使能和知识生成的一次革命。

通过工业技术与知识软件化可以系统性地、半自动地、快速地建立工程技术体系，这种建设一方面是系统地把显性化知识加工转换为机器知识来实现，另一方面则是通过机器挖掘、机器学习来不断生成知识，是一种机器与人合作建设的模式。相对西方国家渐进式、叠加式的模式，知识自动化是一种更加先进、高效的模式。通过知识自动化模式，可以更快、更好地建立整个行业的工程技术体系。

10.1.3 工业技术知识软件化需要企业与政府共同发力

在美国，工业技术知识软件化同样是发展的重要方向。2014 年 2 月，时任美国总统奥巴马正式启动了作为实施“再工业化法案”中最为重要的数字化制造与创新中心，该中心推出的第一个最大的项目就是数字化制造的开源软件代码项目——数字化制造公共平台（Digital Manufacturing Commons，DMC）。DMC 是一个开放性软件平台，通过提供基于知识自动化的服务平台，大大降低了知识工作者的设计难度，从而能将精力放在创新上。

在德国，西门子通过兼并与收购实现其工业技术软件化生态体系的构建。2007 年，西门子收购美国 UGS 从而获得其 3D 设计软件 UG-NX、产品数据管理软件 Teamcenter 与数字化工厂装配系统 Tecnomatix。2008 年，西门子收购德国的 Innotec，使得虚拟工厂的厂房布局规划及实际工厂的运行模拟成为可能。自 2013 年起，西门子试图在虚拟设计工业软件中，采用虚拟现实（VR）来实现人机的交互，先后收购了 LMS、VRcontext 和 Tesis 软件。Tesis 可以跟 SAP 软件、Oracle 数据库无缝集成，使得西门子的工业软件平台可以自由地与其他软件巨头进行协同。2014 年年底，西门子成功收购了 Camstar，使其具备了对于工厂现场数据的强大分析能力。

在国内，也有软件厂商基于知识自动化的理念，通过知识组件模型，建立了多个领域的知识自动化系统，如飞机总体设计系统、导弹综合设计系统、发动机集成设计系统、装甲车辆总体设计系统、船舶综合设计系统、雷达集成设计系统、核反应堆协同设计系统、工艺集成研发系统、基础工艺数据库等。目前为止，上述系统在航空、航天、兵器、船舶、电子、核电、汽车等领域的实际应用，通过对设计分析工作的组件化和自动化，在提高设计品质的同时大幅缩短了设计周期。

智能制造是基于新一代信息通信技术与先进制造技术的深度融合，贯穿于设计、生产、管理、服务等制造活动的各个环节，具有自感知、自学习、自决策、自执行、自适应等功能的新型生产方式。虽然热门的人工智能、大数据、云计算、物联网等技术构成了智能制造的信息技术基础，但是工业知识体系、设备运维技术、工艺经验等各种工业技术体系的显性表达，则是工业化的基石，这就意味着单纯使用 IT，是无法解决智能制造的问题。

为了实现智能化，需要在产品研发阶段将研发技术和知识植入研发环境，从而实现智慧研发。需要在生产阶段将生产和制造的方法和技术植入生产线，从而实现智能工厂。需要在产品服役阶段将服务保障的逻辑植入售后服务系统，从而实现智慧服务。这些过程需要工业知识的模型化技术，需要工业技术植入机器的技术，需要知识驱动 IT 工具的技术，这些正是工业技术软件化的核心要素，因此，工业技术软件化是实现工业智能化的关键技术和路径。

工业技术知识软件化的工作非个别企业所能胜任，解决问题的最佳方式是由第三方机构在整合国家部委、地方政府、产业园区、骨干企业等多方优势资源和力量的基础上，共同建设和运营工业技术知识软件化平台和联盟，并在此基础上探索和建立将个体技术知识通过平台转化为社会共性技术的激励机制。工业技术知识软件化具有研发投入大、周期长、难度高、见效慢等特点，因此，需要国家给予必要的政策和资金支持。同时，政府应同步建立起配套的行业技术标准，如驱动技术标准、工业技术模型化标准、工业操作系统标准、工业技术体系标准等。这既是我国建立工业技术知识软件化产业生态的关键，也将是国内工业软件企业开拓海外市场的重要基础。

10.2 边缘计算助推生产智能化

10.2.1 边缘计算

近年来，云计算获得蓬勃的发展，依据赛迪顾问统计，2017 年中国云计算产业规模为 2630.2 亿元，增速达到 14.5%。在云计算快速发展的同时，人工智能、物联网、移动互联网的发展又使得边缘计算（Edge Computing）再一次火热起来，华为、Amazon、NXP 等公司纷纷推出产品，布局边缘计算。

边缘计算的核心理念是计算应该更靠近数据的源头，更为贴近用户。此处，"边缘"与"数据中心"相对，指数据的处理是在网络边缘设备上进行的，包括并不限于手机、网关、智能音箱、路由器、摄像头、机顶盒、基站等基础设施。随着万物互联的飞速发展和广泛应用，边缘设备正在从以数据消费者为主的单一角色转变为兼顾数据生产者和数据消费者的双重角色。同时，网络边缘设备逐渐具有利用数据进行决策判断、本地文件传输、智能处理等功能所需的计算能力。在边缘计算中，计算资源更为接近数据源头，可实现数据的本地预处理、本地加密，并将预处理后的数据发送至云数据中心中，不仅可以降低对骨干网络的传输压力，还可减小终端敏感数据隐私泄露的风险。

云计算与边缘计算分别是集中式计算与分布式计算的典型架构。云计算将传统分布在各个企业内部的服务器集中起来，统一放到云服务商的数据中心（IDC）中。通过对集中资源的调度，云服务商可为用户提供动态灵活的资源配置方案。在云架构中，用户请求会先通过互联网传输至 IDC 的服务器上，服务器完成相关计算后再把结果回馈至用户侧。因此，云架构可被视为网络、存储、计算资源部署在 IDC 的集中式架构。不同于云计算，边缘计算利用终端侧（移动手机、智能音箱等）、边缘设备（网关、路由器、基站）中的处理能力，在数据源头处完成数据加密、本地数据交互甚至决策。就整个网络而言，不同地点的用户请求优先在本地进行处理，边缘计算架构是分布式的。相较集中式架构，其优点包括以下内容。

① 应对时延敏感业务：本地完成决策，避免网络传输时延。

② 降低网络拥塞：本地进行决策和数据压缩，降低网络传输数据体量。

③ 提升数据传输的安全性：本地进行加密，提升数据安全性。

④ 提升应用的可靠性：在网络发生故障时，保证本地基本功能的可用。

边缘计算与网格计算是“自下而上”“自上而下”两种形式的分布式计算。立足于整个网络，边缘计算与网格计算均可视为分布式计算。网格计算是把一个需要巨大计算能力的问题分解成为许多小部分，并把各个部分分配给网络中的多个节点进行计算，最后把各计算结果综合起来得到原问题的计算结果。虽然边缘计算与网格计算都是分布式计算，但是，两者存在着本质区别：边缘计算中，数据请求来自本地，在本地进行（预）处理，然后发送给远端服务器，数据处理及传输是自下而上的方式；网格计算中，需由中心节点对数据进行处理并分配给网络节点，数据处理是自上而下的方式。随着物联网的发展，在网络设备急剧增多的背景下，边缘计算的处理方式有助于在局域网侧完成用户请求处理、紧急事件响应、本地数据交互等任务，具有很强的应用前景。

边缘计算与云计算进行互补工作，能使万物智能。2017 年 7 月 20 日，国务院印发《新一代人工智能发展规划》，使人工智能发展备受重视。人工智能发展的愿景是万物智能，所有物体均具有一定的智能处理能力。然而，若万物均需通过数据中心的服务器完成“智能化”，一方面不符合万物智能化发展趋势，另一方面将会给核心网络带来巨量数据，影响核心网络的稳定性。因此，万物需具备一定的数据处理能力，即边缘计算将会是万物智能化的核心要素之一。未来，边缘计算将与云计算互补配合，根据计算任务的紧急度、复杂度、安全性选择合适的计算方案，结合人工智能算法的演进及智能硬件的普及，构建万物智能世界。

10.2.2　边缘计算面临的挑战

智能制造的核心为在线优化，是控制系统（Operation Technology，OT）与信息系统（Information Technology，IT）的融合。从传统发展来看，OT 与 IT 的发展轨道不同，模式、理念、技术平台也存在较大差别。随着边缘应用的多样化，传统 IT 终端已经无法满足智能制造的要求，这就需要边缘计算与芯片、网络设备、应用进行融合，支持多源异构设备，提供新一代的解决方案，同时探索面向未来的新型产业模式。在此过程中，边缘计算面临着诸多挑战。

1．可编程性

在云计算中，用户编写相关程序并将其部署于云端，由云服务商维护相关服务器（用户对程序的运行不是很了解）。此模式中，程序通常在目标平台上编写，并在云服务器上运行。在边缘计算架构中，部分或者全部的计算从云端迁移至边缘节点。由于边缘节点大多是异构的，且不同节点的运行环境不尽相同。因此，在边缘计算架构下部署用户程序具有一定困难。

2．数据抽象

在边缘计算模型中，应用程序通过服务管理层应用程序接口调用数据或者提供服务。一般而言，边缘节点接收到终端设备数据后，会在网关层进行去噪、事件检测、隐私保护等相关数据预处理，然后将数据发送至系统上层，将数据提交给应用服务。在此过程中，终端设备传输数据格式的多样性、数据抽象程度的不确定性、数据抽象的适用性均对边缘计算架构中的数据抽象提出了挑战。

3．隐私保护及安全

数据隐私保护及安全是边缘计算需要考虑的重要一环，如何在隐私保护的前提下提供服务将是一种挑战。网络边缘设备资源有限，现有的数据安全方法并不能完全适用于网络边缘侧，而且网络边缘侧高动态环境也会使网络更易成为黑客攻击的对象。为实现工业的智能安全生产，需要加大对数据保护技术的研发，利用有限的资源支撑可靠的数据安全算法，保障多源异构数据、高动态运行环境下的数据安全。

4．指标优化

在边缘计算模型中，不同层设备的计算能力不同，需要通过负载分配完成相关指标的优化，负载分配优化的主要指标包括实验、带宽、能耗及成本，且不同指标之间存在相关性。例如，由于能量限制，某项工作需要在数据中心完成，这种处理方法极有可能增大时延。针对不同的工作负载，优化指标需要设置权重和优先级，以便系统选择合理的分配策略。同时，成本分析也应在运行过程中完成。因为，指标优化涉及多个目标，要考虑的因素众多，所以设计优良的负载分配方案具有一定的挑战性。

10.2.3　边缘计算助力实现智能制造

工业 4.0 是以智能制造为主导的第四次工业革命，可实现信息技术与工业技术的融合。智能制造作为工业 4.0 时代最为重要的特征之一，是指由机器人和人类专家共同组成的人机一体化智能系统，可在生产制造活动中引入数据采集、数据分析、数据判断、数据推理、产品构思和决策等环节，是世界制造业未来发展的重要方向。

工业 4.0 的核心是通过信息物理系统（Cyber Physical System，CPS）实现人、设备与产品的实时联通、相互感知和信息交互，从而形成一种高度灵活的智能化和数字化的智能制造模式。可见，智能制造的实质就是 CPS。CPS 通过人机交互接口实现和物理进程的交互，使物理系统具有计算、通信、精确控制、远程协作和自治功能。通过 CPS，可以实现产品生命周期内各个制造单元间主动完成信息交互，触发响应和实现控制，推动制造业的智能化转型。

为推动智能制造的发展，核心关键在于构建完善的信息物理系统。根据边缘计算的定义，工业领域 CPS 也属于边缘计算的范畴，物理系统通常位于工业特定系统的边缘，同时具有计算、通信及数据存储能力正是边缘计算的基本特征。CPS 实质上是通过对物理系统的感知、数据分析、策略优化和多层次协同等手段，使得计算、存储、控制实现有机融合和深度协同，充分利用物端的嵌入式计算能力，以分布式信息处理的方式实现物端的智能和自治，基于全面物联海量的传感数据，将 OT 与 ICT（Information and Communication Technology）融合，形成数据驱动的分布式智能控制。

目前，CPS 的应用仍旧处于初级阶段，研究主要集中在抽象建模、概念特征及使用规划等方面。未来，CPS 将与云计算、物联网、大数据等深度融合应用，打造面向产品全生命周期的智能制造系统，通过将传感器、感应器切入物理环境中，实现实时状态感知与分析、人机交互、精确执行和反馈，深度融合物理系统与信息系统，实现产品设计、生产和企业管理及服务的智能化，有效提升系统内各个部分的信息交互和协同能力，完成原材料、生产制造、产品测试、设备维护等多个环节的数字化，实现智能生产过程中数据实时现场处理。同时，边缘计算，即 CPS 通过与云计算相配合，将边缘生产数据传至云端进行补偿运算，再下载至边缘控制器上运行，可降低通信开销，提升加工效率和良品率。

10.3 下一代通信技术助推数字工业

10.3.1 物联网是下一代通信技术的拓展重点

第五代移动通信技术（5G）是国际移动通信（IMT）的下一阶段，国际电信联盟（ITU）对其正式的命名为 IMT-2020。不同于前几代移动通信系统，5G 对需求指标除了传统的峰值速率外，还提出了包括“体验速率、频谱效率、空间容量、移动性能、网络能效、连接密度和时延”8 个关键指标要求，如表 10-1 所示。

表 10-1 5G相比 4G的需求指标

指标	峰值速率	体验速率	频谱效率	空间容量	移动性能	网络能效	连接密度	时延
5G	20Gb/s	100Mb/s	3×	10Mb/s/m^2	500km/h	100×	100 万终端/平方公里	1ms
4G	1Gb/s	10Mb/s	1×	0.1Mb/s/m^2	350km/h	1×	10 万终端/平方公里	10ms
提升	20 倍	10 倍	3 倍	100 倍	1.43 倍	100 倍	10 倍	10 倍

全球范围的通信标准由国际电信联盟（ITU）确定，需经过“愿景确定——频谱规划——标准征集——标准制定——推出商用”几个阶段。ITU 提出 5G 愿景后，由全球相关组织制定满足愿景的标准并向 ITU 提交。当前，制定 5G 标准的组织有 3GPP（第三代合作伙伴计划）、IEEE（电气和电子工程师协会）、NGMN（下一代通信网络组织）、5GPPP（欧盟下设 5G 组织）及其他地方组织等。3GPP 集合了全球重要的通信、IT 厂商，其 5G 方案最为完整和全面。3GPP 将在 2018 年 9 月确定早期标准，2019 年年末至 2020 年年初确定最终标准。需要指出，一些拥有技术话语权的公司，如高通公司、美国运营商 Verizon 等，会推出自己的时间表、标准等抢占 5G 市场。中国移动、中国联通、中国电信三大运营商预计于 2018 年开始 5G 的试商用。

国际电信联盟无线电通信局（ITU-R）确定的未来 5G 的三大应用场景包括：

① 增强型移动宽带（enhanced Mobile BroadBand，eMBB），面向超高清视频、虚拟现实（VR）等应用；

② 大规模物联网（massive Machine Type Communication，mMTC），面向智能家居、智慧城市等应用；

③ 低延时高可靠通信（Ultra-Reliable and Low Latency Communication，URLLC），面向车联网、工业互联网等应用。

我国的 5G 标准考虑到人口因素，增加了高密度覆盖场景。5G 中的增强移动宽带场景可以看作是 4G 的长期演进，5G 相比 4G 的增量在于后两大场景对物联网场景的覆盖。从应用场景来看，物联网应用是 5G 新拓展的场景。

物联网（Internet of Things，IoT）的概念是在 1999 年提出的，经历了近 20 年的发展已经从实验室走向实际应用。物联网的目标是将万物连接至网络，实现物品与物品、物品与人之间的通信，是互联网在用户端的延伸。

在物联网中，终端感知节点通过与环境、人或其他感知节点发生交互，获取数据，然后将相关数据通过有线或无线网络传输至网关，从而将数据传输至主干网中，随后，数据到达相关数据中心的服务器中，被相关物联网应用所调用、处理和分析，以便更好地为用户服务。

欧洲电信标准组织（European Telecommunications Standards Institute，ETSI）将物联网整理为三层结构，并获得了普遍认同。三层结构包含感知层、网络层和应用层，各层含义如下。

① 感知层：实现对物理世界的智能感知识别、信息采集处理和自动控制。

② 网络层：实现数据的传输、路由和控制，主要包括终端感知节点到网关/基站（接入网络传输）、网关/基站到数据中心（核心网络传输）两段。

③ 应用层：基于感知层传回数据中心的数据、信息基础设施而开发的针对不同行业的应用。

基于蜂窝网络的物联网设备早期采用 2G、3G 联网，在 LTE 后出现了 Cat-1、Cat-0 等终端定义方式和对应的联网方式。2016 年，3GPP 通过了新技术协议 NB-IoT（Narrow Band IoT，窄带物联网）、EC-GSM 和 Cat-M（eMTC），可用于终端传感设备接入。LTE V2V 核心部分于 2016 年完成标准的制定。LTE V2X（包括车与路侧设施、车与人、车与网络）的核心部分已在 2017 年完结。

随着物联网标准的制定，中国三大运营商逐步发力网络建设。

① 中国移动：2016 年，联合华为和海思完成基于 NB-IoT 端到端商用产品实验室验证；联合爱立信和高通启动 eMTC 端到端商用产品的实验室测试。按照中国

移动的规划，在2017年第四季度基于蜂窝物联网技术建设的网络开始商用。

② 中国联通：2015—2016年开展NB-IoT业务试点及试验；2016年建设 6个外场试点；2017年推进重点城市的规模应用部署，展开eMTC新技术试验；2018年NB-IoT全国商用。

③ 中国电信：2017年年中，NB-IoT商用支持eSIM；2017年年底Cat-M试商用；2018年Cat-M商用。

根据赛迪顾问的数据，2014 年我国物联网产业规模达到了 6000 亿元，同比增长22.6%，2015 年产业规模达到7500 亿元，同比增长29.3%。预测到2020 年，中国物联网产业规模将超过1.8万亿元。物联网作为通信行业新兴应用，在万物互联的大趋势下，市场规模将进一步扩大，预测未来3年，中国物联网产业规模增速将超过15%。

10.3.2 物联网发展机遇

1. 感知层

感知层是物联网发展的基础，包含声音、温度、湿度、速度等各种传感设备、芯片等计算设备，主要完成数据的采集和初步计算。传感设备通过感知周围环境、与人或其他传感设备交互获取相关数据，并由计算设备进行数据的初步处理。感知层设备包括硬件和软件两部分，硬件主要包括处理芯片、传感器等，软件主要包括运行于硬件上的物联网系统软件和应用软件。

（1）传感器方面技术门槛高，国内/外差距明显。

传感器是一种检测装置，用于采集各类信息并转换为特定信号，可以采集身份标识、运动状态、姿态、压力、温度、湿度、光线、声音等信息。传感器行业由来已久，目前主要由美国、日本、德国的几家龙头公司主导。我国传感器市场中约70%左右的份额被外资企业占据。

物联网技术的发展对传感器提出了便携、节能、环保等新要求，传感器产品正逐渐向微机电系统（MEMS）技术、无线数据传输技术、红外技术、新材料技术、纳米技术、陶瓷技术、薄膜技术、多学科交叉融合的方向发展。其中，MEMS

是指尺寸在几毫米乃至更小的传感器装置，其内部结构一般在微米甚至纳米量级，是一个独立的智能系统，具有体积小、重量轻、功耗低、可靠性高、灵敏度高、易于集成等优点。全球前十名 MEMS 厂商主要包括博世、意法半导体、惠普、德州仪器、佳能、InvenSense、Avago 和 Qorvo、楼氏电子和松下。中国 MEMS 产业在 2009 年后逐渐起步，目前尚未形成规模，产业整体处于从实验室研发向商用量产转型阶段。国内 MEMS 厂商在营业规模、技术水平、产品结构、产业环境上与国外有明显差距，60%～70%的设计产品依旧集中在加速度计、压力传感器等领域。

2015 年中国 MEMS 器件市场规模为 308 亿元，占据全球市场的三分之一。从发展速度而言，中国 MEMS 器件市场平均增速约为 15%～20%，快于全球市场增速。随着物联网的应用，MEMS 传感器市场会稳步增长，物联网对低价 MEMS 传感器的需求可在一定程度上带动我国 MEMS 产业的发展。

（2）处理芯片方面，国内厂商或迎来发展机遇。

由于微处理器芯片在信息采集、处理、控制领域具有高效能、低功耗、低成本的特点，使其成为物联网重要的硬件支持。尤其是 MCU 微控制器和 AP 应用处理器发展迅速，应用潜力大。

全球 MCU 市场中，日本、韩国供应商拥有专业的系统设计和制造技术，在消费电子产品方面实力强大；美国和欧洲供应商在工业控制和汽车电子等方面更为成功；中国的供应商则侧重于低端消费电子产品。在物联网应用中，部分终端设备并不需要复杂的计算处理，对处理芯片的要求不高，这会为国内的 MCU 厂商带来一定的发展机遇。

（3）物联网 OS 群雄逐鹿，国内厂商具有一定的竞争力。

物联网终端设备中的软件包括系统软件和应用软件。系统软件即运行在终端硬件之上的操作系统（OS），对终端进行控制和管理，提供程序调用接口以实现软/硬件分离，相当于智能手机之上的 Android、iOS；应用软件即基于操作系统之上开发的各种 APP。考虑到应用软件繁杂且其价值与应用密切相关，此处主要讨论物联网操作系统。

物联网操作系统是实现感知节点智能化的前提，是各大厂商必争之地。目前，物联网 OS 可以分为开源 OS 和非开源 OS 两类。

① 开源 OS：FreeRTOS、TinyOS 等。

② 非开源 OS：ARM 的操作系统 mbed OS、Intel 旗下风河公司的物联网实时操作系统 VxWorks、谷歌的 AndroidThings、微软的 Windows 10 for IoT、华为的 Lite OS、阿里的 Yun OS 等，如表 10-2 所示。

表 10-2 典型物联网OS简介

物联网 OS	简 介
RIOT OS	RIOT OS 是开源社区项目，2008 年启动。RIOT 能够在众多平台上运行，包括嵌入式设备和 PC（数量众多的极其流行的传感器/致动器板卡），而且拥有易于使用的 API。可在用电量和资源需求方面做到高效
Windows 10 for IoT	2015 年发布，面向三个方向：Windows 10 IoT for Small Devices、Windows 10 IoT for Mobile Devices、Windows 10 IoT for Industry Devices，为设备体系提供具有企业级安全性的融合平台，并通过 Azure 物联网服务提供机器到机器和机器到云的本地连接
风河 VxWorks	美国 WindRiver 公司于 1983 年设计开发的嵌入式实时操作系统（RTOS），具有硬实时性、确定性与低延时性。系统内核最小为 8KB，占用空间小，可运行在 ARM、PowerPC、Intel 处理器之上
谷歌 AndroidThings	2016 年发布，前身是 2015 年发布的物联网操作系统 Brillo，支持 Intel Edison、NXP Pico、Raspberry Pi 3 等硬件平台，可搭载到 32～64M 内存上
ARM mbed OS	2015 年正式发布，是事件驱动的单线程架构，而非多线程（实时操作系统）环境，确保它可以扩展到尺寸最小、成本最低且功耗最低的 IoT 设备
华为 Lite OS	2015 年，华为发布 Lite OS，具有统一物联网操作系统和中间件软件平台，以及轻量级（内核小于 10k）、低功耗（1 节 5 号电池最多可以工作 5 年）、快速启动、互联互通、安全等关键能力。仅支持海思 CPU
庆科 MICO	2014 年发布，基于微控制器的互联网接入操作系统，集成度高、响应快、功耗低、控制功能丰富，处理能力和资源却相对较弱
阿里 Yun OS	2016 年开始布局物联网，Yun OS 正在 Yun OS for Car、Yun OS for Wear、Yun OS for Work、Yun OS for Home 多个板块上布局生态

在物联网 OS 的竞争中，国内外企业几乎于 2014 年同时起步。考虑到物联网是关键信息基础设施，在重点应用上国家会推行“自主可控”，结合智慧城市建设，国内的物联网 OS 厂商具有一定竞争优势。此外，物联网终端设备多，设备管理、设备应用安装均需用到云计算；物联网会产生海量数据，后端数据分析处理需要依托云计算，物联网 OS 的发展需要云计算的支持。因此，已经具有云服务的国产物联网 OS 厂商具有很强的竞争力。

2．接入网层的通信芯片、射频、天线存在机会

物联网本身对接入网络层的连接并没有确定性的要求，广义的物联网连接方式可以是蓝牙、Wi-Fi、有线网，也可以基于蜂窝网络。基于蜂窝网络的物联网设备

早期采用 2G、3G 联网，在 LTE 后出现了 Cat-1、Cat-0 等终端定义方式和对应的联网方式。2016 年，3GPP 通过了新技术协议 NB-IoT、EC-GSM 和 Cat-M，可用于终端传感设备接入。除以上几种标准外，LoRa、SigFox、Ingenu、NWave 等也是接入技术的解决方案。此外，车联网作为物联网中的一个特例，通信采用 LTE-V 协议。

在物联网中，所有终端设备均需接入网络中，其中一部分将采用无线传输方式接入。无线接入过程中需要用到通信芯片（包括基带、收发器）、射频（Radio Frequency，RF）前端、天线。以 RF 前端为例，预计物联网连接设备的数量将在 2020 年达到 260 亿，按照单台设备配置 1 个 RF 模块，单个物联网 RF 前端模块价格 2 美元估算，到 2020 年物联网设备贡献的 RF 前端市场空间将达 520 亿美元。将传统传感器升级成为具有 NB-IoT 联网功能的传感器会带来一定市场。

除去通信芯片、RF 前端、天线外，物联网终端设备使用蜂窝网络进行数据传输的前提是具有 SIM 卡。由于终端传感设备的环境恶劣，传统的插卡式 SIM 卡在一定程度上不适用。这会给 eSIM 卡提供机会，eSIM 卡即虚拟 SIM 卡，是终端的一部分，固定在终端内部。eSIM 卡比传统 SIM 卡小 90%，且芯片能量利用率更高。考虑到终端感知设备的数目，eSIM 卡或将具有发展前景。

3. 应用层基于硬件和操作系统，发展前景广阔

应用层的功能是处理感知层上传的数据，对数据进行计算、处理和挖掘，从而实现对物理世界的管理，并支持决策。未来，物联网设备众多，上传的数据是海量的，且大部分是非结构化的、多样性和存在噪声的数据。传统 IT 解决方案无法满足物联网快速发展催生出来的大数据处理需求。因此，在应用层，物联网会与云计算、大数据相结合，采用云架构进行大数据的并行处理。

应用层的商机包括以下三个方面。

① 物联网平台：建立与物联网设备之间的连接，提供物联网设备的访问、监控、数据收集、故障预测等功能，此外，部分平台还提供设备端开发调试、应用开发、应用分发等功能，可在一定程度上视为云计算的 PaaS 层。此类商机主要集中在物联网发展早期。

② 物联网大数据分析挖掘：基于物联网终端上传的数据，深挖数据价值，提供数据可视化等服务。

③ 物联网应用开发：如手机 APP 一样，当相关硬件、操作系统成熟后，应用层开发会具有很大的发展。具体哪一个应用更具前景，需要按例分析，并不具有统一的结论，此类应用主要基于物联网终端、网络基础设施的发展。

4．物联网安全的关键和机会在于“最后一公里”

随着物联网设备的增加、应用的普及，以及中国对网络信息安全的不断重视，物联网安全具有很强的发展前景。如图 10-1 所示，物联网安全与传统安全的典型不同在于“感知层”，这是由物联网终端设备体积小、功耗低、运算能力弱的特性所带来的。网络层、应用层的安全问题与传统安全问题相同，可复用传统信息安全技术。鉴于未来会有数百亿级的物联网设备，终端的访问安全、系统安全、芯片安全具有很大的发展前景。

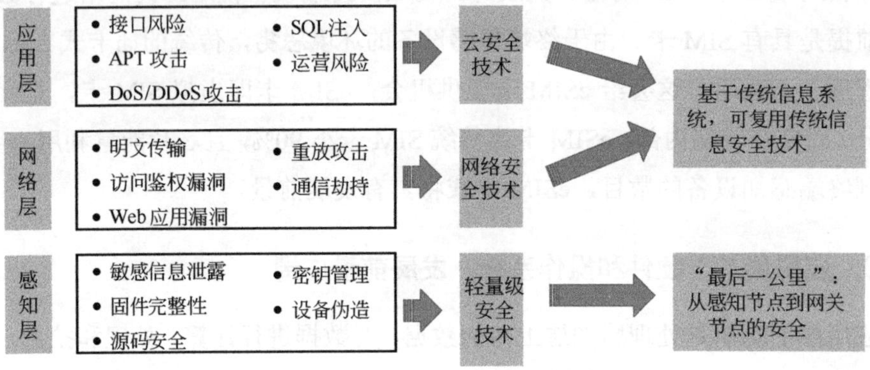

图 10-1　物联网安全分层示意

10.3.3　物联网助推实现数字工业

智能制造要解决工业制造的质量问题、创新驱动、绿色节能问题等。智能制造过程强调“三化”，即数字化、网络化和智能化，其中数字化是智能制造发展的基础，实现工业智能化的前提是工业数字化。

工业生产过程中涉及大量传感器、控制器和专用生产设备，这些设备位于核心网络的边缘，与产品生产直接相关，可以获得大量生产数据。如果为这些设备分配唯一的 IP 或者网络地址，则可以构建工业物联网，实现工业生产全流程的数字化，支撑后续的数据分析、产品设计、设备故障预测与维护、生产效率提升等，打造数字工业。工业物联网的建设对于数字工业发展而言至关重要。

下一代通信技术主要考虑的物联网传输场景包括以下两类。

① 低功耗大连接场景：主要面向智慧城市、环境监测、智能农业等以传感和数据采集为目标的应用，具有数据包小、功耗低、终端感知节点数目海量等特点。这类终端分布范围广、数量众多，不仅要求移动网络具有很高的终端支撑能力，满足 100 万连接/平方公里的密度指标要求，并且保证终端的超低功耗和超低成本。

② 低时延高可靠场景：主要面向车联网、工业控制等垂直行业的应用需求，此类应用对时延和可靠性具有极高的指标要求，需要为用户提供毫秒级的端到端时延和接近 100%的业务可靠性保证。

可以看出，低功耗大连接场景适用于工业产品日常状态监测，通过上报产品状态，有助于厂家完成产品性能监测、产品故障预测与维护，此方面应用主要对广阔的网络覆盖能力有要求，要求在全国乃至全球范围内具有物联网网络覆盖；低时延高可靠场景适用于工业生产控制中，可实现关键生产状态的实时上报，实现生产状态的实时汇聚与诊断，提升生产效率。

立足工业基础设施，物联网技术的发展可以采集工业生产、产品流通、产品使用过程中的各类数据，实现产品全生命周期的数据采集，助力打造数字工业。基于物联网采集的数据，依托数据分析和机器学习，可提升容量和性能监测、资产和库存管理、安全和合规监测、吞吐量监测、质量分析、仓库优化等各领域的工作效率，提升企业竞争力，为智能制造的发展奠定了基础。

10.4　工业互联网平台化发展

工业互联网平台是工业互联网的核心，是连接设备、软件、工厂、产品、人等工业全要素的枢纽。目前，全球制造业龙头企业、ICT 领先企业、互联网领军企业基于各自优势，从不同层面与服务维度都在搭建工业互联网平台。中国将工业互联网平台作为大/中/小企业融通发展的新载体，通过平台技术模块化与知识经验软件化，将优秀企业成熟有效的技术、管理、应用等方面的知识经验，快速向中/小企业复制推广，降低技术门槛和应用成本，带动其转型升级。工业互联网平台虽发展时间不长，但均有迅速扩张的趋势。下面将结合我国工业互联网平台发展现状和未来需求点，提出创新发展路径。

10.4.1 中国工业互联网平台发展面临的挑战

我国工业互联网平台发展处于起步阶段，发展面临一系列的问题和挑战，总结我国工业互联网平台将面临的四大挑战。

1. 工业企业数字化基础不强，对互联网平台认识和发展意愿不足

我国工业互联网平台发展的第一大挑战是数字化基础和企业认知的问题。从技术上来看，工业企业设备联网难，工业数据采集面临挑战。数据采集是工业互联网平台的基础，工业互联网平台首先要解决的问题是连接工业中的人、机器设备和业务系统，但是设备连接在工业现场并不是一件容易的事情。在我国规模以上工业企业里，有 80%的设备并未联网。我国制造业总体水平处于 2.0 向 3.0 的过渡阶段，老旧设备多、数字化水平低。2017 年我国规模以上工业企业生产设备数字化率为 44.8%，数字化设备联网率为 39%。由于需要通过加装传感器等方式实现设备联网，导致工业互联网平台数据采集难、成本高、效率低。

一方面企业有 20%的设备联网通信协议不统一。全球各类自动化厂商、研究机构、标准化组织围绕设备联网推出了成百上千种现场总线协议、工业以太网协议和无线协议，协议标准众多且相对封闭，工业设备互联互通难，严重制约了设备上云，亟须构建能够兼容、转换多种协议的技术产品体系。另一方面企业对互联网平台积极性有待提升。工业互联网与消费互联网最关键的差异是用户使用的意愿，个人消费者愿意拥抱变化，是我国消费互联网取得成功的重要原因之一。工业互联网平台带来了新的架构体系、技术体系、安全体系、业务流程和商业模式，对此，制造企业是否愿意拥抱改变，敢于尝试，并且愿意为改变付出实际行动，将成为推动工业互联网平台发展的关键所在。因此，下一步应将着力点放在如何营造企业家拥抱工业互联网平台的良好环境和氛围上。

2. 数据不好用，工业大数据建模分析能力薄弱

工业设备联网不是目的，目的是在赛博空间对工业设备建立数字镜像，利用工业大数据和人工智能“训练”出能解决实际业务痛点的工业 APP。工业互联网平台

的本质就是对机器设备和业务系统产生的数据进行建模分析，将数据转化为指导设备和业务进行优化的应用服务。当前，受限于数据采集瓶颈和工业大数据自身的专业性、关联性、流程性、时序性和解析性等特点，工业大数据建模分析需要平台企业兼具工业基因和大数据基因，导致现有工业互联网平台工业大数据建模分析能力较为薄弱。

（1）数据种类不全，制约了工业大数据建模分析和工业 APP 功能。工业大数据更注重数据的“全”和“关联性”，以保证能够从数据中提取出工业设备真实状态的全面信息。受限于设备数据采集能力不足，数据源不全，这在一定程度上会制约工业大数据建模分析和工业 APP 的开发。当前，基于单一数据源开发的工业 APP 多，基于设备和业务系统等多源异构数据开发的工业 APP 少。

（2）数据质量不高，制约了工业大数据建模分析和工业 APP 性能。工业大数据往往会出现遗漏、分散、断续等现象，低质量的数据会直接导致建模分析结果无法利用或者更为严重的后果，需要对数据质量进行预判和修改，因此数据“清洗”工作甚至会占到工业 APP 开发时间的 70%左右。基于数据质量问题，当前工业互联网平台上针对状态监测、故障诊断类的工业 APP 较多，而预测、预警类尤其是智能决策类的工业 APP 较少。

3．行业机理模型沉淀能力薄弱，数字化模型生态体系尚未形成

行业机理模型是工业 PaaS 的核心，是平台技术能力的集中体现。行业机理模型就是通过软件技术对工业研发设计、生产制造、经营管理等制造全过程运行规律进行显性化、模型化、代码化，每个行业机理模型都是一个积木式的模块，可供工业 APP 开发者灵活调用，促进工业知识的沉淀、传播、复用与价值创造。当前工业互联网平台面临的突出问题是开发工具不足、行业机理模型缺失，远远不能满足工业级应用的需要。

（1）我国工业软件落后，很难把线下能力快速迁移成线上模型。中国制造业体量占世界制造业份额的 20%强，但是中国工业软件的市场份额仅占世界工业软件市场份额的 1.7%，同时中国 90%以上的工业软件靠进口，这充分说明我国工业技术软件化水平和积累远远不够，缺乏短时间内把行业机理模型化、代码化的线下实力。

（2）我国工业门类庞杂，建立体系完整的行业模型库尚需时日。中国是全世界唯一拥有联合国产业分类中全部工业门类的国家，拥有 39 个工业大类，191 个中

类，525 个小类，每个行业均有自身独特的行业知识，把每个行业的工业基础原理、关键基础材料、核心基础零部件（元器件）、先进基础工艺、产业技术基础封装成数字化模型是一项系统工程，需要政府和全社会共同努力。

4．应用数量少，现象级工业 APP 培育能力薄弱

工业 APP 是工业互联网平台的关键。但是受限于工业互联网平台发展尚属于初级发展阶段，工业 PaaS 平台赋能不够，工业互联网平台上所谓的工业 APP 基本上都是工业云平台上的云化软件“移民”而来，依靠工业 PaaS 上的行业机理模型“生长”出来的“原居民”工业 APP 较少，现象级工业 APP 更是匮乏。

（1）基于工业 PaaS 平台开发的工业 APP 数量少。据 GE 预测，2020 年左右工业互联网平台将出现类似于消费互联网平台的爆发式增长，Predix 平台工业 APP 总量将超过 50 万个。根据航天云网、海尔、树根互联、东方国信、徐工信息、用友、索为、清华紫光、浪潮、浙大中控、智能云科等国内领先工业互联网平台企业公开的数据，我国工业 APP 数量不超过 5000 个，远远难以满足企业上云的要求。这 5000 个工业 APP 中，很多是传统软件云化而来的，只能算是工业互联网平台上的“移民”，真正从工业 PaaS 平台“生长”出来的工业 APP 屈指可数。

（2）工业互联网平台尚没有培育出现象级工业 APP。美国初创企业 Uptake 围绕卡特彼勒工程机械开发了状态监测和故障预警的工业 APP，接入了超过 300 万的工程机械，公司目前的估值已经达到 23 亿美金。截至目前，尽管我国很多企业都在朝着建设跨行业、跨领域工业互联网平台的方向努力，但尚没有一家企业开发出现象级工业 APP，来引爆工业互联网平台的应用推广。

10.4.2 工业互联网平台创新发展的思路

《国务院关于深化“互联网+先进制造业”发展工业互联网的指导意见》，要不断深化对工业互联网平台建设的出发点、切入点、着力点、落脚点的认识。下一步信软司将以推动企业和工业设备上云为切入点，着力打造两类工业互联网平台。同时结合国内工业互联网平台发展的挑战，未来工业互联网创新发展需要注重以下几点。

1．夯实工业互联网基础

（1）加快推动工业企业内网改造升级。我国工业企业发展水平差异较大，很多企业特别是中/小企业的数字化、网络化基础非常薄弱，要通过实施工业企业内网改造来推动工业企业内网的 IT 化、扁平化、柔性化，从而打通信息孤岛、数据烟囱，为更广泛的互联互通，为先进制造业的深入发展打下良好基础。

（2）加快工业企业外网建设。重点加快推进宽带网络基础设施建设与改造，扩大网络的覆盖范围，优化升级国家骨干网络，为实现产业链各环节的泛在互联与数据顺畅流通提供保障。同时，还进一步要推进连接中/小企业的专线提速降费，降低中/小企业信息服务的成本，支持大/中/小企业的融通发展。

2．要加快推进标识解析体系建设

标识解析体系赋予工业互联网的每一个机器和产品“身份证”。在这项工程中要推进实现供应链系统和企业生产系统精准对接和人、机、物全面互联，进而实现跨企业、跨地区、跨行业的产品全生命周期的管理，促进信息资源的集成共享。与此同时推进工业领域全面部署 IPv6。我国的 IPv6 发展起步比较早，但与发达国家相比目前普及率还不高，希望以发展工业互联网这一契机，在工业企业的网络化改造建设的同时，同步推进工业领域 IPv6 的发展，来满足工业智能化对海量地址的需求。

3．构建数字化模型生态体系，培育现象级工业 APP 企业

要解决以上问题，需要从人才培养和推动企业研发创新能力开始。针对我国工业软件企业能力有待提升的问题，一方面要不断鼓励企业应用国内的工业应用软件，出台鼓励试错的相关机制，并予以一定政策鼓励。创造国内的工业软件企业生态圈。另一方面制造业企业需要进行工业互联网平台的选型，在该平台应用满足企业业务需求的工业 APP。对于行业领军企业，可以运营工业互联网平台，在实现企业内部互联和企业间互联的基础上，支撑企业的智能制造，并实现跨企业的协同制造和面向行业的产业链协作。同时，加大对于已经具有一定行业领先地位，特别是具有技术优势的工业 APP 企业建设跨行业、跨领域工业互联网平台的工业 APP 龙头企业，培育中国的现象级工业 APP 企业。

10.5 工业安全解决方案迎来爆发

10.5.1 安全漏洞给工业互联网发展带来严重隐患

随着工业互联网技术和应用的快速发展，信息技术已广泛应用于石油、化工、电力等众多领域，为传统工业控制和通信系统优化升级提供了重要的支撑，但同时也带来了网络环境下的信息安全问题，蠕虫、木马、黑客攻击等网络威胁对工业信息系统的冲击呈现出愈演愈烈的发展态势。作为传统信息安全问题在工业领域的延伸，工业安全已经引起广泛关注。

提到工控安全问题，很多人可能会简单地理解为针对控制的实时操作系统和设备的安全。然而，从整体架构的角度来看，工业控制系统是由传感器终端、通信网络、服务器、操作系统、数据库和应用软件等共同构成的完整系统，涉及物理层、网络层、主机层、应用层等传统信息系统架构所存在的安全问题。在整个工业控制系统中，大多数工控软件都是运行在通用操作系统上的，如操作站一般都是采用 Linux 或 Windows 平台，由于考虑到系统运行的稳定性，一般系统运行后不会对 Linux 或 Windows 平台打补丁。另外，大多数工业控制网络都属于专用内部网络，不与互联网相连，即使安装反病毒软件，也不能及时地更新病毒数据库，并且杀毒软件对未知病毒和恶意代码也无能为力。由于操作系统漏洞无法避免，加之传统防御技术和方式的滞后性，给病毒、恶意代码的传染与扩散留下了空间。

大多数企业模型化后的系统网络结构由信息层（Information Zone）、操作站层（Station Zone）和控制器层（Controller Zone）三大部分组成。现状是大多数工业系统中在运行的计算机，很少或没有机会安装全天候病毒防护软件或进行系统更新。控制器的设计都以优化实时的 I/O 功用为主，而并不提供加强的网络连接安全防护功能。在工业控制网络中存在多个网络端口切入点需要防护，并且许多控制网络都是“敞开的”，不同的子系统之间都没有有效的隔离，尤其是基于 OPC、MODBUS 等通信的工业控制网络，其中某一部分被攻击出现问题后，病毒就会通过网络迅速蔓延。

在工业通信领域，两化融合和物联网的发展使得 TCP/IP 协议和 OPC 协议等通用协议越来越广泛地应用在工业控制网络中，随之而来的通信协议漏洞问题也日益突出。例如，OPCClassic 协议（OPCDA、OPCHAD 和 OPCA&E）基于微软的 D

协议，D 协议是在网络安全问题被广泛认识之前设计的，极易受到攻击，并且 OPC 通信协议采用不固定的端口号，导致几乎无法使用传统的 IT 防火墙来确保其安全性。因此确保使用 OPC 通信协议的工业控制系统的安全性和可靠性给工程师带来了极大的挑战。

在嵌入式设备与控制系统领域，数据采集与监控（SCADA）、分布式控制系统（DCS）、过程控制系统（PCS）、可编程逻辑控制器（PLC）等工业软/硬件系统广泛运用于工业、能源、交通、水利和市政等领域，用于控制生产设备的运行。一旦工业控制系统出现信息安全漏洞，将对工业生产运行和国家经济安全造成重大隐患。随着计算机和网络技术的发展，特别是信息化与工业化深度融合及物联网的快速发展，工业控制系统产品越来越多地采用通用协议、通用硬件和通用软件，以各种方式与互联网等公共网络连接，实现高度信息化的同时也减弱了控制系统防护外界攻击的能力，病毒、木马等威胁正在向工业控制系统扩散，工业控制系统信息安全问题日益突出。

在 2010 年爆发的“震网”事件中，病毒导致部分用于铀浓缩的离心机无法运行，直击伊朗核工业。由此可见，针对工业控制系统的攻击行为，已经对国家经济和社会发展产生了深远的影响。事实上，不仅仅是“震网（Stuxnet）”病毒，近年来相继涌现出的著名恶意软件如“毒区（Duqu)”“火焰（Flame）”等，也将攻击重心向石油、电力等国家命脉行业领域倾斜，工业控制系统面临的安全形势越来越严峻。

造成工业控制系统安全风险加剧的主要原因有以下方面：

（1）传统工业控制系统的出现时间要早于互联网，它需要采用专用的硬件、软件和通信协议，设计上以武力安全为主，基本没有考虑互联互通所必须考虑的通信安全问题。

（2）互联网技术的出现，导致工业控制网络中大量采用通用 TCP/IP 技术，工业控制系统与各种业务系统的协作成为可能，智能工业网络中各种应用、工控设备及办公用 PC 系统逐渐形成一张复杂的网络拓扑。

10.5.2 工控安全已经引起政府和用户的高度关注

2012年，工信部在《关于加强工业控制系统信息安全管理的通知》中明确指出，我国工业控制系统信息安全管理工作中仍存在不少问题，主要是对工业控制系统信息安全问题重视不够、管理制度不健全、相关标准规范缺失、技术防护措施不到位、安全防护能力和应急处置能力不高等，威胁着工业生产安全和社会正常运转。我国工业控制系统信息安全管理的重点领域包括核设施、钢铁、有色、化工、石油石化、电力、天然气、先进制造、水利枢纽、环境保护、铁路、城市轨道交通、民航、城市供水/供气/供热及其他与国计民生紧密相关的领域。对此，政府和企业需要高度重视，增强风险意识、责任意识和紧迫感，加强工业控制系统信息安全的管理。

国内针对工业控制网络的防护标准尚未成型，公安部会同有关部门正在制定计算机信息系统安全等级的划分标准和安全等级保护的具体办法。在国际上，美国在2007年颁布的Chemical Facility Anti-Terrorism Standards （CFATS）标准（该标准由美国国土安全部颁布）及2008年颁布的US Chemical Anti-Terrorism Act（美国化学反恐怖主义法）针对化工设备安全做了强制要求，目前，石油、水处理和制造业都还没有必须按照以上立法规定作业，但是为了避免重大的风险，基本都遵守行业标准 ANSI/ISA-99 Standards 的要求进行规划。

针对工业控制系统的安全防护措施主要包括以下几个方面。

1. 白名单机制

白名单主动防御技术是通过提前计划好的协议规则来限制网络数据的交换，在控制网到信息网之间进行动态行为判断。通过对约定协议的特征分析和端口限制的方法，从根源上节制未知恶意软件的运行和传播。白名单安全机制是一种安全规范，不仅应用于防火墙软件的设置规则，也是在实际管理中要遵循的原则，如在对设备和计算机进行实际操作时，需要使用指定的笔记本电脑、U 盘等，网络管理人员只信任可识别的身份，未经授权的行为将被拒绝。

2. 网络物理隔离

网络物理隔离类技术诞生较早，最初是用来解决涉密网络与非涉密网络之间的安全数据交换问题。后来，网络物理隔离由于其高安全性，开始被广泛应用于政府、军队、电力、铁道、金融等多个行业部门，其主要功能支持包括文件数据交换、HTTP 访问、WWW 服务、FTP 访问、收发电子邮件、关系数据库同步和 TCP/UDP 定制等。在工业控制领域，网络物理隔离也开始得到应用和推广。通常采用“2+1”的三模块架构，内置双主机系统，隔离单元通过总线技术建立安全通道以安全地实现快速数据交换。网络物理隔离提供的应用专门针对控制网络的安全防护，它只提供控制网络的常用通信功能，如 OPC、Modbus 等，而不提供通用互联网功能。因此，更适合于控制网络与办公网络，以及控制网络各独立子系统之间的隔离。

3．商用防火墙

商用防火墙是根据办公网络安全要求设计的一种防火墙，它可以对办公网络中传输使用的大部分通用网络协议（如 HTTP、FTP 等）进行完全包过滤，能给办公网络提供有效的保护。但是，对于工业网络上使用的工业通信协议（如 Modbus、OPC 等应用层协议）网络包，商用防火墙只能做网络层和传输层的浅层包过滤，它无法对网络包中应用层数据进行深层检查，因此，商用防火墙有一定的局限性，无法满足工业网络的要求。自动化行业内迫切需要一款专用工业防火墙，可以针对工业通信协议进行有效的过滤检查，以保证工业控制系统的运行安全。

4．漏洞扫描

通过对网络的扫描，网络管理员能了解网络的安全设置和运行的应用服务，及时发现安全漏洞，客观评估网络风险等级。网络管理员能根据扫描的结果更正网络安全漏洞和系统中的错误设置，在黑客攻击前进行防范。如果说防火墙和网络监视系统是被动的防御手段，那么安全扫描就是一种主动的防范措施，能有效避免黑客的攻击行为，做到防患于未然。

5．云管理服务平台

构建满足工业控制系统的全厂级风险识别模型，除了需要细化工业控制系统的风险因素，还需要建立基于工业控制系统的安全管理域，实施分等级的基础建设，兼顾包括中断与链路、威胁与异常、安全与可用性等综合因素的功能考虑。安全管理私有云服务平台的建立要求包括：

① 方便地对整个系统里所有的安全设备模块、控制器和工作站，进行部署、监控和管理；

② 规则辅助生产，指导应用方便快捷地从权限、授权管理报告中，创建防火墙的规则；

③ 自动阻止并报告任何与系统流量不匹配的规则；

④ 接收、处理和记录由安全模块上传的报警信息；

⑤ 全网流量收集识别能力；

⑥ 基于白名单的终端控制能力；

⑦ 实时工业控制协议与内容识别能力；

⑧ 异常行为的仿真能力；

⑨ 可视化配置、组态；

⑩ 安全事件搜索、跟踪和预处理能力。

随着以工业互联网技术在工业生产中的应用和两化深入融合的持续推进，未来的工业控制系统将会融入更多的新兴信息技术和安全技术。工业系统的安全关系到国家的安全发展和稳定，为此，政府应该不断加强针对工业控制领域安全法律/法规的建设，同时国内的安全厂商应该借助新一轮 IT 发展浪潮，提升工控安全技术的自主研发创新能力，为企业的工业控制应用保驾护航。

第 11 章
Chapter 11

工业互联网平台的典型实践

我国工业互联网平台发展方兴未艾，通信技术企业、制造企业、装备与自动化企业等不同的建设主体，基于在各自领域的技术沉淀与经验积累，积极打造各具特色的工业互联网平台。

11.1 华为工业云平台

华为于 1987 年正式注册成立，总部位于中国深圳，是全球领先的信息与通信技术（ICT）解决方案的供应商，专注于 ICT 领域，坚持稳健经营、持续创新、开放合作，在电信运营商、企业、终端和云计算等领域构筑了端到端的解决方案优势，为运营商客户、企业客户和消费者提供有竞争力的 ICT 解决方案、产品和服务，并致力于使能未来信息社会、构建更美好的全连接世界。目前，华为约有 18 万名员工，业务遍及全球 170 多个国家和地区，服务全世界三分之一以上的人口。经过在电子行业近 30 年的发展，华为在产品研发、生产制造、销售、服务及供应链等整个制造业生命周期各个环节积累了大量的经验，华为已经在自身数字化和智能化的道路上深耕多年，具有其他厂家无法比拟的制造业数字化、智能化等相关经验与能力。依托华为的制造经验、华为云的 IT 基础设施和制造解决方案的优势，将华为在制造端的经验对广大制造业企业开放和共享，来构建工业互联网的核心竞争力，着力于制造业基础的整体性提高，是华为的最终目标。

工业互联网平台作为华为云的行业服务平台，依托华为高速互联的基础设施，从 2011 年开始对外提供覆盖全国的专业、安全、可信赖的云服务，通过多年的积累，截至 2017 年 12 月，可对外提供近百种公有云的基础服务。2017 年 11 月华为正式对外发布涵盖设计、仿真、生产执行、经营管理、智能物流、销售和智能维护等环节的制造云解决方案，为工业互联网用户提供端到端的云服务。在合作生态上，华为将开放 30 年积累的能力，如在通信、视频、软件开发等领域积累的优势，助力伙伴提升发展效率和质量。通过使能应用运维自动化，让企业应用上云更简单，让云原生（CloudNative）应用开发更简单；还将基于企业级 IT 应用开发云，加快企业 IT 应用上云的节奏，并基于 OpenLab 聚焦重点行业，与合作伙伴联手打造垂直行业云，构建新型的开放生态合作关系。

1．边缘层数据采集和分析能力

华为工业互联网平台具有数据清洗、实时分析功能。

（1）在数据源接入方面，通过硬件的工业网关，连接多个领先电梯厂商的多个类型电梯产品，总部署规模上万台。

（2）在协议兼容方面，通过合作伙伴的协议转换器产品，支持 OPC-UA，同时自研的 IoT 平台对于 OPC-UA 的支持，也正在规划中。

（3）在边缘数据处理能力方面，正在规划边缘计算软件框架，支撑将公有云服务下沉到边缘，支持关键能力包括运行容器、实时计算、Serverless 事件处理、机器学习模型预测等能力。

（4）在数据采集解决方案能力方面，通过硬件网关的 AR 系列，支持工业以太网、RS485、DIDO 等硬件接口；通过软件网关的 IoT Agent 支持 HTTP、MQTT、CoAP 协议。

2．工业 IaaS 层

华为工业互联网平台运用自建的私有云，并租用华为公有云，因此，华为同时具有私有和租用的存储及计算能力，并拥有双线接入大于 1000Mb/s 的宽带为网络服务提供支撑。

3．工业 PaaS 平台

（1）在业务功能组件（包含微服务组件）方面，华为构建了通用类和工具类业务功能组件。通用类业务功能组件包括微服务引擎、应用编排、应用性能监控、软件仓库、性能压测服务、消息队列、分布式缓存、分布式数据库、API 网关；工具类业务功能组件具有可视化展示工具，有 13 个 PaaS 功能组件都可以提供界面操作，包括微服务引擎、应用编排、应用性能监控、软件仓库、性能压测服务、消息队列、分布式缓存、分布式数据库、API 网关、函数服务、函数编排服务、云容器引擎及微服务云应用平台。

（2）在大数据处理和分析（包括实时和非实时的各类工业数据的处理、建模）方面。

① 提供行业机理模型，主要涵盖了智能物流、故障诊断、状态预测及维修决策。其中，智能物流包括路径规划、智能装车、保管遵从检测、OCR；故障诊断包括统计诊断法、人工智能诊断法、集成化诊断法等；状态预测包括时序模型预测法、灰色模型预测法、神经网络预测法、支持向量回归预测法等；维修决策包括贝叶斯网络法和智能维修决策法等。

② 提供通用分析算法，涵盖了回归、异常检测、聚类、模型评估、数据预处理及图关系分析。其中，回归主要包括线性回归和向量回归 SVR，推荐最小交替二乘、基于域的分解 FFM、神经网络和 Netual Network；异常检测包括 PCA 和一类支持向量机 Oneclass SVM，分为梯度提升树、逻辑回归、随机决策森林、向量机、线性分类 Liblinear、K 最近邻 KNN、华为随机决策、森林优化版 Inforsight RF、XGBoost、多粒度级联森林 GcForest 等；聚类包括 K 均值、密度算法 DBScan、特征选择、华为 K 均值优化版 InforSight K-Means；GBDT 特征重要性、GBDT 过滤式特征选择、RF 特征重要性、特征编码、特征异常平滑等；模型评估包括复合模型评估、基本统计、一维统计和二维统计；数据预处理包括缺失值处理；图关系分析包括最短路径、K-hop、聚类系数、三角计数、Centrality、最大联通子图、Degree Correlation K-core、标签传播、社团发现、PPR、关系预测、传播模型等。

③ 提供数据存储与管理，包括 Hadoop、HDFS、HBase、MPPDB、MySQL、Mongodb、Redis、SQL Server、对象存储及网盘。

4．工业 APP

华为部署了 54 个工业 APP 包括传统应用软件云化后的 APP 和基于平台资源开发的 APP，面向的应用场景包括研发设计、生产制造、市场营销、经营管理、增值服务、网络互连和系统集成，行业覆盖范围包括电子、先进装备制造、新能源、家电和汽车。在面向的应用场景中，有 4 个设计类 APP、4 个仿真类 APP、15 个生产类 APP（包括 1 个能耗管理、7 个工艺优化和 7 个生产资源调度管理优化）、16 个管理 APP（包括 5 个客户关系管理、3 个供应链管理、2 个人力资源管理、3 个移动办公和 3 个资产管理），此外，还有 2 个数据采集、1 个仓储管理、2 个电商与全渠道、2 个大数据应用、2 个产品智能化连接、2 个设备智能化连接、1 个企业智能等 15 个其他类 APP。

5. 开发者生态

华为工业互联网平台建立了开发者社区，提供 Java、C++、Ruby、Objective-C、PHP、Python 和 Go 等开发工具，并提供开放的 API 接口，包括 XML、Socket、Restful、ISCSI 四种面向资源接入的 API 接口和 TCP、Restful 两种面向应用开发的 API 接口，目前拥有注册开发者约 17 000 人，月平均活跃开发者约 5000 人。

11.2 阿里云工业互联网平台

阿里巴巴网络技术有限公司（以下简称阿里巴巴）于 1999 年在浙江杭州创立。阿里巴巴高度认同工业互联网所引领的制造业与互联网融合发展趋势。2013年，阿里巴巴推出“淘工厂”模式，通过帮助商家快速对接到生产厂家，解决淘宝商家找工厂难、试单难、翻单难、新款开发难的问题，探索出了一条推进网络化制造的新路径。集团董事会主席马云于 2016 年 10 月和 2017 年 7 月，先后提出了“新制造”“Made in Internet”的理念，认为未来的制造业本质上是一个服务业，而互联网企业将转型为真正的现代服务制造业。阿里巴巴投资建设的阿里云平台，已经发展成为全球第三、国内第一的公共云计算服务平台，整体投入超过 60 亿元，成为承载“阿里云工业互联网平台”的基础设施，未来 5 年还将持续投入，为全力发展和承接工业互联网业务打下坚实基础。

阿里云工业互联网平台，依托自身国内规模最大的公共云计算平台，借助底层通用化的计算调度、数据管理、应用支撑界面，整合了包括阿里云 ET 工业大脑、AliOS Things 物联操作系统、IoT 工业 PaaS、边缘计算平台、企业互联网架构 Aliware、淘工厂、云市场、阿里应用分发开放平台等在内的一系列产品和服务能力，为推动制造业企业数字化、网络化、智能化转型提供全方面的工业互联网服务。从 2016 年开始，阿里云工业互联网平台，以“企业上云”为起点，“工业智能”为牵引，在支持浙江省“十万企业上云”工程、工信部“国家工业智能公共服务云平台”建设等方面，发挥了关键作用，涌现出了中策橡胶、天合光能、恒逸石化、盾安风电等一批成功案例，如图 11-1 所示。

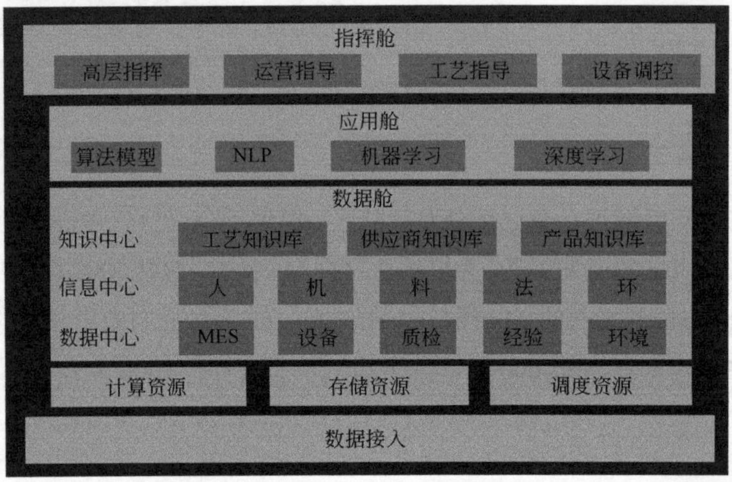

图 11-1　阿里云 ET 工业大脑架构

（图片来源：工业互联网白皮书）

1．边缘层数据采集和分析能力

（1）在数据源接入方面，支持不同工业场景下多种主流协议的接入、多源异构数据（如文本文件、日志文件、消息流、数据库、工业 OPC 协议数据等）的实时接入和处理。

（2）在协议兼容方面，支持基于 OPC、OPC-UA、ModBus 等协议数据采集。

（3）在边缘数据处理能力方面，支持数据清洗、数据缓存、实时分析功能。

（4）在数据采集解决方案能力方面，达到关系型数据库同步、日志文件同步、实时数据上云的条件。

目前，阿里云工业互联网平台已接入 9 类 17 台设备，接入数据点 70 个；接入 1 类 150 个产品，接入数据点 150 个。

2．工业 IaaS 层

阿里云工业互联网平台由阿里巴巴投资建设的阿里云平台承载，其自建存储能力大于 100PB，拥有大于 10 万核的 CPU 和大于 1 万 GB 的内存，自有计算能力突出，并拥有双线接入大于 100Gb/s 的宽带为网络服务提供支撑。

3. 工业 PaaS 平台

（1）在业务功能组件（包含微服务组件）方面，阿里巴巴构建了通用类、工具类和面向工业场景类的业务功能组件，分别提供阿里云 EDAS 企业级分布式应用、阿里云 MQ 消息队列、数据传输 MQTT 服务等。

（2）在大数据处理和分析（包括实时与非实时的各类工业数据的处理、建模和分析）方面，提供行业机理模型，主要包括纯物理、化学等知识固化后的模型和融合工业经验和数据科学后的模型，以通用算法引擎为基础，通过应用系统提供的多维全链路数据分析，为供、研、产、销、能、环等各个业务场景提供服务；提供通用分析算法，从阿里机器学习平台上数十种机器学习算法中适配合适的算法，包括 GBDT、随机森林、深度学习等；提供数据存储与管理，支持云数据库 RDS、对象存储 OSS 等。

4. 工业 APP

阿里巴巴部署的工业 APP 包括传统应用软件云化后的 APP 和基于平台资源开发的 APP。入驻阿里云市场的服务商达 1000 余家，相应服务达 3000 余种，面向应用场景涵盖设计、服务、管理等，阿里云市场采取开放式服务架构，服务企业客户超过 100 万，分布在 40 余个行业。

5. 开发者生态

阿里云工业互联网平台建立了开发者社区，提供 Java、C++开发工具，并提供开放的 API 接口，包括面向资源接入和应用开发的 API 接口，目前已拥有超过 10 万人的注册开发者，月平均活跃开发者数量超过 1 万人。

11.3　浪潮 M81 工业互联网平台

浪潮集团是以服务器、软件为核心产品的国有企业，迄今有 70 多年的历史，始终致力于成为先进的信息科技产品和领先的解决方案服务商，引领信息科技浪潮，推动社会文明进步。2016年浪潮集团实现营业收入710亿元，位列2016年中国企业500强第218位，为全球104个国家和地区提供产品与服务，是我国云计算、大数据的领导厂商。浪潮集团是全国唯一一家同时拥有计算机信息系统集成特一级资质和ITSS一级资质的企业。浪潮集团自主品牌软件国内第一，ERP集团管理软件连续14年市场占有率第一。

近年来，浪潮集团积极开展工业互联网建设工作，已经在能源、粮仓等行业取得了显著效果。浪潮工业互联网平台，一方面，通过数字化的创新能够大幅提升企业的效率和生产力，加速数字化转型进程；另一方面，通过打造开放共享的工业互联网平台生态体系，拉动开发者和软件开发商能力的提升，壮大软件产业的发展。浪潮集团以《国务院关于深化"互联网+先进制造业"发展工业互联网的指导意见》为指导，以工信部系列政策为指引。围绕"大连接、大数据"，加强与思科、IBM、西门子、爱立信等战略伙伴的合资、合作，加快国际协同研发创新，发挥浪潮集团在先进制造方面的工业升级经验，以及在云计算、大数据等技术优势，研发世界一流的工业互联网平台，打造企业大脑，如图11-2所示。

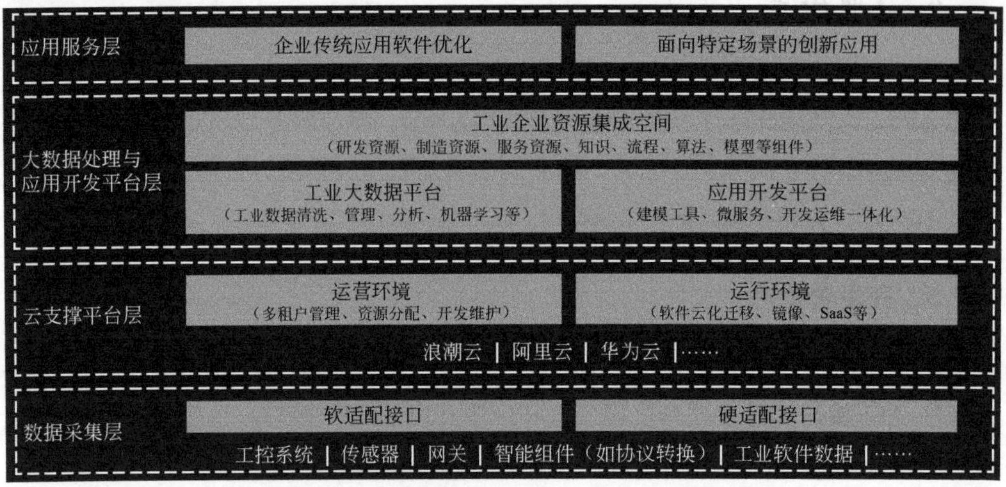

图11-2 浪潮工业互联网平台架构

（图片来源：工业互联网白皮书）

1. 边缘层数据采集和分析能力

（1）在数据源接入方面，同时支持工业设备和工业产品接入。工业设备支持数控机床、机器人、AGV、冲压机、注塑机、浇铸机、压铸机、冷镦机、热镦机、鼓风机、搓丝机、热处理、表面处理、球化炉、包装机、品管机、立体仓库、拉丝机、绝缘机、绕包机、电焊机等 30 类 5000 多台设备 50 000 多个数据采集点；工业产品支持数控机床、鼓风机、冷镦机、冲压机等 4 类 100 台设备 13 000 多个数据采集点。

（2）在协议兼容方面，支持 MQTT、OPC-UA、OPC DA、ModBus TCP、ModBus RTU、PROFINET、PROFIBUS、CC-Link、PPI、MPI、DNP3、CIP/EtherNetIP、IEC-104 等市面常见的标准工业协议。自行开发了 10 多种基于 TCP/IP 和串行总线的通信协议。

（3）在边缘数据处理能力方面，支持 MQTT 数据代理服务器具备基于 MQTT 的数据在边缘侧汇聚的能力；支持 50 多种工业协议在边缘侧解析能力；支持数据在边缘侧清洗和压缩能力；支持数据在边缘侧缓存能力；支持数据在边缘侧根据规则进行计算能力，如实时告警等；边缘侧支持工业网络安全模块集成，支持工业协议 DPI 深度防御，支持白名单规则，支持数据单向传输功能，支持防 DoS 攻击和 Flood 攻击能力等安全防御能力。

（4）在数据采集解决方案能力方面，自主研发了软件和硬件网关，软件网关支持 OPC-UA、OPC DA、SQL 数据库采集等 10 多种协议；硬件网关支持 ModBus TCP、ModBus RTU、PROFINET、PROFIBUS、CC-Link、PPI、MPI、DNP3、CIP/EtherNetIP、IEC-104 等 40 多种工业协议。

目前，浪潮 M81 工业互联网平台已接入 30 类 5000 台设备，接入数据点 50 000 个；拥有 4 类 100 个产品，接入数据点 13 000 个。此外，还接入研发设计类、生产控制类、运营管理类等应用程序。

2. 工业 IaaS 层

浪潮 M81 工业互联网平台运用自建的私有云，同时租用浪潮云。平台私有 CPU 达到 50 000 核，内存为 6000GB；租用 1000 核的 CPU，内存为 150GB，并拥有双线接入达 100 000Mb/s 的宽带为网络服务提供支撑。

3. 工业 PaaS 平台

在业务功能组件（包含微服务组件）方面，浪潮集团构建了通用类、工具类和场景类的业务功能组件。

（1）通用类业务组件包含多租户管理类组件、统一认证管理类组、计费和订单管理类组件。工具类业务功能组件中，建模类业务功能组件为 207 个，包括数据建模类业务组件、业务建模类业务组件、表单建模类业务组件、构件建模类业务组件等，其中微服务组件为46个，包括日志组件、集中配置管理组件、服务网关组件、分布式缓存组件、文档管理组件、元数据管理组件等。

（2）可视化展示工具类业务组件，包括企业报表分析组件、用户万能查询组件、高层决策管理驾驶舱组件、交互式多维分析组件、综合业务成果展现组件、智能空间地图组件、Web仪表类组件、移动办公与决策分析应用组件、分析报告自动生成组件等，其中，微服务组件涵盖了表格类组件、柱形图类组件、饼形图类组件、散点图类组件、折线图类组件、趋势图类组件、误差分析类组件、Word报告生成类组件等。

（3）工业场景类业务功能组件。生产类业务组件为360个，包含生产数据类业务组件、生产规划类业务组件、生产计划类业务组件、生产订单类业务组件、车间现场管理类业务组件、工程变更类业务组件、数据采集类业务组件、质量检验类业务组件、设备资源类业务组件等，其中，微组件为50个，包括产品选配组件、移动质检组件、移动数采组件、生产进度实时跟踪组件、移动车间看板组件、设备移动点检组件等；管理类业务组件为320个，包含电子采购类、智能供应链类、智能仓储类、数字化营销类、财务会计类、资金管理类、人力资源类、预算管理类、商务分析类等业务组件，其中，微组件为50个，包括移动报销类、移动报工类、移动审批类、移动盘点类、招聘管理类、计件工资类、移动考勤类、企业社交类、一点报税等。在大数据处理和分析（包括实时和非实时的各类工业数据的处理、建模和分析）方面，提供通用分析算法，包括聚类算法（K-means）、分类算法（包括逻辑回归、SVM、朴素贝叶斯、决策树）、关联规则（包括Apriori、余弦相似度）、深度学习（包括梯度下降法、CNN、DBN）及搜索类算法（包括哈希、哈夫曼树）；提供数据存储与管理，采用浪潮集团自主研发的数据存储与管理系统，基于当前行业大数据产生特点，数据存储与管理系统能够存储结构化与非结构化数据（PB级），并实现实时查询、检索，同时能够实现数千级用户并发。基于开源Hadoop框架提供定制化用户权限管理，针对实时数据与非实时数据分别提供存储和查询管理。

4. 工业APP

浪潮集团总共部署了9个工业APP，其中生产类3个，分别面向设备监控和运维、生产资源调度管理优化、质量管理优化；管理类5个，分别面向客户关系管理、供应链管理、人力资源管理、移动办公、资产管理；服务类1个，面向产品远程监控。浪潮工业 APP 行业覆盖范围广泛，其中跨行业通用 5 个，装备行业 3 个，轻工行业 1 个。

5．开发者生态

浪潮 M81 工业互联网平台建立了开发者社区，提供 Java、C++、Python 等开发工具，并提供面向资源接入的 API 接口 16 个，包括计算管理接口、网络管理接口、存储管理接口、镜像管理接口、监控管理接口、主机管理接口、用户管理接口、可用区管理接口、云服务器相关性能接口、物理机性相关能接口、存储相关性能接口、网络相关性能接口、安全相关性能接口、告警数据接口、资源数据接口、安全日志接口；面向应用开发的 API 接口 17 个，包括应用管理接口、EMR 服务接口、RDS 服务接口、DCS 服务接口、服务工厂接口、连接器接口、配置管理接口、监控告警接口、日志接口、Dev 接口、平台相关接口、虚机操作接口、云磁盘操作接口、用户同步接口、主机操作接口、存储操作接口、IP 管理接口。

11.4　东方国信 Cloudiip 平台

东方国信成立于 1997 年，是中国领先的大数据 A 股上市科技公司，经过 20 年自主沉淀，实现了完全民族可控的端到端大数据技术体系，现已形成支撑用户数亿人、日处理数据 3 万亿条、日查询 70 万亿条、日入库 300+TB 的大数据处理能力。

依托工业互联网平台 C1oudiip 的整体成熟技术框架，联合积累了多领域、跨行业的工业专家团队，总结提炼了大量工业机理模型，形成了软/硬件相结合的端到端工业领域细分行业应用的多个成熟应用，以及能源管理、高炉管理、空压机管理、微众资产、工业锅炉管理、水电管理、风电管理、轨道交通、热力等多方向的 Cloudiip 子平台，在能源电力、矿山、钢铁、装备制造、轨道交通和石油化工等领域得到市场的广泛认可，如图 11-3 所示。

1．数据采集

（1）在数据源接入方面，平台接入 200 类、959 005 台工业设备，接入数据点 3 177 533 个；接入 2 类、10 000 个工业产品，产品数量数据点 50 000 个；接入研发设计类、生产控制类、运营管理类、分析计算类应用软件。在协议兼容性方面，东方国信自行开发协议转换解析模块，兼容 ModBus 协议、CAN。在边缘计算方面，边缘计算节点 2190 个，具有数据清洗、数据缓存、实时分析功能。

（2）在数据采集解决方案方面，提供智能网关接入设备和 BIOP 接入接口软件，支持各类工业系统（DCS、PLC、SCADA 等）、业务系统（ERP、MES、EAM、MRO 等）、工业设备和工业产品的接入。全结构化工业数据的智能感知采集技术，实现系统、设备、产品级等多种数据源接入，多种协议的智能解析（OPC、TCP/IP、ModBus、PROFIBUS、CAN 等），提供 GB、TB 到 PB 级的智能数据采集。实现数据加密传输和加密存储功能，满足企业对数据安全的需求。自主开发软件网关，连接协议数量为 50 个；自主开发硬件网关，连接协议数量为 50 个。

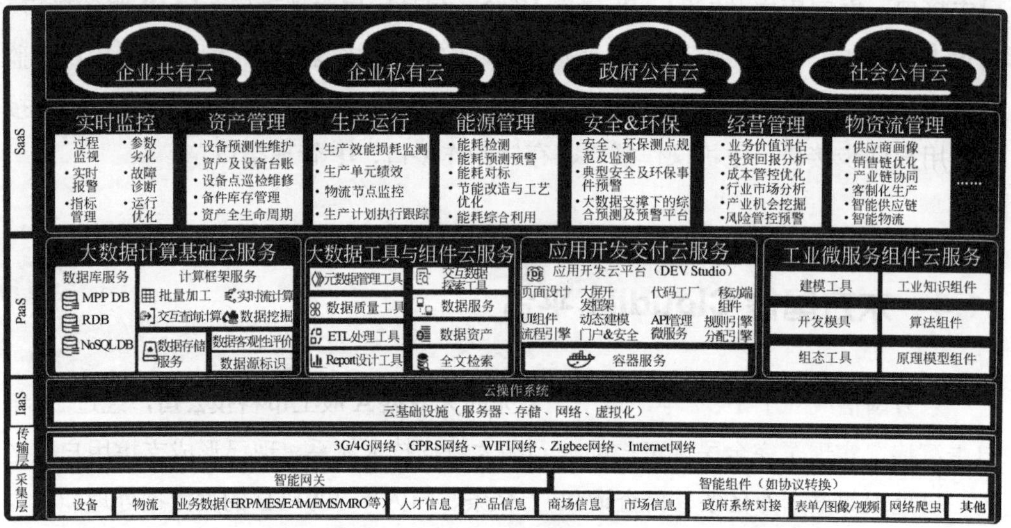

图 11-3　C1oudiip 工业互联网平台架构

2．工业 IaaS 层

采用自建云的方式部署 IaaS 基础设施，私有计算能力为 1600 核的 CPU 和 25 600G 的内存。

3．工业 PaaS 平台

（1）在基础架构选型方面，平台基于自主研发的 BCM 架构。在服务管理方式方面，平台采用微服务、API 网关模式，支持用户敏捷开发和个性化应用的部署。目前，平台具有 14 个设计类微服务组件，12 个仿真类微服务组件，79 个生产类微服务组件，33 个管理类微服务组件，14 个服务类微服务组件。在机理模型提供方面，平台具有装备行业机理模型 1 种，冶金行业 50 种，轨道交通行业 10 种。

（2）在通用分析算法方面，引入了聚类算法、分类算法、回归分析、关联规则、文本分析、深度学习、神经网络、随机森林等数据建模和分析算法，具备工业数据处理、建模和分析能力。

4．工业 App

从应用场景来看，工业 APP 总量为 303 个，其中设计类有 37 个、仿真类有 16 个、生产类有 189 个、管理类有 35 个、服务类有 26 个。

从服务行业来看，跨行业通用 APP 为 107 个，装备行业 APP 为 10 个，冶金行业 APP 为 153 个，其他行业 APP 为 33 个。

5．开发者社区

在开发环境建设方面，平台为开发者提供 Java、C++等开发工具。在开放的 API 接口建设方面，面向资源接入的 API 接口数量为 10 种，面向应用开发的 API 接口数量为 177 种。在开发者社区建设方面，平台已经建立开发者社区，开发者数量为 1364 人，月平均活跃开发者数量为 1279 人。

11.5　广州机智云平台

广州机智云物联网科技有限公司（以下简称机智云），是全球领先的综合物联网开发和云服务平台，全栈物联网云平台的领导者，国家高新技术企业，广州市新型研发机构。2005 年创立于美国纽约和中国广州，2006 年在广州正式注册。目前业务已覆盖生产设备、工业产品、车联网、新能源、工业互联、医疗健康等众多行业，客户包括万达集团、国家电网、蔚蓝汽车、3M、富士通将军、奥克斯、美的、新松机器人等众多知名企业，被业界公认为第三方云服务第一品牌。

2014 年 9 月机智云正式推出国内首个开放的物联网自助开发平台机智云 2.0 和全球首个全栈开源开发套件 Gokit1.0，平台提供自动代码生成工具、开源代码、兼容模块、实例教程、多样化的应用和技术支持，并采用互联网运营策略，通过免费注册、免费开发、小批量免费、赠送开发板等，快速吸引了大量开发者/公司。2015

年 9 月机智云推出机智云 3.0，将物联网设备开发、设备管理、用户管理、数据分析和运营服务等相结合，形成完整的物联网设备运营管理门户，同时升级了开发套件 Gokit2.0。2016 年 9 月机智云推出机智云 4.0 和 Gokit3.0，增加 ECE 边缘计算引擎（雾计算）、RTBD 实时大数据平台、D3 动态数据编排引擎 GigaML 吉咖机器学习等能力，把各种动态的数据串联起来，让数据管理人性化，设备运营智能化，实现消费所需的应用场景，全面提升了产品接入后的数据服务能力，如生产支持、库存管理、经销商管理、售后服务管理、用户管理等服务价值。至此也完成了连接管理、设备管理、应用使能和业务分析等综合（全栈）物联网云平台建设。

2017 年 9 月，机智云发布了基于物联网、人工智能和大数据的协同应用开发平台机智云 5.0 及兼容 LoRa/GPRS/Wi-Fi / eMTC / NB-IoT 等通信模组的 GoKit4.0。同时推出为企业量身打造的企业物联网云平台，助力其晋级物联网万亿市场。自身平台建设+开发者规模化扩张+企业定制化服务，形成物联网应用开发闭环，机智云应用开发生态初现。平台架构与关键要素，如图 11-4 所示。

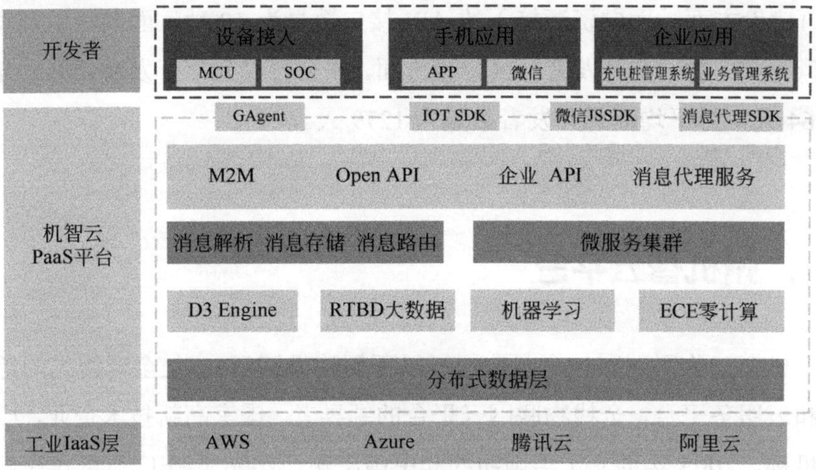

图 11-4 机智云架构

（图片来源：机智云官网[1]）

1．数据采集

在数据源接入方面，接入 20 类，2000 台工业设备，接入 200 个数据点；接入 5 类，1000 个工业产品；接入生产控制类、运营管理类软件。在协议兼

1 机智云平台概述，http://docs.gizwits.com/zh-cn/overview/overview.html

容性方面，既遵循 OPC-UA，又自行开发协议转换解析模块。在边缘计算方面，有边缘计算节点 5 个，具有数据清洗、数据缓存、实时分析、即时决策功能。在数据采集解决方案方面，自主开发软件网关，连接 4 个协议；自主开发硬件网关，连接 4 个协议。

2. 工业 IaaS 层

采用租用阿里云、AWS、腾讯云、Azure 的方式部署 IaaS 基础设施，租用 1700 核的 CPU 和 3500GB 的内存。

3. 工业 PaaS 平台

（1）在基础架构选型方面，采用自主研发架构。在服务管理方式方面，采用微服务、API 网关模式。目前，平台具有仿真类微服务组件 4 个，生产类微服务组件 2 个，服务类微服务组件 1 个。

（2）在机理模型提供方面，平台具有新能源充电桩、工业节能、装备租赁 3 种机理模型。

（3）在通用分析算法方面，引入了聚类算法、分类算法、回归分析、关联规则、文本分析、深度学习等数据建模和分析算法，具备工业数据处理、建模和分析能力。

4. 工业 App

（1）从应用场景来看，工业 APP 总量为 6 5705 个，其中仿真类为 2 个，生产类为 314 个，管理类为 160 个，服务类为 65 229 个。

（2）从服务行业来看，跨行业通用 APP 为 1 个，装备行业 APP 为 457 个，汽车行业 APP 为 167 个，电子行业 APP 为 1448 个，轻工行业 APP 为 14 212 个。

5. 开发者社区

（1）在开发环境建设方面，为开发者提供 Java、C++、Ruby、PHP、Python 等开发工具。在开放的 API 接口建设方面，面向应用开发的 API 接口数量为 61 个。

（2）在开发者社区建设方面，已经建立开发者社区，开发者数量为 80 000 人，月平均活跃开发者数量为 10 000 人。

11.6 中石化 ProMACE 平台

2012 年，中国石化启动了以智能工厂为核心的智能石化建设，推出了国内首个流程工业智能制造的核心引擎 ProMACE。ProMACE 定位于面向流程工业自主可控的国家级平台，为我国传统行业提供新一代信息通信技术与实体经济深度融合的基础设施。ProMACE 是支撑流程型智慧企业研发设计、生产制造、供应链管理、营销服务各业务环节的核心载体；是信息物理系统（CPS）在流程工业的具体实现；是流程制造数字化、网络化、智能化的关键引擎。平台主要聚焦石化化工行业，围绕着“生产一体化优化”“生产集成管控”“全生命周期资产管理”提供标准工业应用，如图 11-5 所示。

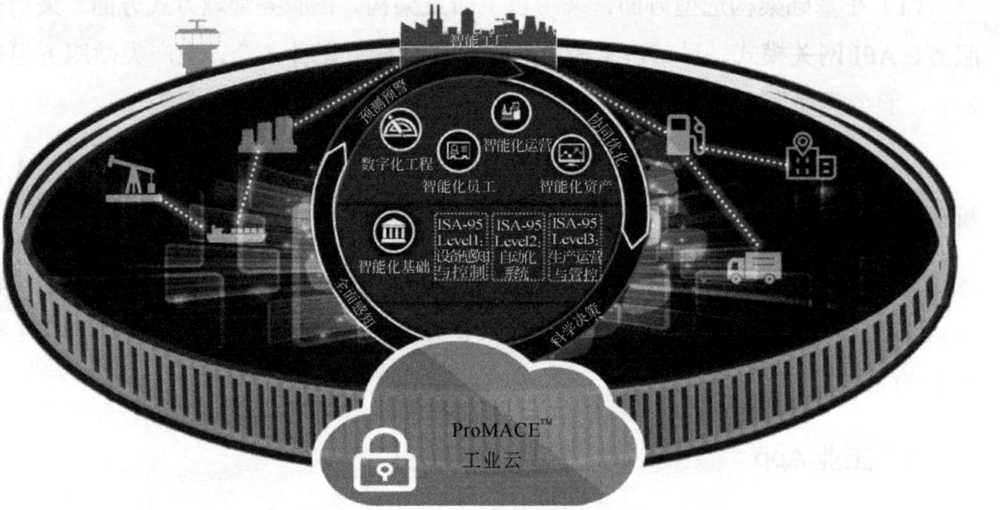

图 11-5　ProMACE 工业云平台架构

（图片来源：石化盈科官网[1]）

1．数据采集

在数据源接入方面，接入 29 类、34 563 台工业设备，接入 2 000 000 个数据点。在协议兼容性方面，既遵循 OPC-UA，又自行开发协议转换解析模块。在边缘计算方面，有边缘计算节点 100 000 个，具有数据清洗、数据缓存、实时分析功能。

在数据采集解决方案方面，集成中国科学院沈阳自动化研究所 SIA-SCADA、

1 ProMACE 工业云，http://www.pcitc.com/solutions/lcgyznzz-cps.shtml

中科奥维物联网平台、TelitdeviceWISE、IBMNode-RED 第三方解决方案，自主开发软件网关的连接协议数量为 62 个，自主开发硬件网关的连接协议数量为 18 个。

2．工业 IaaS 层

采用自建私有云的方式部署 IaaS 基础设施，私有 32 000 核的 CPU 和 128 000G 的内存。

3．工业 PaaS 平台

（1）在基础架构选型方面，采用 OpenStack 架构。

（2）在服务管理方式方面，采用微服务、API 网关、SOA 模式。目前，平台具有生产类业务功能组件 108 个，微服务组件 0 个；服务类业务功能组件 25 个，微服务组件 0 个；具有移动基础服务、移动数据接口服务、移动二维码生成服务、移动数据分析服务、移动即时通信服务、移动搜索引擎服务、移动工作流引擎服务、环保在线监测 8 个业务功能组件。

（3）在机理模型提供方面，平台具有石化行业 137 种机理模型。

（4）在通用分析算法方面，引入了聚类算法、分类算法、回归分析、关联规则、文本分析、深度学习、传递熵等数据建模和分析算法，具备工业数据处理、建模和分析能力。

4．工业 APP

（1）从应用场景来看，工业 APP 总量为 493 个，其中生产类为 347 个，管理类为 139 个，服务类为 7 个。

（2）从服务行业来看，聚焦于石化行业，石化行业 APP 为 492 个。

5．开发者社区

（1）在开发环境建设方面，为开发者提供 Java、Objective-C、.Net、Pathyon 等开发工具。

（2）在开放的 API 接口建设方面，面向资源接入的 API 接口数量 354 个，面向应用开发的 API 接口数量 3500 个。

（3）正在筹备建立开发者社区。

11.7 航天云网 INDICS 平台

2015 年 6 月，航天科工集团投资约 13.2 亿元人民币注册成立二级单位航天云网科技发展有限责任公司，打造中国自己的工业互联网平台 INDICS。目前已在北京、江西、贵州、四川、辽宁、内蒙古和甘肃等区域完成了平台落地，正在加快与湖北、湖南、云南、江苏和广东等区域的合作，筹备落地事宜，平台辐射能力持续增强。同时，为支撑国家“一带一路”倡议，秉承“让中国企业走出去，把国外优质资源引进来”的理念，已面向英语、俄语、德语、波斯语等语言区域的国家和地区，打造了 INDICS 国际云平台，并在德国和伊朗落地，构建了国际工业云端生态，初步实现了“企业有组织、资源无国界”的生产资源全球配置。

INDICS 平台于 2015 年 6 月 15 日正式上线并持续优化完善。目前，已成功应用于高端装备、模具、家具、电子、汽车、新材料等制造行业和领域，构建了贵州工业云、京津冀工业云、横沥模具云和南康家具云等区域/行业云平台，线上入驻企业突破 60 万家，业务接入企业达到 5 万余家，形成了由 126 个软件、1.37 万项专利、3.58 万份标准、上百位专家构成的云资源池，为近千家行业用户提供了线上定制化服务；线下接入了超过 10 000 台的制造设备，打造了工业基础件数控加工柔性生产线、电缆接插连接件柔性装配线、家具制造和汽车冲压模具智能制造生产线等智能制造样板工程，为近百家企业提供了基于云平台的智能工厂整体解决方案。

1. 平台数据采集

（1）在数据源接入方面，INDICS 平台接入 21 类、1 000 000 台工业设备，接入数据点 1 000 000 个。平台接入研发设计类、生产控制类、运营管理类的应用软件。在协议兼容性方面，INDICS 平台既遵循 OPC-UA 协议，又自行开发协议转换解析模块 1 个。在边缘计算方面，有边缘计算节点 500 个，具有数据清洗、数据缓存、实时分析功能。

（2）在数据采集解决方案方面，集成华为、西门子、研华、固高、龙腾蓝天等第三方解决方案，自主开发软件网关的连接协议数量为 10 个，自主开发硬件网关的链接协议数量为 10 个。

2. 工业 IaaS 层

INDICS 平台采用自建云的方式部署 IaaS 基础设施，私有计算能力为 198 000

核的 CPU 和 358 400GB 的内存。

3．工业 PaaS 平台

（1）在基础架构选型方面，平台采用 CloudFoundary 成熟的开源架构体系。

（2）在服务管理方式方面，INDICS 平台采用微服务、API 网关模式，支持用户敏捷开发和个性化应用的部署。目前，平台具有 20 个设计类微服务组件、1 个仿真类微服务组件、2 个生产类微服务组件、15 个管理类微服务组件、12 个服务类微服务组件。

（3）在机理模型提供方面，平台具有装备行业机理模型 35 种，汽车行业机理模型 23 种，电子行业机理模型 15 种，冶金行业机理模型 8 种，石化行业机理模型 5 种，轻工行业机理模型 12 种。

（4）在通用分析算法方面，引入了聚类算法、分类算法、回归分析、关联规则、文本分析、深度学习等数据建模和分析算法，具备工业数据处理、建模和分析能力。

4．工业 APP

（1）从应用场景来看，INDICS 平台上的工业 APP 已基本覆盖研发设计、生产制造、经营管理、售后服务等生产制造全过程。其中设计类有 80 个，仿真类有 120 个，生产类有 45 个，管理类有 120 个，服务类有 90 个，其他类有 117 个。

（2）从服务行业来看，INDICS 平台上的工业 APP 应用开始向制造业各行业全面渗透。跨行业通用 APP 有 125 个，装备行业 APP 有 168 个，汽车行业 APP 有 12 个，电子行业 APP 有 38 个，冶金行业 APP 有 25 个，石化行业 APP 有 16 个，轻工行业 APP 有 21 个。

5．开发者社区

在开发环境建设方面，INDICS 平台为开发者提供 Java、Ruby、PHP 等开发工具。

在开放的 API 接口建设方面，面向资源接入的 API 接口数量有 5 种，面向应用开发的 API 接口数量有 29 种。

在开发者社区建设方面，INDICS 平台已经建立开发者社区，开发者数量达 30

万人，月平均活跃开发者数量有数千人。

11.8 海尔 COSMOPlat 平台

海尔集团（Haier）创业于 1984 年，是全球领先的大型家电企业，连续 8 年蝉联全球大型家电第一品牌。海尔集团作为国际家电巨头，在全球建立了 10 大研发中心、21 个工业园区和 108 家工厂。海尔集团旗下 10 大品牌巨大的产品产量推动其在智能制造道路上不断探索前行。目前，海尔集团互联网工厂模式以广泛的普适性和便捷的可复制性得到了行业、国家的认可，为广大企业转型升级提供了全套解决方案，为构建全球工业智能领域一流资源共创共赢生态系统创造了条件。

COSMOPlat 平台是海尔集团面向制造企业转型升级构建的工业技术软件化通用平台。COSMOPlat 以服务海尔集团自身制造工厂的平台为基础进行重构、扩展，打造面向社会化服务的支撑能力，为企业提供全流程的智能制造解决方案，包括协同创新、众包众创、柔性制造、供应链协同、分布式调度等一系列新模式。通过快速实施大规模定制升级，COSMOPlat 以构建新的工业生态为主要目标，包括将互联工厂简化、软化、云化形成以用户为中心的社群经济新工业生态，以及将用户、研发资源、供应商和创客整合形成共创共赢生态。目前，平台上聚集了上亿的用户资源，同时还聚合了 300 万+的生态资源，并实现非家电类产品创新设计 19 类，为近百家外部公司提供了创新设计服务，如图 11-6 所示。

1. 边缘层数据采集和分析能力

（1）在数据源接入方面，支持新建工厂工业设备为 100%接入，老旧工厂改造升级后为 85%接入，除生产装备外，视频、网络、工装器具、实验室等工厂使用的可通信设备一并接入。协议兼容方面，兼容 80%以上市场常用硬件及协议。

（2）在边缘数据处理能力方面，目前正在试点应用，主要应用在现场端的质量分析上，如噪声检测、视觉检测等。

（3）在数据采集解决方案能力方面，已形成完整的解决方案，应对不同场景的应用，包括集团级、工厂级、产线级、设备级均有相对应的解决方案及产品。

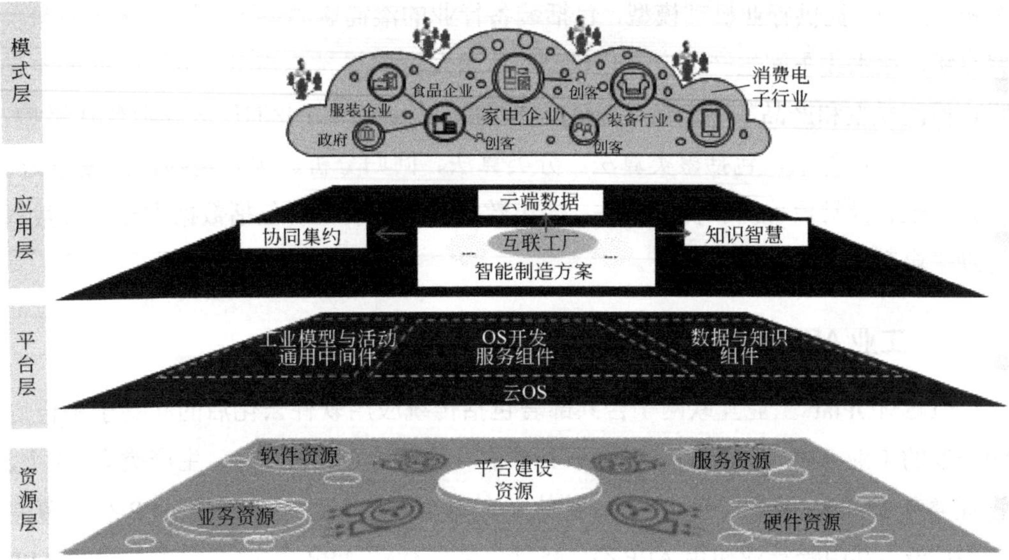

图 11-6　海尔工业互联网平台架构图

（图片来源：海尔集团）

COSMOPlat 工业互联网平台已接入 10 类 700 000 台设备，接入数据点 2 200 000 个，接入 13 类 21 000 个产品，接入数据点 120 000 个。

2．工业 IaaS 层

COSMOPlat 工业互联网平台运用海尔集团自建的私有云，其私有存储能力达到 100TB，拥有 3200 核的 CPU 和 25 600GB 的内存，并拥有双线接入大于 50Mb/s 的宽带为网络服务提供支撑。

3．工业 PaaS 平台

（1）在业务功能组件（包含微服务组件）方面，海尔集团构建了通用类、工具类和面向工业场景类的业务功能组件，其中通用类业务功能组件包含通用邮件短信组件、CI 模块、AuthN 模块、AuthZ 模块、负载均衡器、监控平台、用户管理模块、Oauth2 模块、单点登录模块、QuickStart 快速开发系统、Mission 周清系统、SkyMach 管理系统、Docker 镜像仓库管理；工具类业务功能组件包含 3D 模型构建、热力仿真、振动仿真、跌落仿真、工艺建模、设备建模、人体供血建模等；面向工业场景类业务功能组件包含项目过程管理、项目目标管理、需求交互管理等。

（2）在大数据处理和分析（包括实时和非实时的各类工业数据的处理、建模和分析）方面，提供行业机理模型，包括装备行业的滚筒震动参数与固定螺丝质量关联分析、流水线车间生产调度优化模型、冰箱发泡质量预测模型，电子行业的空调噪声检测模型和产品故障诊断（PHM）模型，以及物流行业的厂区物流优化模型；提供通用分析算法，包括聚类算法、分类算法、回归分析、关联规则、深度学习、数据降维、异常值检测和优化算法；提供数据存储与管理，包括数据中台、大数据管理平台和数据资产管理中心。

4. 工业 APP

COSMOPlat 工业互联网平台共部署包括传统应用软件云化后的和基于平台资源开发的工业 APP 有 125 个，其中设计类有 4 个、仿真类有 3 个、生产类有 63 个、管理类有 33 个、服务类有 17 个、其他类有 5 个。同时，海尔工业 APP 行业覆盖范围广泛，其中跨行业通用 APP 有 125 个、装备行业 APP 有 37 个、汽车行业 APP 有 2 个、电子行业 APP 有 42 个、轻工行业 APP 有 46 个。

5. 开发者生态

COSMOPlat 工业互联网平台建立了开发者社区，提供 Java、C++、Ruby、Objective-C、PhP 等开发工具，并提供开放的 API 接口，包括 19 种面向资源接入和应用开发的 API 接口，包括生态用户中心、积分中心、产品中心、会员中心、智能制造、质量、交互中心、人人创客 Hbase、订单中心、库存中心、生态资源平台、终端、营销 TOC、服务领域、研发领域、海外领域、IT 领域、大数据领域、移动开放平台。目前，海尔集团已拥有约 3000 人的注册开发者，月平均活跃开发者数量超过 1000 人。

11.9 和利时 HiaCloud 平台

和利时（HollySys）始创于 1993 年（前身为电子部六所自动化事业部），是中国领先的自动化与信息技术解决方案提供商，其业务涉及自动控制系统产品研发、制造和服务，核心业务聚焦工业自动化、轨道交通自动化和医疗自动化三大领域。和利时通过 20 多年自主技术、产品的积累沉淀，已能够提供包含智能化装备、自动化产线、一体化管控系统以及企业决策分析系统等在内的全套智能制造整体解决方案。

工业互联网平台 HiaCloud 是和利时面向生产环节搭建的企业级“生产云”，其本质是构建与物理空间对应的虚拟空间，将物理空间与虚拟空间在多个层级（单元级、系统级、系统之系统级）上进行融合以提供智能创新服务。和利时认为，工业“云”与分布在厂内的“端”直接连接，将形成新型的“云+端”生产模式，通过提供智能产品定制云服务、产业链协同云服务、产品生命周期云服务、智能工厂信息模型云服务、产品设计（CAX）云服务等功能，和利时将实现由传统工控系统提供商向智能制造服务提供商转型，如图 11-7 所示。

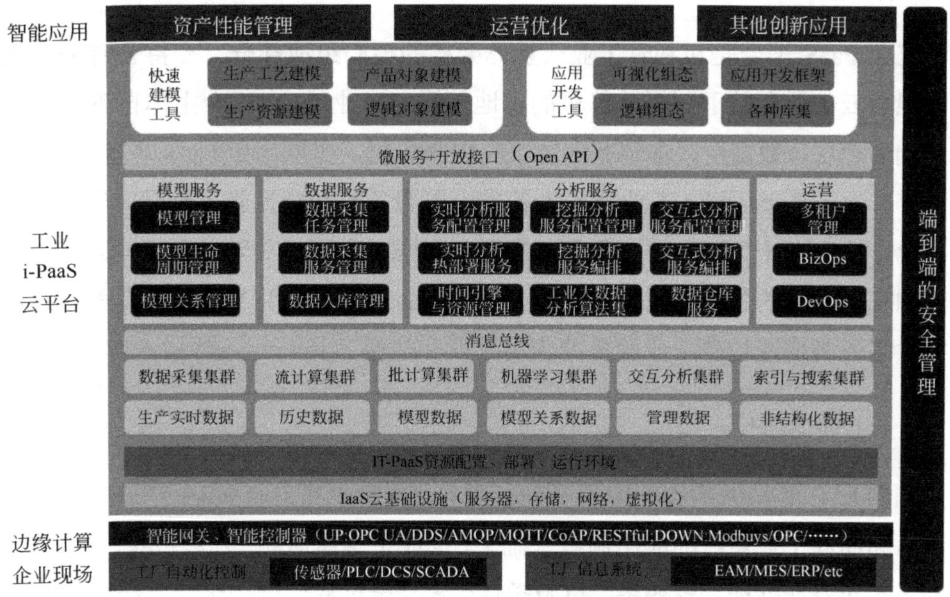

图 11-7 和利时工业互联网平台架构

（图片来源：和利时公司）

1. 边缘层数据采集和分析能力

HiaCloud 工业互联网平台的云与边缘计算包含管理与控制技术、信息模型共享技术、云架构与协同技术及边缘计算技术。管理与控制技术，在管理平面通过 OPC-UA/XML 与工业互联网平台进行双向数据传输，在控制平面通过软件定义控制策略驱动各类传感器与执行器；信息模型共享技术，通过 CIMs 技术实现与各类现有子系统的语义交互；云架构与协同技术，对接 ERP、MES、DCS、SCADA 等系统，形成各类工业 APP；边缘计算技术，以 IT/OT 各层级靠近边缘的智能网关、智能控制器等设备为基础，提供实时、可靠、安全、可脱网运行的智能服务。

2. 工业 IaaS 层

HiaCloud 工业互联网平台同时运用公有云、私有云和混合云。

（1）通过智能网关/智能控制器连接到传感器、PLC、DCS、SCADA 等现场设备和系统，并在智能网关/智能控制器中提供边缘计算服务；

（2）通过服务总线连接到 EAM、MES、ERP 等企业已有的 IT 系统，实现各类集成服务。

3. 工业 PaaS 平台

工业 PaaS 平台是和利时工业云整体架构的核心组成部分，支持公有云、私有云、混合云部署和基于一组计算机的本地部署。工业 PaaS 平台主体自下而上包括云基础环境层、数据层、基础服务层、应用服务层，虚拟化和 PaaS 环境（服务器、存储等）为云基础环境，工业数据为各类应用服务的基础设施，数据采集、数据存储、批计算、流计算等为核心服务，模型、数据、分析、安全、运营等微服务为开发面向工业系统的各类应用提供支撑。工业 PaaS 平台采用 DevOps 模式，为开发者提供了各类快速构建工业服务的应用开发和建模工具。

4. 工业 APP

和利时工业 APP 的智能应用及创新服务，构建在其工业 PaaS 云平台的各类基础服务和面向工业系统的应用服务基础上，形成了健康监测、预测报警、备件优化、维护外包等资产性能管理服务，以及柔性生产、全过程生产一体化、计划动态调整与排产、库存优化、产量预测、KPI 绩效考核等运营优化服务，为企业提供数字化运营、资源优化、运营优化、设备诊断，以及其他创新型应用等。

5. 开发者生态

HiaCloud 工业云平台提供访问控制服务为应用开发者提供粒度化的授权机制而不用在代码中增加复杂的认证逻辑。HiaCloud 工业数据采集 SDK 的工业协议，SDK 模块可以在 SCADA V4 的 FEP 模块框架上进行开发，将 FEP 的框架暴露给开发者，并内置若干标准的通信模块，以 API 方式暴露给开发者。此外，边缘计算 SDK 模块以 AT 为框架，使用 AT 的计算引擎及 AT 丰富的算法库，可以实现一些实时的流式计算任务，并将用户自定义算法库功能暴露给开发者，使开发者可以开发自己的流式计算规则。

11.10　树根互联根云平台

三一集团创立于 1989 年，已发展成为全球领先的工程机械制造领军企业，年销售额超 800 亿元，业务遍及全球 100 多个国家和地区。在此基础上，三一集团投资孵化了树根互联技术有限公司，旨在基于三一丰富的制造业经验，运用物联网、大数据、云计算、机器学习、人工智能等新技术，打造根云工业互联网平台，并以根云平台为核心，建设开放、共建、共享的工业互联网产业生态。目前根云平台已接入近 30 万台各类机器设备，涵盖工程机械、纺织机械、农机、港航设备、电梯、太阳能电站设备等多个类别，实时采集数千种参数，已在多个行业的十余家实体经济企业完成技术验证和提供示范性服务。

树根互联充分发挥作为平台商的行业集成能力，围绕云存储、物联通信、工业应用软件开发、产业链金融等各个环节拓展战略合作伙伴，与腾讯、华为、联通、用友、久隆保险等一批生态链企业建立了合作关系，共同为客户提供端到端、即插即用的服务，在提升工业企业智能制造水平、提高设备全生命周期效率、引导企业拓展新业务模式等方面成效显著，如图 11-8 所示。

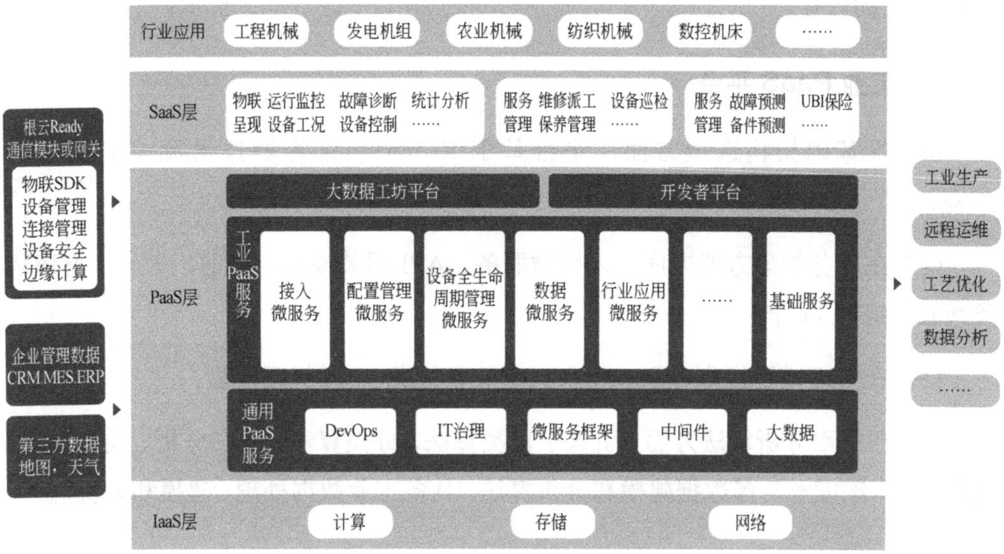

图 11-8　树根互联根云架构

（图片来源：《财资中国|财富风尚》[1]）

1 三一集团：推出根云平台：http://t.cj.sina.com.cn/articles/view/1708114593/65cfc2a1001006dk7

1．数据采集

（1）在数据源接入方面，根云平台接入 400 类、400 000 台工业设备，数据点 80 000 000 个；接入 10 000 类、300 000 个工业产品，数据点 60 000 000 个；接入生产控制类、运营管理类软件。

（2）在协议兼容性方面，根云平台既遵循 OPC UA，又自行开发协议转换解析模块。

（3）在边缘计算方面，有边缘计算节点 400 000 个，具有数据清洗、数据缓存、实时分析功能。

（4）在数据采集解决方案方面，集成旋思科技、微铭科技、繁易科技、紫清科技等第三方解决方案，自主开发软件网关的连接协议数量有 2530 个，自主开发硬件网关的连接协议数量有 700 个。

2．工业 IaaS 层

根云平台采用租用腾讯云的方式部署 IaaS 基础设施，租用 10 000 核的 CPU 和 50 000GB 的内存。

3．工业 PaaS 平台

（1）在基础架构选型方面，平台基于 Kubernetes 容器技术及 VM 的混合架构。

（2）在服务管理方式方面，采用微服务、API 网关模式。目前，平台具有服务类微服务组件 21 个。

（3）在机理模型提供方面，平台具有装备行业 11 种机理模型。

（4）在通用分析算法方面，引入了聚类算法、分类算法、回归分析、关联规则、文本分析、深度学习等数据建模和分析算法，具备工业数据处理、建模和分析能力。

4．工业 App

（1）从应用场景来看，工业 APP 已基本覆盖研发设计、生产制造、经营管理、售后服务等生产制造全过程。工业 APP 总量有 630 个，其中生产类有 24 个，管理类有 137 个，服务类有 228 个，其他类有 241 个。

（2）从服务行业来看，工业 APP 应用开始向制造业及各行业全面渗透。跨行业通用 APP 有 87 个，装备行业 APP 有 517 个，汽车行业 APP 有 2 个，电子行业 APP 有 2 个，冶金行业 APP 有 1 个，石化行业 APP 有 1 个，轻工行业 APP 有 4 个。

5．开发者社区

（1）在开发环境建设方面，为开发者提供了 Java、C++、Ruby、Objective-C、PHP 等开发工具。

（2）在开放的 API 接口建设方面，面向资源接入的 API 接口数量有 5 种，面向应用开发的 API 接口数量有 20 种。

（3）在开发者社区建设方面，根云平台已经建立开发者社区，开发者数量达 2135 人，月平均活跃开发者数量有 533 人。

11.11 用友精智工业互联网平台

用友精智工业互联网平台定位于数字化工业应用的基础设施和面向工业服务的产业共享共创平台。该平台由基础技术支撑平台、容器云平台、工业物联网平台、应用开发平台、移动平台、云集成平台、服务治理平台及 DevOps 平台等组成，融合了移动互联网、云计算、大数据、物联网、3D 打印、人工智能、区块链等新一代信息通信技术，核心是为工业企业提供营销服务、采购服务、交易服务、设计服务、制造服务、3D 打印服务、工程服务、分析服务、财务服务、人力服务、协同服务、云 ERP、云 MES、金融服务及第三方 SaaS 服务，以开放的生态体系，帮助工业企业实现数字化转型，促进生产方式变革，发展个性化定制、网络化协同制造等新模式，推动软/硬件资源、制造资源、工业技术知识的开放、共享，促进产品质量、生产效率、经济效益与生产力的跃升，如图 11-9 所示。

1．边缘层数据采集和分析能力

通过各种通信手段接入各种控制系统、数字化产品和设备、物料等，采集海量数据，实现数据向平台的汇集。

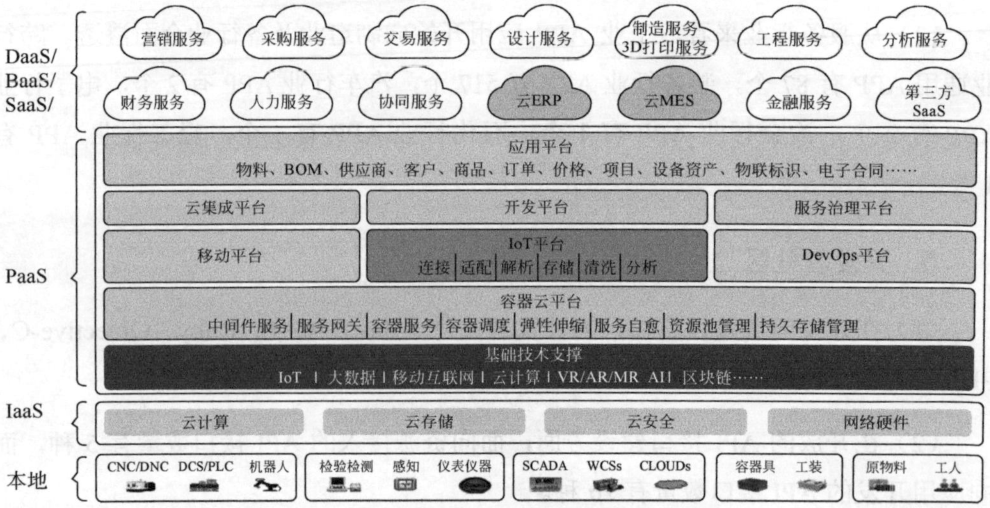

图 11-9 用友精智工业互联网平台整体架构

2. 工业 IaaS 层

云基础设施层。基于虚拟化、分布式存储、并行计算、负载均衡等技术，实现网络、计算、存储等计算机资源的池化管理，根据需求进行弹性分配，并确保资源使用的安全与隔离，为用户提供完善的云基础设施服务。用友精智平台主要与 IaaS 提供商华为、阿里等合作。

3. 工业 PaaS 平台

由基础技术支撑平台、容器云平台、工业物联网平台、应用开发平台、移动平台、云集成平台、服务治理平台及 DevOps 平台等组成。在基础设施、数据库、中间件、服务框架、协议、表示层，平台支持开放协议与行业标准，具有广泛的开放性，适配不同的 IaaS 平台。建设丰富的工业 PaaS 业务功能组件，包括通用类业务功能组件、工具类业务功能组件、面向工业场景类业务功能组件。

4. 工业 APP

基于四级数据模型建模，保证社会级、产业链级、企业级和组织级的统一及多级映射，提供大量基于 PaaS 平台开发的 SaaS/BaaS/DaaS 应用服务，应用覆盖交易、物流、金融、采购、营销、财务、设备、设计、加工、制造、3D 打印服务、数据分析、决策支撑等全要素，为工业互联网生态体系中的成员企业提供各种应用服务。

5. 开发者社区

（1）在开发环境建设方面，为开发者提供 Java、JS+node 等开发工具。

（2）在开放的 API 接口建设方面，面向资源接入 API 接口数量有 29 种，面向应用开发的 API 接口数量有 29 种。

（3）在开发者社区建设方面，已经建立开发者社区，开发者数量达 750 232 人，月平均活跃开发者数量有 12 921 人。

附件 A

Annex 1

国务院关于深化“互联网+先进制造业”发展工业互联网的指导意见

当前，全球范围内新一轮科技革命和产业变革蓬勃兴起。工业互联网作为新一代信息技术与制造业深度融合的产物，日益成为新工业革命的关键支撑和深化“互联网+先进制造业”的重要基石，对未来工业发展产生全方位、深层次、革命性影响。工业互联网通过系统构建网络、平台、安全三大功能体系，打造人、机、物全面互联的新型网络基础设施，形成智能化发展的新兴业态和应用模式，是推进制造强国和网络强国建设的重要基础，是全面建成小康社会和建设社会主义现代化强国的有力支撑。为深化供给侧结构性改革，深入推进“互联网+先进制造业”，规范和指导我国工业互联网发展，现提出以下意见。

1. 基本形势

互联网创新发展与新工业革命正处于历史交汇期，发达国家抢抓新一轮工业革命机遇，围绕核心标准、技术、平台加速布局工业互联网，构建数字驱动的工业新生态，各国参与工业互联网发展的国际竞争日趋激烈。我国工业互联网与发达国家基本同步启动，在框架、标准、测试、安全、国际合作等方面取得了初步进展，成立了汇聚“政、产、学、研”的工业互联网产业联盟，发布了《工业互联网体系架构（版本 1.0）》《工业互联网标准体系框架（版本 1.0）》等，涌现出一批典型平台和企业。但与发达国家相比，总体发展水平及现实基础仍然不高，产业支撑能力不足，核心技术和高端产品对外依存度较高，关键平台综合能力不强，标准体系不完善，企业数字化、网络化水平有待提升，缺乏龙头企业引领，人才支撑和安全保障能力不足，与建设制造强国和网络强国的需要仍有较大差距。

加快建设和发展工业互联网，推动互联网、大数据、人工智能和实体经济深度融合，发展先进制造业，支持传统产业优化升级，具有重要意义。一方面，工业互联网是以数字化、网络化、智能化为主要特征的新工业革命的关键基础设施，加快其发展有利于加速智能制造，更大范围、更高效率、更加精准地优化生产和服务资源配置，促进传统产业转型升级，催生新技术、新业态、新模式，为制造强国建设提供新动能。工业互联网还具有较强的渗透性，可从制造业扩展成为各产业领域网络化、智能化升级必不可少的基础设施，实现产业上/下游、跨领域的广泛互联互通，打破“信息孤岛”，促进集成共享，并为保障和改善民生提供重要依托。另一方面，发展工业互联网，有利于促进网络基础设施演进升级，推动网络应用从虚拟到实体、从生活到生产的跨越，极大地拓展了网络经济空间，为推进网络强国建设提供新机遇。当前，全球工业互联网正处在产业格局未定的关键期和规模化扩张的窗口期，亟须发挥我国体制优势和市场优势，加强顶层设计、统筹部署，扬长避短、分步实施，努力开创我国工业互联网发展的新局面。

2. 总体要求

（1）指导思想。

深入贯彻落实党的十九大精神，认真学习习近平新时代中国特色社会主义思想，落实新发展理念，坚持质量第一、效益优先，以供给侧结构性改革为主线，以全面支撑制造强国和网络强国建设为目标，围绕推动互联网和实体经济深度融合，聚焦发展智能、绿色的先进制造业。按照党中央、国务院决策部署，加强统筹引导，深化简政放权、放管结合、优化服务改革，深入实施创新驱动发展战略，构建网络、平台、安全三大功能体系，增强工业互联网产业供给能力。促进行业应用，强化安全保障，完善标准体系，培育龙头企业，加快人才培养，持续提升我国工业互联网发展水平。努力打造国际领先的工业互联网，促进大众创业万众创新和大中小企业融通发展，深入推进“互联网+”，形成实体经济与网络相互促进、同步提升的良好格局，有力推动现代化经济体系建设。

（2）基本原则。

① 遵循规律，创新驱动。遵循工业演进规律、科技创新规律和企业发展规律，借鉴国际先进经验，建设具有中国特色的工业互联网体系。按照建设现代化经济体系的要求，发挥我国工业体系完备、网络基础坚实、互联网创新活跃的优势，推动互联网和实体经济深度融合，引进培养高端人才，加强科研攻关，实现创新驱动发展。

② 市场主导，政府引导。发挥市场在资源配置中的决定性作用，更好地发挥政府作用。强化企业市场主体地位，激发企业内生动力，推进技术创新、产业突破、平台构建、生态打造。发挥政府在加强规划引导、完善法规标准、保护知识产权、维护市场秩序等方面的作用，营造良好的发展环境。

③ 开放发展，安全可靠。把握好安全与发展的辩证关系，发挥工业互联网开放性、交互性的优势，促进工业体系开放式发展。推动工业互联网在各产业领域广泛应用，积极开展国际合作。坚持工业互联网安全保障手段同步规划、同步建设、同步运行，提升工业互联网安全防护的能力。

④ 系统谋划，统筹推进。做好顶层设计和系统谋划，科学制定、合理规划工业互联网技术路线和发展路径，统筹实现技术研发、产业发展和应用部署良性互动，不同行业、不同发展阶段的企业协同发展，区域布局协调有序。

（3）发展目标。

立足国情，面向未来，打造与我国经济发展相适应的工业互联网生态体系，使我国工业互联网发展水平走在国际前列，争取实现并跑乃至领跑。

到2025年，基本形成具备国际竞争力的基础设施和产业体系。覆盖各地区、各行业的工业互联网网络基础设施基本建成。工业互联网标识解析体系不断健全并规模化推广，形成3～5个达到国际水准的工业互联网平台。产业体系较为健全，掌握关键核心技术，供给能力显著增强，形成一批具有国际竞争力的龙头企业。基本建立起较为完备可靠的工业互联网安全保障体系。

新技术、新模式、新业态大规模推广应用，推动两化融合迈上新台阶。

其中，在2018—2020年三年起步阶段，初步建成低时延、高可靠、广覆盖的工业互联网网络基础设施，初步构建工业互联网标识解析体系，初步形成各有侧重、协同集聚发展的工业互联网平台体系，初步建立工业互联网安全保障体系。

到2035年，建成国际领先的工业互联网网络基础设施和平台，形成国际先进的技术与产业体系，工业互联网全面深度应用并在优势行业形成创新引领能力，安全保障能力全面提升，重点领域实现国际领先。

到21世纪中叶，工业互联网网络基础设施全面支撑经济社会发展，工业互联网创新发展能力、技术产业体系及融合应用等全面达到国际先进水平，综合实力进入世界前列。

3．主要任务

（1）夯实网络基础。

推动网络改造升级提速降费。面向企业低时延、高可靠、广覆盖的网络需求，大力推动工业企业内外网建设。加快推进宽带网络基础设施建设与改造，扩大网络覆盖范围，优化升级国家骨干网络。推进工业企业内网的IP（互联网协议）化、扁平化、柔性化技术改造和建设部署。推动新型智能网关应用，全面部署IPv6（互联网协议第6版），继续推进连接中小企业的专线建设。在完成2017年政府工作报告确定的网络提速降费任务基础上，进一步提升网络速率、降低资费水平，特别是大幅降低中小企业互联网专线接入资费水平。加强资源开放，支持大中小企业融通发展。加大无线电频谱等关键资源保障力度。

推进标识解析体系建设。加强工业互联网标识解析体系顶层设计，制定整体架构，明确发展目标、路线图和时间表。设立国家工业互联网标识解析管理机构，构建标识解析服务体系，支持各级标识解析节点和公共递归解析节点建设，利用标识实现全球供应链系统和企业生产系统间精准对接，以及跨企业、跨地区、跨行业的产品全生命周期管理，促进信息资源集成共享。

专栏-1　工业互联网基础设施升级改造工程

组织实施工业互联网工业企业内网、工业企业外网和标识解析体系的建设升级。支持工业企业以 IPv6、工业无源光网络（PON）、工业无线等技术改造工业企业内网，以 IPv6、软件定义网络（SDN）及新型蜂窝移动通信技术对工业企业外网进行升级改造。在 5G 研究中开展面向工业互联网应用的网络技术试验，协同推进 5G 在工业企业的应用部署。开展工业互联网标识解析体系建设，建立完善各级标识解析节点。

到 2020 年，基本完成面向先进制造业的下一代互联网升级改造和配套管理能力建设，在重点地区和行业实现窄带物联网（NB—IoT）、工业过程/工业自动化无线网络（WIA—PA/FA）等无线网络技术应用；初步建成工业互联网标识解析注册、备案等配套系统，形成 10 个以上公共标识解析服务节点，标识注册量超过 20 亿。

到 2025 年，工业无线、时间敏感网络（TSN）、IPv6 等工业互联网网络技术在规模以上工业企业中广泛部署；面向工业互联网接入的 5G 网络、低功耗广域网等基本实现普遍覆盖；建立功能完善的工业互联网标识解析体系，形成 20 个以上公共标识解析服务节点，标识注册量超过 30 亿。

（2）打造平台体系。

加快工业互联网平台建设。突破数据集成、平台管理、开发工具、微服务框架、建模分析等关键技术瓶颈，形成有效支撑工业互联网平台发展的技术体系和产业体系。开展工业互联网平台适配性、可靠性、安全性等方面的试验验证，推动平台功能的不断完善。通过分类施策、同步推进、动态调整，形成多层次、系统化的平台发展体系。依托工业互联网平台形成服务“大众创业、万众创新”的多层次公共平台。

提升平台运营能力。强化工业互联网平台的资源集聚能力，有效整合产品设计、生产工艺、设备运行、运营管理等数据资源，汇聚共享设计能力、生产能力、软件资源、知识模型等制造资源。开展面向不同行业和场景的应用创新，为用户提供包括设备健康维护、生产管理优化、协同设计制造、制造资源租用等各类应用，提升服务能力。不断探索商业模式创新，通过资源出租、服务提供、产融合作等手段，不断拓展平台盈利空间，实现长期可持续运营。

专栏-2　工业互联网平台建设及推广工程

从工业互联网平台供给侧和需求侧两端发力，开展四个方面的建设和推广：一是工业互联网平台的培育。通过企业主导、市场选择、动态调整的方式，形成跨行业、跨领域平台，实现多平台互联互通，承担资源汇聚共享、技术标准测试验证等功能，开展工业数据流转、业务资源管理、产业运行监测等服务。推动龙头企业积极发展企业级平台，开发满足企业数字化、网络化、智能化发展需求的多种解决方案。建立健全工业互联网平台技术体系。二是工业互联网平台的试验验证。支持产业联盟、企业与科研机构合作共建测试验证平台，开展技术验证与测试评估。三是百万家企业上云。鼓励工业互联网平台在产业集聚区落地，推动地方通过财税支持、政府购买服务等方式鼓励中小企业业务系统向云端迁移。四是百万工业APP 的培育。支持软件企业、工业企业、科研院所等开展合作，培育一批面向特定行业、特定场景的工业 APP。

到 2020 年，工业互联网平台体系初步形成，支持建设 10 个左右跨行业、跨领域的平台，建成一批支撑企业数字化、网络化、智能化转型的企业级平台。培育 30 万个面向特定行业、特定场景的工业 APP，推动 30 万家企业应用工业互联网平台开展研发设计、生产制造、运营管理等业务，工业互联网平台对产业转型升级的基础性、支撑性作用初步显现。

到 2025 年，重点工业行业实现网络化制造，工业互联网平台体系基本完善，形成 3 ~ 5 个具有国际竞争力的工业互联网平台，培育百万工业APP，实现百万家企业上云，形成建平台和用平台双向迭代、互促共进的制造业新生态。

（3）加强产业支撑。

加大关键共性技术攻关力度。开展时间敏感网络、确定性网络、低功耗工业无线网络等新型互联网技术研究，加快 5G、软件定义网络等技术在工业互联网中的应用研究。推动解析、信息管理、异构标识互操作等工业互联网标识解析关键技术及安全可靠机制的研究。加快 IPv6 等核心技术攻关。促进边缘计算、人工智能、增强现实、虚拟现实、区块链等新兴前沿技术在工业互联网中的应用研究与探索。

构建工业互联网标准体系。成立国家工业互联网标准协调推进组、总体组和专家咨询组，统筹推进工业互联网标准体系建设，优化推进机制，加快建立统一、综合、开放的工业互联网标准体系。制定一批总体性标准、基础共性标准、应用标准、安全标准。组织开展标准研制及试验验证工程，同步推进标准内容试验验证、试验验证环境建设、仿真与测试工具开发和推广。

专栏-3　标准研制及试验验证工程

面向工业互联网标准化需求和标准体系建设，开展工业互联网标准研制。开发通用需求、体系架构、测试评估等总体性标准；开发网络与数字化互联接口、标识解析、工业互联网平台、安全等基础共性标准；面向汽车、航空航天、石油化工、机械制造、轻工家电、信息电子等重点行业领域的工业互联网应用，开发行业应用导则、特定技术标准和管理规范。组织相关标准的试验验证工作，推进配套仿真与测试工具的开发。

到 2020 年，初步建立工业互联网标准体系，制定 20 项以上总体性及关键基础共性标准，制定 20 项以上重点行业标准，推进标准在重点企业、重点行业中的应用。

到 2025 年，基本建成涵盖工业互联网关键技术、产品、管理及应用的标准体系，并在企业中得到广泛应用。

提升产品与解决方案供给能力。加快信息通信、数据集成分析等领域技术研发和产业化，集中突破一批高性能网络、智能模块、智能联网装备、工业软件等关键软/硬件产品与解决方案。着力提升数据分析算法与工业知识、机理、经验的集成创新水平，形成一批面向不同工业场景的工业数据分析软件与系统及具有深度学习等人工智能技术的工业智能软件和解决方案。面向十大重点领域与传统行业转型升级需求，打造与行业特点紧密结合的工业互联网整体解决方案。引导电信运营企业、互联网企业、工业企业等积极转型，强化网络运营、标识解析、安全保障等工业互联网运营服务能力，开展工业电子商务、供应链、相关金融信息等创新型生产性服务。

专栏-4 关键技术产业化工程

推进工业互联网新型网络互联、标识解析等新兴前沿技术研究与应用，搭建技术测试验证系统，支持技术、产品试验验证。聚焦工业互联网核心产业环节，积极推进关键技术产业化进程。加快工业互联网关键网络设备产业化，开展 IPv6、工业无源光网络、时间敏感网络、工业无线、低功耗广域网、软件定义网络、标识解析等关键技术和产品研发与产业化。研发推广关键智能网联装备，围绕数控机床、工业机器人、大型动力装备等关键领域，实现智能控制、智能传感、工业级芯片与网络通信模块的集成创新，形成一系列具备联网、计算、优化功能的新型智能装备。开发工业大数据分析软件，聚焦重点领域，围绕生产流程优化、质量分析、设备预测性维护、智能排产等应用场景，开发工业大数据分析应用软件，实现产业化部署。

到 2020 年，突破一批关键技术，建立 5 个以上的技术测试验证系统，推出一批具有国内先进水平的工业互联网网络设备。智能网联产品创新活跃，实现工业大数据清洗、管理、分析等功能快捷调用，推进技术产品在重点企业、重点行业中的应用，工业互联网关键技术产业化初步实现。

到 2025 年，掌握关键核心技术，技术测试验证系统有效支撑工业互联网技术产品研究和实验，推出一批达到国际先进水平的工业互联网网络设备，实现智能网联产品和工业大数据分析应用软件的大规模商用部署，形成较为健全的工业互联网产业体系。

（4）促进融合应用。

提升大型企业工业互联网创新和应用水平。加快工业互联网在工业现场的应用，强化复杂生产过程中设备联网与数据采集能力，实现企业各层级数据资源的端到端集成。依托工业互联网平台开展数据集成应用，形成基于数据分析与反馈的工艺优化、流程优化、设备维护与事故风险预警能力，实现企业生产与运营管理的智能决策和深度优化。鼓励企业通过工业互联网平台整合资源，构建设计、生产与供应链资源有效组织的协同制造体系，开展用户个性需求与产品设计、生产制造精准对接的规模化定制，推动面向质量追溯、设备健康管理、产品增值服务的服务化转型。

加快中小企业工业互联网应用普及。推动低成本、模块化工业互联网设备和系统在中小企业中的部署应用，提升中小企业数字化、网络化基础能力。鼓励中小企业充分利用工业互联网平台的云化研发设计、生产管理和运营优化软件，实现业务系统向云端迁移，降低数字化、智能化改造成本。引导中小企业开放专业知识、设计创意、制造能力，依托工业互联网平台开展供需对接、集成供应链、产业电商、众包众筹等创新型应用，提升社会制造资源配置效率。

专栏-5 工业互联网集成创新应用工程

以先导性应用为引领，组织开展创新应用示范，逐步探索工业互联网的实施路径与应用模式。在智能化生产应用方面，鼓励大型工业企业实现内部各类生产设备与信息系统的广泛互联，以及相关工业数据的集成互通，并在此基础上发展质量优化、智能排产、供应链优化等应用。在远程服务应用方面，开展面向高价值智能装备的网络化服务，实现产品远程监控、预测性维护、故障诊断等远程服务应用，探索开展国防工业综合保障远程服务。在网络协同制造应用方面，面向中小企业智能化发展需求，开展协同设计、众包众创、云制造等创新型应用，实现各类工业软件与模块化设计制造资源在线调用。在智能联网产品应用方面，重点面向智能家居、可穿戴设备等领域，融合 5G、深度学习、大数据等先进技术，满足高精度定位、智能人机交互、安全可信运维等典型需求。在标识解析集成应用方面，实施工业互联网标识解析系统与工业企业信息化系统集成创新应用，支持企业探索基于标识服务的关键产品追溯、多源异构数据共享、全生命周期管理等应用。

到 2020 年，初步形成影响力强的工业互联网先导应用模式，建立 150 个左右的应用试点。

到 2025 年，拓展工业互联网应用范围，在十大重点领域及重点传统行业全面推广，实现企业效益全面显著提升。

（5）完善生态体系。

① 构建创新体系。建设工业互联网创新中心，有效整合高校、科研院所、企业创新资源，围绕重大共性需求和重点行业需要，开展工业互联网产学研协同创新，促进技术创新成果产业化。面向关键技术和平台需求，支持建设一批能够融入国际化发展的开源社区，提供良好开发环境，共享开源技术、代码和开发工具。规范和健全中介服务体系，支持技术咨询、知识产权分析预警和交易、投融资、人才培训等专业化服务发展，加快技术转移与应用推广。

② 构建应用生态。支持平台企业面向不同行业智能化转型需求，通过开放平台功能与数据、提供开发环境与工具等方式，广泛汇聚第三方应用开发者，形成集体开发、合作创新、对等评估的研发机制。支持通过举办开发者大会、应用创新竞赛、专业培训及参与国际开源项目等方式，不断提升开发者的应用创新能力，形成良性互动的发展模式。

③ 构建企业协同发展体系。以产业联盟、技术标准、系统集成服务等为纽带，以应用需求为导向，促进装备、自动化、软件、通信、互联网等不同领域企业深入合作，推动多领域融合型技术研发与产业化应用。依托工业互联网促进融通发展，推动一二三产业、大中小企业跨界融通，鼓励龙头工业企业利用工业互联网将业务流程与管理体系向上/下游延伸，带动中小企业开展网络化改造和工业互联网应用，提升整体发展水平。

④ 构建区域协同发展体系。强化对工业互联网区域发展的统筹规划，面向关键基础设施、产业支撑能力等核心要素，形成中央地方联动、区域互补的协同发展机制。根据不同区域制造业发展水平，结合国家新型工业化产业示范基地建设，遴选一批产业特色鲜明、转型需求迫切、地方政府积极性高、在工业互联网应用部署方面已取得一定成效的地区，因地制宜开展产业示范基地建设，探索形成不同地区、不同层次的工业互联网发展路径和模式，并逐步形成各有特色、相互带动的区域发展格局。

专栏-6　区域创新示范建设工程

开展工业互联网创新中心建设。依托制造业创新中心建设工程，建设工业互联网创新中心，围绕网络互联、标识解析、工业互联网平台、安全保障等关键共性重大技术及重点行业和领域需求，重点开展行业领域基础和关键技术研发、成果产业化、人才培训等。依托创新中心打造工业互联网技术创新开源社区，加强前沿技术领域共创共享。支持国防科技工业创新中心深度参与工业互联网建设发展。

工业互联网产业示范基地建设。在互联网与信息技术基础较好的地区，以工业互联网平台集聚中小企业，打造新应用模式，形成一批以互联网产业带动为主要特色的示范基地。在制造业基础雄厚的地区，结合地区产业特色与工业基础优势，形成一批以制造业带动为主要特色的示范基地。推进工业互联网安全保障示范工程建设。在示范基地内，加快推动基础设施建设与升级改造，加强公共服务，强化关键技术研发与产业化，积极开展集成应用试点示范，并推动示范基地之间协同合作。

到 2020 年，建设 5 个左右的行业应用，全面覆盖技术产品实力过硬的工业互联网产业示范基地。

到 2025 年，建成 10 个左右具有较强示范带动作用的工业互联网产业示范基地。

（6）强化安全保障。

提升安全防护能力。加强工业互联网安全体系研究、技术和管理相结合，建立涵盖设备安全、控制安全、网络安全、平台安全和数据安全的工业互联网多层次安全保障体系。加大对技术研发和成果转化的支持力度，重点突破标识解析系统安全、工业互联网平台安全、工业控制系统安全、工业大数据安全等相关核心技术，推动攻击防护、漏洞挖掘、入侵发现、态势感知、安全审计、可信芯片等安全产品研发，建立与工业互联网发展相匹配的技术保障能力。构建工业互联网设备、网络和平台的安全评估认证体系，依托产业联盟等第三方机构开展安全能力评估和认证，引领工业互联网安全防护能力的不断提升。

建立数据安全保护体系。建立工业互联网全产业链数据安全管理体系，明确相关主体的数据安全保护责任和具体要求，加强数据收集、存储、处理、转移、删除等环节的安全防护能力。建立工业数据分级分类的管理制度，形成工业互联网数据流动管理机制，明确数据留存、数据泄露通报要求，加强工业互联网数据安全的监督检查。

推动安全技术手段建设。督促工业互联网相关企业落实网络安全主体责任，指导企业加大安全投入，加强安全防护和监测处置技术手段建设，开展工业互联网安全试点示范，提升安全防护能力。积极发挥相关产业联盟引导作用，整合行业资源，鼓励联盟单位创新服务模式，提供安全运维、安全咨询等服务，提升行业整体安全保障服务能力。充分发挥国家专业机构和社会力量作用，增强国家级工业互联网安全技术支撑能力，着力提升隐患排查、攻击发现、应急处置和攻击溯源能力。

专栏-7 安全保障能力提升工程

推动国家级工业互联网安全技术能力的提升。打造工业互联网安全监测预警和防护处置平台、工业互联网安全核心技术研发平台、工业互联网安全测试评估平台、工业互联网靶场等。

引导企业提升自身工业互联网安全防护能力。在汽车、电子、航空航天、能源等基础较好的重点领域和国防工业等安全需求迫切的领域，建设工业互联网安全保障管理和技术体系，开展安全产品、解决方案的试点示范和行业应用。

到 2020 年，根据重要工业互联网平台和系统的分布情况，组织有针对性的检查评估；初步建成工业互联网安全监测预警和防护处置平台；培养形成 3 ~ 5 家具有核心竞争力的工业互联网安全企业，遴选一批创新实用的网络安全试点示范项目并加以推广。

到 2025 年，形成覆盖工业互联网设备安全、控制安全、网络安全、平台安全和数据安全的系列标准，建立健全工业互联网安全认证体系；工业互联网安全产品和服务得到全面推广和应用；工业互联网相关企业网络安全防护能力显著提升；国家级工业互联网安全技术支撑体系基本建成。

（7）推动开放合作。

提高企业国际化发展能力。鼓励国内外企业面向大数据分析、工业数据建模、关键软件系统、芯片等薄弱环节，合作开展技术攻关和产品研发。建立工业互联网技术、产品、平台、服务方面的国际合作机制，推动工业互联网平台、集成方案等“引进来”“走出去”。鼓励国内外企业跨领域、全产业链紧密协作。

加强多边对话与合作。建立政府、产业联盟、企业等多层次沟通对话机制，针对工业互联网最新发展、全球基础设施建设、数据流动、安全保障、政策法规等重大问题开展交流与合作。加强与国际组织的协同合作，共同制定工业互联网标准规范和国际规则，构建多边、民主、透明的工业互联网国际治理体系。

4. 保障支撑

（1）建立健全法规制度。完善工业互联网规则体系，明确工业互联网网络的基础设施地位，建立涵盖工业互联网网络安全、平台责任、数据保护等的法规体系。细化工业互联网网络安全制度，制定工业互联网关键信息基础设施和数据保护相关规则，构建工业互联网网络安全态势感知预警、网络安全事件通报和应急处置等机制。建立工业互联网数据规范化管理和使用机制，明确产品全生命周期各环节数据收集、传输、处理规则，探索建立数据流通规范。加快新兴应用领域法规制度建设，推动开展人机交互、智能产品等新兴领域信息保护、数据流通、政府数据公开、安全责任等相关研究，完善相关制度。

（2）营造良好市场环境。构建融合发展制度，深化简政放权、放管结合、优化服务改革，放宽融合性产品和服务准入限制，扩大市场主体平等进入范围，实施包容审慎监管，简化认证，减少收费；清理制约人才、资本、技术、数据等要素自由流动的制度障碍，推动相关行业在技术、标准、政策等方面充分对接，打造有利于技术创新、网络部署与产品应用的外部环境。完善协同推进体系，建立部门间高效联动机制，探索分业监管、协同共治模式；建立中央地方协同机制，深化军民融合，形成统筹推进的发展格局；推动建立信息共享、处理、反馈的有效渠道，促进跨部门、跨区域系统的对接，提升工业互联网协同管理的能力。健全协同发展机制，引导工业互联网产业联盟等产业组织完善合作机制和利益共享机制，推动产业各方联合开展技术、标准、应用研发，以及投融资对接、国际交流等活动。

（3）加大财税支持力度。强化财政资金导向作用，加大工业转型升级资金对工业互联网发展的支持力度，重点支持网络体系、平台体系、安全体系能力建设。探索采用首购、订购优惠等支持方式，促进工业互联网创新产品和服务的规模化应用；鼓励有条件的地方通过设立工业互联网专项资金、建立风险补偿基金等方式，支持本地工业互联网集聚发展。落实相关税收优惠政策，推动固定资产加速折旧、企业研发费用加计扣除、软件和集成电路产业企业所得税优惠、小微企业税收优惠等政策的落实，鼓励相关企业加快工业互联网的发展和应用。

（4）创新金融服务方式。支持扩大直接融资比重，支持符合条件的工业互联网企业在境内外各层次资本市场开展股权融资，积极推动项目收益债、可转债、企业债、公司债等在工业互联网领域的应用，引导各类投资基金等向工业互联网领域倾斜。加大精准信贷扶持力度，完善银企对接机制，为工业互联网技术、业务和应用创新提供贷款服务；鼓励银行业金融机构创新信贷产品，在依法合规、风险可控、商业可持续的前提下，探索开发数据资产等质押贷款业务。延伸产业链金融服务范围，鼓励符合条件的企业集团设立财务公司，为集团下属工业互联网企业提供财务管理服务，加强资金集约化管理，提高资金使用效率，降低资金成本。拓展针对性保险服务，支持保险公司根据工业互联网需求开发相应的保险产品。

（5）强化专业人才支撑。加强人才队伍建设，引进和培养相结合，兼收并蓄，广揽国内外人才，不断壮大工业互联网人才队伍。加快新兴学科布局，加强工业互联网相关学科建设；协同发挥高校、企业、科研机构、产业集聚区等各方作用，大力培育工业互联网技术人才和应用创新型人才；依托国家重大人才工程项目和高层次人才特殊支持计划，引进一批工业互联网高水平研究型科学家和具备产业经验的高层次科技领军人才。建立工业互联网智库，形成具有政策研究能力和决策咨询能力的高端咨询人才队伍；鼓励工业互联网技术创新人才投身形式多样的科普教育活动。创新人才使用机制，畅通高校、科研机构和企业间人才流动渠道，鼓励通过双向挂职、短期工作、项目合作等柔性流动方式加强人才互通共享；支持我国专业技术人才在国际工业互联网组织任职或承担相关任务；发展工业互联网专业人才市场，建立人才数据库，完善面向全球的人才供需对接机制。优化人才评价激励制度，建立科学的人才评价体系，充分发挥人才积极性、主动性；拓展知识、技术、技能和管理要素参与分配途径，完善技术入股、股权期权激励、科技成果转化收益分配等机制；为工业互联网领域高端人才引进开辟绿色通道，加大在来华工作许可、出入境、居留、住房、医疗、教育、社会保障、政府表彰等方面的配套政策支持力度，鼓励海外高层次人才参与工业互联网创业创新。

（6）健全组织实施机制。在国家制造强国建设领导小组下设立工业互联网专项工作组，统筹谋划工业互联网相关重大工作，协调任务安排，督促检查主要任务落实情况。设立工业互联网战略咨询专家委员会，开展工业互联网前瞻性、战略性重大问题的研究，对工业互联网重大决策、政策实施提供咨询评估。制定发布《工业互联网发展行动计划（2018—2020 年）》，建立工业互联网发展情况动态监测和第三方评估机制，开展定期测评和滚动调整。各地方和有关部门要根据本指导意见研究制定具体推进方案，细化政策措施，开展试点示范与应用推广，确保各项任务落实到位。

附件 B

Annex 2

工业互联网发展行动计划（2018—2020 年）

根据《国务院关于深化“互联网+先进制造业”发展工业互联网的指导意见》（以下简称《指导意见》），2018—2020 年是我国工业互联网建设起步阶段，对未来发展影响深远。为贯彻落实《指导意见》的要求，深入实施工业互联网创新发展战略，推动实体经济与数字经济深度融合，制订本行动计划。

1．总体要求

（1）指导思想。

以习近平新时代中国特色社会主义思想为指导，全面贯彻党的十九大和十九届二中、三中全会精神，坚持新发展理念，按照高质量发展的要求，落实《指导意见》决策部署，以供给侧结构性改革为主线，以全面支撑制造强国和网络强国建设为目标，着力建设先进网络基础设施，打造标识解析体系，发展工业互联网平台体系，同步提升安全保障能力，突破核心技术，促进行业应用，初步形成有力支撑先进制造业发展的工业互联网体系，筑牢实体经济和数字经济发展的基础。

（2）行动目标。

到 2020 年年底，初步建成工业互联网基础设施和产业体系。

初步建成适用于工业互联网高可靠、广覆盖、大带宽、可定制的企业外网络基础设施，企业外网络基本具备互联网协议第六版（IPv6）的支持能力；形成重点行业企业内网络改造的典型模式。

初步构建工业互联网标识解析体系，建成 5 个左右标识解析国家顶级节点，标识注册量超过 20 亿。

初步形成各有侧重、协同集聚发展的工业互联网平台体系，在鼓励支持各省（区、市）和有条件的行业协会建设本区域、本行业的工业互联网平台基础上，分期分批遴选 10 个左右跨行业、跨领域平台，培育一批独立经营的企业级平台，打造工业互联网平台试验测试体系和公共服务体系。推动 30 万家以上工业企业上云，培育超过 30 万个工业 APP。

初步建立工业互联网安全保障体系，建立健全安全管理制度机制，全面落实企业内网络安全主体责任，制定设备、平台、数据等至少 10 项相关安全标准，同步推进标识解析体系安全建设，显著提升安全态势感知和综合保障能力。

2. 重点任务

（1）基础设施能力提升行动的内容。

① 完善工业互联网网络体系顶层设计。出台工业互联网网络化改造实施指南，制定工业互联网网络化改造评估体系并开展评估。进行工业互联网设备进网管理制度研究，组织开展联网设备检测认证。

② 升级建设工业互联网企业外网络。组织信息通信企业通过改造已有网络、建设新型网络等方式，建设低时延、高带宽、广覆盖、可定制的工业互联网企业外网络。建设一批基于 5G、窄带物联网（NB-IoT）、软件定义网络（SDN）、网络虚拟化（NFV）等新技术的测试床。

③ 支持工业企业建设改造工业互联网企业内网络。在汽车、航空航天、石油化工、机械制造、轻工家电、信息电子等重点行业部署时间敏感网络（TSN）交换机、工业互联网网关等新技术关键设备。支持建设工业无源光网络（PON）、低功耗工业无线网络等新型网络技术测试床。

④ 实施工业互联网 IPv6 应用部署行动。组织电信企业初步完成企业外网络和网间互联互通节点的 IPv6 改造，建立 IPv6 地址申请、分配、使用、备案管理体制，建设 IPv6 地址管理系统，推动落实适用于工业互联网的 IPv6 地址编码规划方案，通过支持建设测试床、开展应用示范等方式，加快工业互联网 IPv6 关键设备、软

件和解决方案的研发和应用部署。

⑤ 推进连接中小企业的专线提速降费。支持高性能、高灵活、高安全隔离的新型企业专线的应用。发布提速降费专项行动文件，降低工业企业网络使用成本。

⑥ 加大工业互联网领域无线电频谱等关键资源保障力度。研究工业互联网用频场景和频率需求，制定完善工业互联网频率规划和使用政策。

时间节点：2020 年之前，企业外网络基本能够支撑工业互联网业务对覆盖范围和服务质量的要求，IPv6 改造基本完成；实现重点行业超过 100 家企业完成企业内网络改造。责任部门：工业和信息化部、发展改革委、财政部。

（2）标识解析体系构建行动的内容。

① 在政府主管部门指导下，研究制定管理办法和整体架构，统筹协调根节点、国家顶级节点、注册管理系统的建设和运营，开放授权一批二级及以下其他服务节点运营机构。

② 建设和运营国家顶级节点，提供顶级域解析服务，与国内外各主要标识解析系统实现互联互通，形成备案、监测、应急等公共服务能力。建设和运营标识解析二级及以下其他服务节点。

时间节点：2018 年完成中国工业互联网研究院组建，承担国家工业互联网标识解析管理机构职能，研究制定工业互联网标识解析体系架构，启动建设 3 个左右标识解析国家顶级节点。2020 年建成 5 个左右标识解析国家顶级节点，形成 10 个以上公共标识解析服务节点，标识注册量超过 20 亿。责任部门：工业和信息化部、发展改革委、财政部。

（3）工业互联网平台建设行动的内容。

① 编制工业互联网平台建设及推广工程实施指南，制定跨行业跨领域工业互联网平台评价指南，遴选跨行业跨领域工业互联网平台，培育一批独立经营的企业级平台。

② 支持建设跨行业跨领域、特定行业、特定区域、特定场景的工业互联网平台试验测试环境和测试床，推动终端接入规模不断扩大，模拟各类业务场景，通过试验测试寻找最佳技术和产品路线，形成标准化解决方案，逐步完善平台功能。

③ 支持建设涵盖基础及创新技术服务、监测分析服务、工业大数据管理、标

准管理服务等的平台公共支撑体系。

④ 推动百万工业企业上云，组织实施工业设备上云“领跑者”计划，制定发布平台解决方案提供商目录。支持建设平台技术转移中心，加快平台在产业集聚区的规模化应用。

⑤ 编制发布工业 APP 培育工程实施方案，推动百万工业 APP 培育。

时间节点：2020 年之前，遴选 10 家左右跨行业跨领域工业互联网平台，培育一批独立经营的企业级工业互联网平台。建成工业互联网平台公共服务体系。推动 30 万家工业企业上云，培育 30 万个工业 APP。责任部门：工业和信息化部、财政部、国资委。

（4）核心技术标准突破行动的内容。

① 成立国家工业互联网标准协调推进组、总体组和专家咨询组，形成标准化主管部门、研究机构、企业协同推进的标准体系建设机制。

② 制定国家工业互联网标准体系建设指南，研制通用需求、体系架构等总体性标准，开发新型网络技术和计算技术、网络互联和数据互通接口、标识解析、工业互联网平台，以及相应的设备、平台、网络和数据安全等基础共性标准，制定面向重点行业应用的标准规范。

③ 开展工业互联网关键核心技术研发和产品研制，推进边缘计算、深度学习、增强现实、虚拟现实、区块链等新兴前沿技术在工业互联网的应用研究。

④ 建设一批新技术和标准符合性试验验证系统，开发和推广仿真和测试工具。

时间节点：2018 年年底，成立国家工业互联网标准协调推进组、总体组和专家咨询组，初步建立工业互联网标准体系框架，建立 1～2 个技术标准与试验验证系统。2020 年之前，制定 20 项以上总体性及关键基础共性标准，制定 20 项以上重点行业标准，形成一批具有自主知识产权的核心关键技术，建立 5 个以上的技术标准与试验验证系统，推出一批具有国内先进水平的工业互联网软/硬件产品。责任部门：工业和信息化部、市场监督管理总局（国家标准委）、科技部、财政部、知识产权局。

（5）新模式新业态培育行动的内容。

① 开展工业互联网集成创新应用试点示范，探索基于网络、平台、安全、标

识解析等关键要素的实施路径。

② 提升大型企业工业互联网创新和应用水平，实施底层网络化、智能化改造，支持构建跨工厂内外的工业互联网平台和工业 APP，打造互联工厂和全透明数字车间，形成智能化生产、网络化协同、个性化定制和服务化延伸等应用模式。

③ 加快中小企业工业互联网应用普及，鼓励云化软件工具应用，汇聚并搭建中小企业资源库与需求池，开展供需对接、软件租赁、能力开放、众包众创、云制造等创新型应用。

时间节点：2020 年之前，重点领域形成 150 个左右工业互联网集成创新应用试点示范项目，形成一批面向中小企业的典型应用，打造一批优秀系统集成商和应用服务商。

责任部门：工业和信息化部、发展改革委、财政部、商务部、国防科工局、国资委。

（6）产业生态融通发展行动的内容。

① 支持龙头企业、技术服务机构开展开源社区、开发者平台和开放技术网络建设，面向工业 APP 开发、协议转换等共性技术和人工智能等新兴技术，打造汇聚开发者、开发工具和中小企业的开放平台，组织开发者创业创新大赛。

② 支持制造企业、互联网企业、研究院所、高校等合作建设工业互联网创新中心，开展关键共性技术研究、标准研制、试验验证等。

③ 支持建设一批工业互联网产业示范基地，集聚地区特色资源，改造提升现有工业产业集聚区工业互联网相关设施，实现区域内工业互联网创新发展。

④ 加强社会宣传普及，组织编写工业互联网系列专著，利用线下培训班、线上课程等多种形式开展工业互联网网络、平台等发展政策解读与宣贯。

时间节点：2020 年之前，建设 1～2 个跨行业跨领域开发者或开源社区，建设工业互联网创新中心，培育 5 个左右集关键技术、先进产业、典型应用等功能于一体的工业互联网产业示范基地，持续优化工业互联网产业生态建设与空间布局。责任部门：工业和信息化部、科技部。

（7）安全保障水平增强行动的内容。

① 健全安全管理制度机制，出台工业互联网安全指导性文件，明确并落实企

业主体责任，对工业行业和工业企业实行分级分类管理，建立针对重点行业、重点企业的监督检查、信息通报、应急响应等管理机制。

② 初步建立工业互联网全产业链数据安全管理体系，强化平台及数据安全监督检查和风险评估，支持开展安全认证。

③ 指导督促企业强化自身网络安全技术防护，推动加强国家工业互联网安全技术保障手段及数据安全防护技术手段的建设，提升安全态势感知和综合保障的能力。

时间节点：2020 年之前，安全管理制度机制和标准体系基本完备。企业、地方、国家三级协同的安全技术保障体系初步形成。责任部门：工业和信息化部、发展改革委、财政部。

（8）开放合作实施推进行动的内容。

① 利用双多边合作和高层对话机制，推进工业互联网政策、法律、治理等重大问题交流沟通合作。

② 指导工业互联网产业联盟等与其他国家产业组织、国际组织在架构、技术、标准、应用、人才等多领域开展合作对接。鼓励国内外企业加强技术、产品、解决方案、投融资等多领域合作，提高企业国际化发展能力。

时间节点：2018 年推动工业互联网产业联盟与主要相关国际组织的合作机制建立。持续三年推进企业、产业组织及政府间对话合作。责任部门：工业和信息化部。

（9）加强统筹推进任务的内容。

① 在国家制造强国建设领导小组下设立工业互联网专项工作组，统筹工业互联网重大工作。设立工业互联网战略咨询专家委员会，为工业互联网发展提供决策支撑。

② 进一步加强工业互联网产业发展监测和数据统计，启动工业互联网产业年度摸底调查，全面掌握产业发展情况。组织地方和有关部门进行动态跟踪，定期向工业互联网专项工作组报送行动计划实施进展情况。定期对计划落实情况进行评估，研制工业互联网发展评价体系，滚动发布年度发展报告。

时间节点：2018 年年初成立工业互联网专项工作组、工业互联网战略咨询专家委员会，每年召开会议，研究讨论工业互联网发展重大事项。滚动开展工业互联网发展情况评估。责任部门：工业和信息化部。

（10）推动政策落地任务的内容。

① 开展工业互联网网络安全、平台责任、数据保护等，以及新兴应用领域信息保护、数据流通、政府数据公开、安全责任等法律问题研究；开展工业互联网相关法律、行政法规和规章立法的工作。

时间节点：2018 年开展工业信息安全立法等重点问题研究。2020 年初步建立保障工业互联网发展的法规体系和制度。责任部门：工业和信息化部。

② 构建融合发展制度，深化简政放权、放管结合、优化服务改革，激发各类市场主体活力。完善协同推进体系，充分发挥工业互联网专项工作组的作用，建立部门间高效联动机制和中央地方协同机制，促进跨部门、跨区域系统对接。健全协同发展机制，壮大工业互联网产业联盟等产业组织，联合产业各方开展技术、标准、应用研发及投融资对接、国际交流等活动。

时间节点：2020 年融合发展制度基本建立，协同推进体系和发展机制持续完善。责任部门：工业和信息化部、发展改革委、科技部、财政部、商务部、应急管理部、市场监督管理总局、知识产权局、国防科工局。

③ 抓紧研究制定支持工业互联网总体方案并上报国务院。通过工业转型升级资金启动支持工业互联网的建设。落实固定资产加速折旧等相关税收优惠政策。

时间节点：专项资金 2018 年启动支持，税收优惠持续推进。责任部门：财政部、税务总局、发展改革委、科技部、工业和信息化部。

④ 推动银行业金融机构探索数据资产质押、知识产权质押、绿色信贷、“银税互动”等在工业互联网领域的应用推广。推动非金融企业债务融资工具、企业债、公司债、项目收益债、可转债等在工业互联网领域的应用。支持保险公司根据工业互联网风险需求开发相应的保险产品。

时间节点：持续三年推进工业互联网金融服务和产品创新。责任部门：人民银行、银保监会、证监会、发展改革委、财政部、税务总局、工业和信息化部。

⑤ 依托国家重大人才工程项目和高层次人才特殊支持计划，引进一批工业互联网高水平研究性科学家和高层次科技领军人才，建设工业互联网智库。建立工业

互联网高端人才引进绿色通道，完善配套政策。完善技术入股、股权期权激励、科技成果转化收益分配等机制。

时间节点：持续三年推进人才引进和人才建设。2019 年人才引进绿色通道相关政策初步制定。2020 年技术入股、股权期权激励、科技成果转化收益分配等机制建立。责任部门：教育部、科技部、工业和信息化部、人力资源社会保障部、知识产权局、卫生健康委、发展改革委、财政部、国资委。

附件 C

Annex 3

工业互联网 APP 培育工程实施方案（2018—2020 年）

工业互联网 APP（以下简称工业 APP）是基于工业互联网，承载工业知识和经验，满足特定需求的工业应用软件，是工业技术软件化的重要成果。实施工业 APP 培育工程，有利于发挥软件赋能、赋值、赋智作用，推进两化深度融合；有利于将制造业企业内部原本分散、隐性的工业技术挖掘出来、传播开来、传承下去，破解国内工匠不足难题；有利于汇聚海量开发者、提升用户黏性，打造资源富集、多方参与、合作共赢、协同演进的工业互联网平台应用生态；有利于更大程度地激发“双创”活力，培育产业发展新动能，带动形成新的增长极。为推进实施工业 APP 培育工程，制定本实施方案。

1．总体要求

（1）指导思想。

以习近平新时代中国特色社会主义思想为指导，深入贯彻落实党的十九大和十九届二中、三中全会精神，牢固树立新发展理念，围绕制造业提质增效和转型升级实际需求，以企业为主体，以发展和繁荣工业互联网平台应用生态为目标，推动软件技术与工业技术深度融合，工业 APP 培育与工业互联网平台建设协同推进，着力突破共性关键技术，夯实工业 APP 发展基础，着力提高工业 APP 发展质量，提升价值和应用效果，着力构建开放共享和流通交易机制，推动工业 APP 向工业互联网平台汇聚，形成建平台和用平台双向迭代、互促共进的制造业新生态。

（2）重点方向。

① 面向国内制造业重点项目推进、重大工程实施和重要装备研制需求，发展具有高支撑价值的安全可靠工业APP。

② 面向关键基础材料、核心基础零部件（元器件）、先进基础工艺、产业技术基础等“工业四基”领域，发展普适性强、复用率高的基础共性工业APP。

③ 面向汽车、航空航天、石油化工、机械制造、轻工家电、信息电子等行业需求，发展推广价值高、带动作用强的行业通用工业APP。

④ 面向制造企业的个性化需求，发展高应用价值的企业专用工业APP。

（3）主要目标。

到2020年，培育30万个面向特定行业、特定场景的工业APP，全面覆盖研发设计、生产制造、运营维护和经营管理等制造业关键业务环节的重点需求。

突破一批工业技术软件化共性关键技术，构建工业APP标准体系，培育出一批具有重要支撑意义的高价值、高质量工业APP，形成一批具有国际竞争力的工业APP企业。

工业APP应用取得积极成效，创新应用企业关键业务环节工业技术软件化率达到50%。

工业APP市场化流通、可持续发展能力初步形成，对繁荣工业互联网平台应用生态、促进工业提质增效和转型升级的支撑作用初步显现。

2. 主要任务

（1）夯实工业技术软件化基础。

① 突破工业APP共性关键技术。瞄准产业发展制高点，组织实施一批重点产业化创新项目，推进复杂系统建模、操作指令集适配、可视化编程、执行控制引擎等共性关键技术攻关，推动工业通信协议适配、数据交换、异构系统集成等核心关键构件研发。支持工业互联网平台企业和科研院所研发工业APP开发工具，构建工业APP集成开发环境，推动工业APP协同开发、持续集成和自动部署。

② 提升工业企业软件化能力。支持先发展地区建设省级工业技术软件化创新中心，深化跨行业跨领域合作，促进“工匠”知识和经验（如工艺、流程、模型、

算法等）的积淀、开放和复用，实现技术扩散和商业化，加速工业技术软件化进程。鼓励龙头企业、行业协会、专业机构等设立专业部门推进工业技术软件化，整合产业链资源，提升工程化能力。

③ 发展工业 APP 开源社区。支持建设工业 APP 开源社区和基金会，鼓励大型制造企业、互联网企业和软件企业依托开源构建工业 APP 培育新模式，促进创新资源要素的聚集、共享和开放。引导制造企业、软件企业、科研院所和开发者等发起工业技术软件化开源项目，积极参与国际开源项目。鼓励第三方机构开展开源许可协议、开源知识产权保护研究，推动开源项目应用。

（2）推动工业 APP 向平台汇聚。

① 提升工业互联网平台能力。支持工业互联网平台企业建设微服务资源池，汇聚工具、算法、模型等微服务组件，开放软件开发工具包（SDK）和应用编程接口（API），提升工业 APP 综合集成、测试验证、质量管控、全生命周期管理和服务能力。

② 推动制造能力开放共享。组织推进工业 APP 领域的“双创”活动，引导企业对接供需信息，创新商业模式，利用工业互联网开放自身研发和制造能力，优化资源配置效率。将基于工业互联网的制造能力开放纳入两化融合评估体系，通过贯标等多种方式推广普及。

③ 促进工业 APP 市场化流通。加强工业 APP 知识产权保护，完善工业 APP 交易规则和服务规则，促进工业 APP 市场化流通。指导和支持互联网平台企业、协会、第三方机构设立工业 APP 应用商店，提供专业化的工业 APP 上线和下载服务。

（3）加快工业 APP 应用创新。

① 推进重点行业应用。支持开展工业 APP 大赛，推进工业 APP 在汽车、航空航天、石油化工、机械制造、轻工家电、信息电子等行业的应用，面向真实应用场景需求，培育工业技术软件化应用解决方案。支持优秀工业 APP 及应用解决方案在行业内的推广应用。

② 加快工业数据资源开发应用。将工业 APP 纳入工业大数据应用试点示范项目，支持企业利用工业 APP 加强对机器设备、业务系统、产品模型等数据的采集，开展数据集成、挖掘、分析、建模，提升工业大数据创新应用的能力。

（4）提升工业 APP 发展质量。

① 构建工业 APP 标准测试体系。推动成立工业技术软件化标准化技术组织，加快制定工业 APP 应用参考架构、微服务框架、工业知识封装等基础标准，以及接口、协议、数据、质量、安全等重点技术标准。支持工业互联网平台企业和专业测试机构发展异构协议和数据、互操作和可移植、复杂应用场景等测试能力，建设工业 APP 集成测试验证环境。

② 加强工业 APP 培育指导。组织编制《工业 APP 发展白皮书》，指导第三方机构编制《工业 APP 培育指南》，指导地方加强工业 APP 培育动态监测分析。各地行业主管部门要指导属地企业落实好工业 APP 信息安全主体责任，遵守信息安全相关法律法规。

3．进度安排

2018 年 12 月前，发布《工业 APP 发展白皮书》，出台《工业 APP 培育指南》，成立工业技术软件化、标准化技术组织。推动建设 1～2 家省级工业技术软件化制造业创新中心，形成一批优秀的工业技术软件化解决方案。

2019 年 12 月前，进一步扩大工业 APP 应用规模。突破一批工业技术软件化关键技术，创新应用企业的关键业务环节工业技术软件化率达到 30%，面向特定行业、特定场景的工业 APP 规模达到 10 万个，培育和部署一批具有重要支撑意义的高价值、高质量工业 APP。

2020 年 12 月前，工业 APP 创新应用企业的关键业务环节工业技术软件化率达到 50%。培育 30 万个面向特定行业、特定场景的工业 APP，涌现出一批具有国际竞争力的工业 APP 软件企业，对繁荣工业互联网平台应用生态、促进工业提质增效和转型升级的支撑作用初步显现。

4．保障措施

（1）组织保障。

在国家制造强国建设领导小组的领导下，发挥工业互联网专项工作组的统筹协调作用，指导推进工业 APP 培育相关工作。加强部省合作，鼓励地方结合实际出台引导政策，探索差异化、特色化发展路径。充分发挥地方政府、行业协会、产业联盟、科研院所作用，整合“产、学、研、用”各方力量，形成协同推进的工作格局。

（2）政策引导。

依托国家新型工业化产业示范基地，建设高水平的工业技术软件化产业示范基地。支持中国软件名城及创建城市创新公共服务机制，加快发展工业 APP。支持符合条件的地方依托工业 APP 培育工程发展工业大数据，创建大数据产业集聚区。

（3）资金支持。

充分发挥财政资金导向作用，重点支持共性关键技术攻关、标准测试能力建设，引导社会资本加大对开源社区和创新中心的投入力度。鼓励地方政府设立专项资金，加大对工业 APP 培育工作的支持力度。探索建立产业基金等市场化、多元化资金投入机制，引导社会资本参与工业 APP 的培育。

附件 D

Annex 4

工业互联网平台建设及推广指南

工业互联网平台是面向制造业数字化、网络化、智能化需求，构建基于云平台海量数据采集、汇聚、分析的服务体系，支撑制造资源泛在连接、弹性供给和高效配置。为贯彻落实《国务院关于深化“互联网+先进制造业”发展工业互联网的指导意见》，加快发展工业互联网平台，制定本指南。

1．总体要求

深入贯彻落实党的十九大和十九届二中、三中全会精神，以习近平新时代中国特色社会主义思想为指导，坚持新发展理念，聚焦工业互联网平台发展，以平台标准为引领，坚持建平台和用平台双轮驱动，打造平台生态体系，优化平台监管环境，加快培育平台新技术、新产品、新模式、新业态，有力支撑制造强国和网络强国建设。

到 2020 年，培育 10 家左右的跨行业跨领域工业互联网平台和一批面向特定行业、特定区域的企业级工业互联网平台，工业 APP 大规模开发应用体系基本形成，重点工业设备上云取得重大突破，遴选一批工业互联网试点示范（平台方向）项目，建成平台试验测试和公共服务体系，工业互联网平台生态初步形成。

2．制定工业互联网平台标准

（1）建立工业互联网平台标准体系。

制定工业互联网平台参考架构、技术框架、评价指标等基础共性标准。组织推进边缘计算、异构协议兼容适配、工业微服务框架、平台数据管理、平台开放接口、应用和数据迁移、平台安全等关键技术标准制定，面向特定行业制定形成一批平台应用标准。

（2）推动形成平台标准制定与推广机制。

充分发挥企业、高校、科研院所、联盟、行业协会的作用，推动国家标准、行业标准和团体标准的制定与推广。建设标准管理服务平台，开发标准符合性验证工具及解决方案，在重点行业、重点区域开展标准宣贯培训。

（3）推动平台标准国际对接。

建立与国际产业联盟、标准化组织的对标机制，等同采纳国际标准，加快国际标准的国内转化。支持标准化机构、重点企业主导或实质参与国际标准制定。

3．培育工业互联网平台

（1）遴选10家左右的跨行业跨领域工业互联网平台。

制定工业互联网平台评价方法，在地方普遍发展工业互联网平台的基础上，分期分批遴选跨行业跨领域平台，加强跟踪评价和动态调整。组织开展工业互联网试点示范（平台方向）、应用现场会，推动平台在重点行业和区域落地，支持跨行业跨领域平台拓展国际市场。

（2）发展一批面向特定行业、特定区域的企业级工业互联网平台。

制定工业互联网平台服务能力规范，支持协会联盟等开展平台能力成熟度评价，发布重点行业工业互联网平台推荐名录。鼓励地方建设工业互联网平台省级制造业创新中心，推动平台在“块状经济”产业集聚区落地。

（3）提升工业互联网平台设备管理能力。

支持建设工业设备协议开放开源社区，引导设备厂商、自动化企业开放设备协议、数据格式、通信接口等源代码， 形成工业设备数据采集案例库和工具箱。组织开展边缘计算技术测试与应用验证，推动基于工业现场数据的实时智能分析与优化。

（4）加速工业机理模型开发与平台部署。

鼓励平台整合高校、科研院所等各方资源，推动重点行业基础共性技术的模型化、组件化、软件化与开放共享，促进基于工业互联网平台的工业知识沉淀、传播、复用与价值创造。

（5）强化工业互联网平台应用开发能力。

支持平台建设多类开发语言、建模工具、图形化编程环境，开发平台化、组件化的行业解决方案软件包，推动面向场景的多功能、高灵活、预集成平台方案的应用部署。

（6）打造面向工业场景的海量工业APP。

组织研制工业APP参考架构、通用术语、分类准则等标准。编制和滚动修订基础共性工业APP需求目录，支持平台联合各方建设基础共性和行业通用工业APP及微服务资源池。鼓励第三方建设工业APP研发协同平台和交易平台，推动工业APP交易。

4. 推广工业互联网平台

（1）实施工业设备上云“领跑者”计划。

制定分行业、分领域重点工业设备数据云端迁移指南，推动工业窑炉、工业锅炉、石油化工设备等高耗能流程行业设备，柴油发动机、大中型电机、大型空压机等通用动力设备，风电、光伏等新能源设备，工程机械、数控机床等智能化设备上云用云，提高设备运行效率和可靠性，降低资源能源消耗和维修成本。鼓励平台在线发布核心设备运行绩效榜单和最佳工艺方案，引导企业通过对标优化设备运行管理能力。

（2）推动企业业务系统上云。

鼓励龙头企业面向行业开放共享业务系统，带动产业链上/下游企业开展协同设计和协同供应链管理。鼓励地方通过创新券、服务券等方式加大企业上云支持力度，发挥中/小企业公共服务平台、小/微型企业创业创新基地作用，降低中/小企业平台应用门槛。

（3）培育工业互联网平台应用新模式。

组织开展工业互联网试点示范（平台方向），培育协同设计、协同供应链管理、产品全生命周期管理、供应链金融等平台应用新模式。组织制定工业互联网平台应用指南，明确平台应用的咨询、实施、评估、培训、采信等全流程方法体系。

5．建设工业互联网平台生态

（1）建设工业互联网平台试验测试体系。

以测带建、以测促用，支持建设一批面向跨行业跨领域、特定区域和特定行业的试验测试环境，以及一批面向特定场景的测试床，开展技术成熟度、功能完整性、协议兼容性、数据安全性等试验测试。

（2）建设工业互联网平台开发者社区。

支持协会联盟联合跨行业跨领域平台建设开发者社区，推动平台开放开发工具、知识组件、算法组件等工具包（SDK）和应用程序编程接口（API），构建工业 APP 开发生态。指导开发者社区建立人才培训、认证、评价体系，组织开展开发者创业创新大赛，加快工业 APP 开发者人才队伍建设。

（3）建设工业互联网平台新型服务体系。

探索基于平台的知识产权激励和保护机制，创建工业互联网平台知识交易环境。构建基于平台的制造业新型认证服务体系，推动建立线上企业资质、产品质量和服务能力认证新体系。建设工业互联网平台基础及创新技术服务平台，推动资源库建设与技术成果交易。

6．加强工业互联网平台管理

（1）推动平台间数据与服务互联互通。

制定工业互联网平台互联互通规范，构建公平、有序、开放的平台发展环境。制定发布工业互联网平台数据迁移行业准则，实现不同平台间工业数据的自由传输迁移。支持协会联盟制定软件跨平台调用标准，推动工业模型、微服务组件、工业 APP 在不同平台间可部署、可调用、可订阅。

（2）开展平台运营分析与动态监测。

搭建监测分析服务平台，加强与工业互联网平台运营数据共享，实时、动态监测工业互联网平台发展情况。发布工业 APP 订阅榜、平台用户地图等榜单，开发细分行业产能分布数字地图。加强工业大数据管理与新技术应用，推进平台间数据安全流动、可信交易、汇聚共享和服务增值。

（3）完善平台安全保障体系。

制定完善工业信息安全管理等政策法规，明确安全防护要求。建设国家工业信息安全综合保障平台，实时分析平台安全态势。强化企业平台安全主体责任，引导平台强化安全防护意识，提升漏洞发现、安全防护和应急处置能力。

附件 E

Annex 5

工业互联网平台评价方法

为规范和促进我国工业互联网平台发展，支撑开展工业互联网平台评价与遴选，制定本方法。工业互联网平台评价重点包括平台基础共性能力要求、特定行业平台能力要求、特定领域平台能力要求、特定区域平台能力要求、跨行业跨领域平台能力要求五个部分。

1. 基础共性能力要求

工业互联网平台基础共性能力要求包括平台资源管理、应用服务等工业操作系统能力，以及平台基础技术、投入产出效益共四个方面。

（1）平台资源管理能力。

① 工业设备管理。兼容多类工业通信协议，可实现生产装备、装置和工业产品的数据采集。部署各类终端边缘计算模块，可实现工业设备数据实时处理。适配主流工业控制系统，可实现参数配置、功能设定、维护管理等设备管理操作。

② 软件应用管理。可基于云计算服务架构，提供研发、采购、生产、营销、管理和服务等工业软件，提供工业软件集成适配接口。可基于“平台即服务”架构，提供面向各类工业场景的机理模型、微服务组件和工业 APP。具备各类软件应用及工业 APP 的搜索、认证、交易、运行、维护等管理能力。

③ 用户与开发者管理。具备多租户权限管理、用户需求响应、交易支付等多

类用户管理功能。建有开发者社区，能够集聚各类开发者，并提供应用开发、测试、部署和发布的各类服务和管理功能。

④ 数据资源管理。具备海量工业数据资源的存储与管理功能，部署多类结构化、非结构化数据管理系统，提供工业数据的存储、编目、索引、去重、合并及质量评估等管理功能。

（2）平台应用服务能力。

① 存储计算服务。具备云计算运行环境，部署主流数据库系统，能够为用户提供可灵活调度的计算、存储和网络服务，满足海量工业数据的高并发处理需求，且积累存储一定规模的工业数据。

② 应用开发服务。提供多类开发语言、开发框架和开发工具，提供通用建模分析算法，能够支撑数据模型及软件应用的快速开发，满足多行业多场景开发需求。

③ 平台间调用服务。支持工业数据在不同 IaaS 层间的自由迁移。支持工业软件、机理模型、微服务、工业 APP 在不同 PaaS 平台间的部署、调用和订阅。

④ 安全防护服务。部署安全防护功能模块或组件，建立安全防护机制，确保平台数据、应用安全。

⑤ 新技术应用服务。具备新技术应用探索能力，开展人工智能、区块链、VR/AR/MR 等新技术应用。

（3）平台基础技术能力。

① 平台架构设计。具有完整的云计算架构，能够基于公有云、私有云或混合云提供服务。

② 平台关键技术。具有设备协议兼容、边缘计算、异构数据融合、工业大数据分析、工业应用软件开发与部署等关键技术能力。

（4）平台投入产出能力。

① 平台研发投入。具备对平台的可持续投入能力，财务状况、研发投入合理。

② 平台产出效益。能够依托各类服务及解决方案，为平台企业创造良好经济效益。

③ 平台应用效果。具有良好的应用效果，能够基于平台应用带动制造企业提

质增效。

④ 平台质量审计。具有明确的运行安全和质量审计机制和能力，以降低由平台运营的潜在风险引起的损失。

2．特定行业平台能力要求

在工业互联网平台基础共性能力基础上，特定行业平台在设备接入、软件部署和用户覆盖三个方面具有额外要求。

（1）行业设备接入能力。

平台在特定行业具有设备规模接入能力，连接不少于一定数量特定行业工业设备（离散行业）或不少于一定数量特定行业工艺流程数据采集点（流程行业）。

（2）行业软件部署能力。

平台在特定行业具有工业知识经验的沉淀、转化与复用能力，提供不少于一定数量行业软件集成接口、特定行业机理模型、微服务组件，以及不少于一定数量特定行业工业 APP。

（3）行业用户覆盖能力。

平台在特定行业具有规模化应用能力，覆盖不少于一定数量特定行业企业用户或不少于一定比例特定行业企业。

3．特定领域平台能力要求

在工业互联网平台基础共性能力基础上，特定领域平台在关键数据打通、关键领域优化构建两个方面具有额外要求。

（1）关键数据打通能力。

特定领域平台能够实现研发设计、物料采购、生产制造、运营管理、仓储物流、产品服务等产品全生命周期，供应链企业、协作企业、市场用户、外部开发者等各主体数据的打通，实现全流程的数据集成、开发、利用。

（2）关键领域优化能力。

特定领域平台能够实现在某一关键领域的应用开发与优化服务，提升关键环节生产效率与产品质量。如协同设计、供应链管理、智能排产、设备预测性维护、产品质量智能检测、仓储与物流优化等。

4．特定区域平台能力要求

在工业互联网平台基础共性能力基础上，特定区域平台在地方合作、资源协同、规模推广三个方面具有额外要求。

（1）地方合作能力。

平台在特定区域（工业园区或产业集聚区）落地，在该地具有注册实体，与地方政府签订合作协议，具备在地方长期开发投入、运营服务能力。

（2）资源协同能力。

平台具有面向特定区域产业转型升级共性需求的服务能力，能够促进区域企业信息共享与资源集聚，带动区域企业协同发展。

（3）规模推广能力。

平台具有特定区域企业的规模覆盖能力，为不少于一定数量特定区域企业或不低于一定比例特定区域企业提供服务。

5．跨行业跨领域平台能力要求

在工业互联网平台基础共性能力、特定行业能力、特定区域能力、特定领域能力基础上，跨行业跨领域平台要求包括如下五个方面。

（1）平台跨行业能力。

平台应覆盖不少于一定数量的特定行业：

① 每个行业连接不少于一定数量行业设备（离散行业）或不少于一定数量行业工艺流程数据采集点（流程行业）。

② 每个行业部署不少于一定数量行业机理模型、微服务组件，以及不少于一定数量行业工业 APP。

③ 每个行业覆盖不少于一定数量企业用户或不少于一定比例行业企业。

（2）平台跨领域能力。

平台应覆盖不少于一定数量的特定领域：

① 每个领域之间能够实现不同环节、不同主体的数据打通、集成与共享。

② 每个领域具有不少于一定数量面向该领域（关键环节）的工业机理模型、微服务组件或工业 APP。

（3）平台跨区域能力。

平台应覆盖不少于一定数量的特定区域：

平台在全国（华北、华东、华南、华中、西北、东北）主要区域注册不低于一定数量的运营实体，负责平台在当地区域的运营推广。每个区域应具有不少于一定数量特定区域企业用户或为不低于一定比例的特定区域企业提供服务。

（4）平台开放运营能力。

① 平台具备独立运营能力。具有独立法人实体或完整组织架构的集团独立部门，人员数量不少于一定规模。

② 平台具备开放运营能力。建立“产、学、研、用”长期合作机制，建有开发者社区，且第三方开发者占平台开发者总数比例不低于一定比例。

（5）平台安全可靠能力。

① 工控系统安全可靠。在平台中建立工控系统安全防护机制，主动防护漏洞危害与病毒风险。

② 关键零部件安全可靠。在平台边缘计算或人工智能应用中，具备关键零部件的安全可靠能力。

③ 软件应用安全可靠。平台创新开发一定数量的工业机理模型、微服务组件或工业 APP。

后　记

为推进制造强国和网络强国建设，贯彻落实《关于深化“互联网+先进制造业”发展工业互联网的指导意见》，更好地让社会各界深刻认识工业互联网创新发展的方向和路径，在工信部信软司的指导下，中国电子信息产业发展研究院信息化研究中心联合赛迪顾问和业界标杆企业共同编纂了《工业互联网创新实践》一书。全书围绕“工业互联网平台是什么、为什么、怎么建、如何应用”这条主线，从工业互联网的内涵、工业互联网平台的体系构成、生态系统建设、发展现状、产业链全景图、市场发展前景、创新发展路径、典型应用场景等方面进行解析，为各级政府主管部门、行业组织、企业把握工业互联网发展的现状和问题、趋势和规律、方向和重点、政策和措施提供重要参考。

我国是制造业大国，也是互联网大国，工业互联网发展空间广阔、潜力巨大。中国电子信息产业发展研究院将务实开拓、进中求质，积极建设国家高端智库，加快互联网、大数据、人工智能与实体经济深度融合，为制造强国和网络强国建设增砖添瓦。

本书的编写受到社会各界的关注和大力支持，在此特别感谢华为、阿里、浪潮、东方国信、富士康、中石化、航天云网、海尔、和利时、树根互联、用友等企业为本书编写给予的大力支持和帮助，衷心感谢社会各界对本编写提供的宝贵意见和建议。

当前，工业互联网平台发展总体还处于起步阶段，技术体系、应用场景、商业模式、产业生态还在不断创新演化之中，由于涉及领域宽、研究难度大，加之编写者的理论水平、眼界和视野所限，本书还存在着不少缺点和不足，敬请广大读者批评指正。

编 委 会

